Crítica a la economía de Marx

Crítica a la economía de Marx

Osvaldo R. Montalvo Cossío

ISBN 978-9945-09-210-3

ÍNDICE

Sobre el autor:

El **Lic. Osvaldo R. Montalvo Cossío** estudió economía en la Universidad Autónoma Metropolitana-Xochimilco (1985), con estudios de posgrado en México. Ha trabajado en la promoción de inversiones, en el sector privado como empleado y como empresario, y en el sector público. Además ha sido asesor de empresas privadas y de instituciones gubernamentales. Profesor universitario por muchos años y dedicado últimamente a las finanzas. Tiene varios ensayos publicados: *John Maynard Keynes y el Financiamiento del Gasto Público* (Revista de Ciencia y Cultura Vol. 1, No. 3, Universidad Iberoamericana, septiembre - diciembre del 1989), *El Proceso del Déficit Fiscal* (Serie Monográfica No. 1, Instituto Tecnológico de Santo Domingo, agosto del 1995), *El Handicap del Comercio Exterior* (Ciencia y Sociedad, Instituto Tecnológico de Santo Domingo, febrero del 1998), *John Maynard Keynes: a 50 Años de la Teoría General* (Revista de Ciencias Sociales No. 111, enero - marzo, 1998), *La Alquimia de los Índices Generales de Precio*, Ganador del 3er. Lugar del Concurso Juan Pablo Duarte de la Biblioteca del Banco Central, versión 2002. Y tiene dos libros publicados: *Crítica a la economía del status quo* (2011) y *Crítica a la economía de Marx* (2014). Actualmente reside en Santo Domingo, República Dominicana. Toda correspondencia puede ser enviada al correo ormontalvo@gmail.com

INTRODUCCIÓN

1

A finales de 1989 cayó el Muro de Berlín, símbolo de la Cortina de Hierro que separaba el mundo socialista del capitalismo occidental encabezado por los Estados Unidos. Al poco tiempo se fragmentó la Unión de Repúblicas Socialistas Soviéticas (URSS) con lo que el socialismo pareció desaparecer del mapa. Sólo quedó –queda todavía- Cuba. China, por su parte, venía introduciendo profundas reformas con el propósito de instaurar un socialismo muy particular, una economía de mercado no contenida en la democracia formal como se conoce en occidente, que la han llevado a un auge productivo y de exportación sin paralelo en la historia.

Estos acontecimientos han tenido importantes repercusiones en la geopolítica mundial. En dos palabras, el socialismo cesó en constituir una alternativa al capitalismo, menos su evolución natural. Llegamos al fin de la historia[1]. En lo que toca a la teoría social, Marx fue desmentido por los hechos, el

---

[1] Fukuyama, Francis El fin de la historia y el último hombre Planeta (1992)

marxismo quedó en entredicho, un revés del que no se recuperará jamás. Por lo menos el marxismo ortodoxo. Marx ha sido el filósofo más influyente en la corta historia de la humanidad y el crítico más radical de la economía capitalista. No obstante, el derrumbe del mundo socialista demostró que la crítica al capitalismo no constituye sin más la fundamentación del socialismo, los males del capitalismo no desaparecen por encanto en la economía planificada. De hecho, muchos se profundizan.

Se puede rezar todo un rosario de los males que padece el capitalismo. Al nivel más general, tiene una tendencia marcada a estabilizarse a un nivel de ingreso menor al del pleno empleo, lo que significa que una parte de los trabajadores se queda sin empleo. Es decir, sufre de un desempleo "estructural", queriendo decir este término que es muy difícil -por no decir imposible- de erradicar. Se acomoda a un nivel y muy difícilmente sale de allí: 5 o 6 por ciento en los períodos de auge, 10 o más en la fase decreciente, que puede llegar a 15 o 16 por ciento en la recesión, esto en los países desarrollados. En los países subdesarrollados el panorama es mucho más complicado.

En el mundo capitalista, la mayor parte de la población trabaja en régimen de dependencia, es decir, tienen un empleo. Tienen un patrón o jefe, rinden un trabajo y reciben una paga a fin de mes. Quien no tiene un empleo no recibe por consiguiente ingreso. Y si no recibe un ingreso mensual se las tiene que ingeniar de alguna manera para sobrevivir. Una opción ha sido la denominada economía "informal" o "subterránea". Pequeños negocios de servicio o comercio muchas veces instalados en la vía pública, muchas veces violando leyes de propiedad intelectual y patentes, que no pagan impuestos ni registran a sus empleados en la seguridad social, pero permiten a sus promotores vivir otro día. Los gobiernos no harán ningún esfuerzo por formalizarlos pues nacieron justamente por su incapacidad para impulsar una economía formal a escala nacional, simplemente miran hacia otro lado.

Sin embargo, no todos tienen la habilidad y tenacidad indispensables para desarrollar un negocio. El comercio ilícito es una opción –el tráfico de drogas, la prostitución, el contrabando, fraude, etc.-, o la simple delincuencia común [2]. La gente buscará entre las opciones que tienen a la mano la que les trae menos problemas. Podrán preferir una a otra pero la necesidad de subsistir se impone. El desempleo –el rasgo principal del capitalismo- constituye el origen de todos los males sociales.

No es el único, hasta en los mejores momentos hay problemas. Un capitalismo en auge, pujante y vigoroso implica por necesidad el consumo conspicuo, lo que se ha dado en llamar consumismo. Quienes piensan que se puede lograr lo primero sin lo segundo simplemente no se han detenido a pensar el tema. Un capitalismo en subida pronunciada es en sí mismo un consumo en subida pronunciada, quizás hasta más. Como lo hemos pucsto, un capitalismo saludable requiere de un consumo voluptuoso, una orgía de consumo. Esto implica la trivialización de las mercancías y el

[2] Napoleoni, Loretta Economía canalla Paidós (2008)

consumo, así como la actitud enajenada de los consumidores, es decir, de la gente[3].

Focalizar la vida en el consumo, trazar propósitos y metas que concluyan todas en un consumo más numeroso y diverso. Tener de todo y querer todavía más, más de todo. Si se fracasa en el consumo se fracasa en todo, el éxito económico es el éxito por antonomasia. Los mismos vicios y complejos que se forman en el niño malcriado por atender todos sus caprichos, esos mismos se generan en la sociedad del jauja. Adicionalmente, si el consumo es el propósito último de la economía, todos los cuerpos y mentes confluyen al mismo objetivo, no hay tema alternativo. Por decir, una persona puede dedicar su vida entera al solo propósito de comprarse un automóvil.

Malo es un extremo y malo el otro, no hay que ser muy perspicaz para deducir que debemos colocarnos en algún lugar en el medio. Pero ¿cómo? De hecho, ¿es esto posible? Puede suceder como con los aviones, que requieren de una velocidad mínima para mantenerse en vuelo. Si la reducen por debajo de este límite, pierden sustentación y caen sin remedio. La alternativa debe ser la sociedad planificada, es decir, racional. Pensada, discutida, votada democráticamente. Es decir, el socialismo.

El mercado es una institución humana. Donde no hay hombres no hay mercado. Los animales tampoco tienen un mercado aunque todos sobreviven en base a una cierta economía. Las tribus primitivas tampoco tienen un mercado, lo que consiguen lo distribuyen

---

[3] Marx, Carlos Manuscritos económico filosóficos (1844)

socialmente acorde al deseo de cada quien. Las familias que viven en régimen de autoconsumo tampoco tienen un mercado. Pero estos son casos antiguos o excepcionales que no definen la economía moderna. Desde que aparece la división social del trabajo y la racionalización de la producción, y más luego cuando la ganancia se constituye en el propósito de ésta, se produce para el mercado y se vive del mercado. Cada sujeto no produce para sí sino para otros, y consume de lo que otros producen, todo por vía del mercado. Las ventajas de productividad son aparentes, el nivel de consumo actual no se puede explicar sin estos presupuestos.

En realidad no es el mercado quien hace el trabajo, es cada una de las personas empujando sus intereses. Uno crea un producto nuevo y lo quiere vender. Otro copia la idea y la quiere explotar. A otro más le gusta y quiere comprar. El de más allá piensa que puede comprar más barato. En el mercado hay millones de proyectos diferentes pero todos con un único fin: beneficiar a cada promotor. Es el orden en el aparente caos, aunque quizás no haya tanto orden ni sea tan grande el caos.

Ya hablamos de los que se quedan sin trabajo. Pero eso no es todo, de los que sí tienen un empleo, la mayoría gana muy poco, muchos cerca del nivel de sobrevivencia. El nivel de ingreso se asocia a la propiedad de los activos productivos, el capital. Los dueños del capital productivo reciben la parte del león en este juego, los demás, los despojos. Por supuesto, entre quien reciben mucho hay diferencias como entre quienes reciben poco, pero la diferencia abismal es entre uno y otro grupo, entre ricos y pobres. Y todavía la cosa no se queda aquí.

Hay productos cuyo consumo puede ser nocivo –el tabaco, el alcohol, las drogas, etc.- o cuya producción genera costos sociales que no son asumidos por el productor, como el humo y demás contaminantes que se descargan en la atmósfera. El precio de venta de estos productos debía incluir estos costos de manera que por vía del Estado se pudieran reparar los daños causados. Pero esto elevaría el precio y disminuiría las ventas. La resultante es un daño ecológico que se constituye en desutilidad –es incomodidad, dolor o pérdida de perspectivas para el futuro- social que, sin embargo, no es contabilizada en ninguna parte. La contabilidad del ingreso tal y como actualmente se calcula no se vincula de forma discernible con el nivel de utilidad social. ¿Vamos bien? Es difícil saberlo, es posible que a la sobrevivencia de hoy le estemos sacrificando la sobrevivencia del mañana.

Orden en el aparente caos, no hay pues tanto orden, como tampoco todo es caos. El capitalismo funciona con cantidad de dificultades y problemas, muchos insolubles, pero funciona en cuanto produce riqueza, mercancías. ¿Cuál es la alternativa? Obviamente, lo mejor es hacer bueno lo que en el capitalismo resulta malo, cambiándolo o erradicándolo. ¿Es esto posible? ¿Es posible erradicar el mercado como lugar de intercambio de mercancías, específicamente? Donde quiera que exista una cierta división del trabajo los productores tendrán que intercambiar los bienes que producen por los bienes que no producen, sean o no mercancías. En el capitalismo, el mercado es el vehículo para el intercambio de *mercancías*; en el socialismo, el mercado sería el medio para el intercambio de *bienes*. Hasta aquí la cosa luce bastante bien, aparentemente. Ahora surge la pregunta: ¿por qué un productor va a incurrir en el esfuerzo de la producción, que no es poco? ¿Cuál es su *incentivo*? En general, existen dos tipos de incentivos. Uno positivo, la búsqueda del placer, otro negativo, la repulsión al dolor. Ambos se establecen en el plano de las sensaciones, como lo es la utilidad, o su contrario, la incomodidad.

En el capitalismo el incentivo es el consumo, directo o por mediación a la propiedad de mercancías. ¿Con qué sustituirlo? Se presume -algo no muy bien elaborado por los teóricos del socialismo- que con éste va a surgir un hombre "nuevo", un hombre menos hedónico y más solidario[4]. Menos dúctil al placer del consumo material y más a la satisfacción de las realizaciones colectivas. Más dedicado a su propia realización como obra bruta, potencial que es por naturaleza. Menos embebido de creencias religiosas y la mitología social. Más seguro de sí, de sus propias capacidades y las de su sociedad. En dos palabras, un individuo racional, seguro de sí y solidario. Pero ¿por qué va a nacer un hombre así en el socialismo?

La administración de una empresa es asunto tan complejo que con los años se ha ganado una profesión con título propio. Marx nos recuerda que al interior de la empresa los objetos de trabajo no son todavía mercancías. Lo son cuando salen de ella y entran al mercado. Las dificultades de manejar una empresa en el capitalismo son las mismas que en el socialismo.

---

[4] Guevara, Ernesto (Che) El socialismo y el hombre nuevo S. XXI (1977)

Aunque en realidad son mayores puesto que en el último caso no hay preocupación por la innovación, el desarrollo de productos, la creación de mercados, etc. ¿Por qué los empleados van a hacer lo que se les ordena? En el capitalismo es claro que lo hacen porque si no, los despiden –estímulo negativo-. A la inversa –estímulo positivo- si lo hacen bien, y si no mejor, les pueden aumentar el sueldo o promoverlos. En síntesis, por la autoridad del dinero, de la propiedad. ¿Con qué sustituir ésta? ¿Con "conciencia"? ¿Con discursos de motivación explicando la importancia que tiene el esfuerzo individual en los resultados colectivos? ¿Mediante la fuerza, la coerción física? ¿A latigazos, como en el esclavismo?

Parece ser, pues, que los problemas de producción y productividad en el socialismo tienen el mismo origen que el de las empresas públicas en el capitalismo, a saber, que los incentivos materiales son de difícil sustitución. En la medida en que las empresas públicas puedan ser subsidiadas el problema parece ser manejable, pero cuando la economía nacional se maneja como una gran empresa pública el problema es insalvable. La colectivización ancla la economía a un nivel de producción e ingreso muy bajo, independientemente de que se pueda distribuir con mayor equidad que en el sistema de mercado.

Hay otro gran problema: en el capitalismo, las decisiones –de producción, de consumo- se toman en unidades pequeñas y dispersas, que se suman para formar una decisión colectiva de cada cosa. No es decir que los más grandes –los monopolios- no ejercen mayor influencia que los pequeños, como que tampoco existe tal cosa como la "soberanía del consumidor".

Las unidades más grandes y poderosas tienen capacidad de influir sobre los demás en varias direcciones, creando el deseo de consumo de un producto nuevo, para empezar. Pero es innegable que existe un cierto grado de independencia de criterio y de decisión en cada unidad del conjunto.

Por el contrario, en el socialismo las decisiones son verticales y de arriba hacia abajo. Son órdenes, como en el ejército. Se pudiera argumentar que las decisiones se toman en la base, democráticamente, y que luego son trasmitidas al nivel superior inmediato sistemáticamente para su ejecución. Un sistema de cuadros en la pirámide social, pero una organización de este tipo tenderá a la ineficiencia y a la distorsión de las instrucciones giradas en la base. La orden instruida en función del dinero –la intención de compra, la intención de venta- es sustituida por una orden en función de la razón y la opinión: A quiere que se fabriquen camisas, B que se fabriquen automóviles y C que se elaboren libros, etc. Ningún parecer se refrenda con el poder de dinero, es un simple plan sin poner nada personal en riesgo. Luego, en cada triángulo en que se desagrega la pirámide, cada decisión es sujeta a una nueva vuelta de motivaciones, apoyo y votación.

El mercado, con todo y sus defectos, parece hacer este trabajo horizontalmente, instantáneamente. El pulso de la intención refrendada con el poder de compra viaja a la velocidad del rayo. Por otro lado, si no existe la autoridad del dinero para apoyar las opiniones, éstas se apoyarán en cualquiera fórmula de poder y fuerza, por ejemplo, haciendo que los votos de los individuos de arriba valgan el doble o más que el de los de abajo. Al final, la pirámide democrática degenera en una pirámide de tipo militar en que de abajo hacia arriba sube información y de arriba hacia abajo bajan órdenes. La planificación concluye entonces en la planificación decidida por la cúpula, sin más.

Adicionalmente, decir socialismo no significa que el problema del "rey economista" se ha resuelto. Este consiste en si los que detentan el poder político, primero comprenden el problema económico; luego, saben cómo resolverlo y, finalmente, su intención principal –frente a otros propósitos- es solucionarlo. Si éste no es el caso, no hay por qué esperar la solución pues no saben tan siquiera de qué se trata. El principio de la solución lo constituye la comprensión del problema. Comprensión, medios e instrumentos, e intención son presupuestos para la solución de cualquier problema. De nueva cuenta, si las unidades individuales no pueden ejercer su influencia por medio a los pulsos del dinero, la organización tenderá a sostenerse sobre la fuerza. La economía animal se estructura en base al instinto y el capitalismo en función de la propiedad. ¿Y el socialismo?[5]

Marx pensaba que con la nacionalización de la propiedad –con el socialismo- empezaba la verdadera historia de la humanidad. De manera inexplicable un Estado todopoderoso eventualmente se diluiría cesando de ejercer fuerza sobre los ciudadanos y clases inexistentes. A esto responde Bakunin que nunca se conseguirá hacer desaparecer el Estado ampliándolo. La colectivización de los medios

---

[5] Sik, Ota La tercera vía FCE (1972)

productivos en realidad conduce a la reificación del Estado.

El capitalismo moderno no puede sostenerse sin la intervención del Estado. Requiere al Estado para empujar la ocupación por arriba de su nivel "natural", de laissez faire. Si se dejara al sistema de mercado operar libremente, el nivel de ocupación sería mucho menor que el corriente. El Óptimo de Pareto es una parábola que utilizan los clásicos para alabar las virtudes del mercado, una racionalización, una idealización. Nunca ha existido, no existe ni se espera que lo haga. Lo que en nada contradice las virtudes del sistema de precios como transmisor de pulsos y señales, ya lo hemos dicho. Adicionalmente, el Estado permite acopiar y sacar provecho al ahorro nacional, aprovechar las ventajas de escala y desarrollar la tecnología. Ha servido, por otro lado, a la formación de una clase, la clase política, que no es ni trabajador ni empresario. Su función es "administrar" de alguna manera algún aspecto de la cosa pública y, haciendo esto, hacer para sí una cuota importante de poder.

Pensar, pues, en una economía privada sin Estado es desde cualquier ángulo un absurdo. La necesidad e intervención del Estado en la economía no está en discusión, lo que se discute es el Estado ¿qué?, ¿quién?, ¿cómo? No toda intervención del Estado en la economía es inductiva de ingreso adicional. De hecho, la mayor parte lo que provoca es transferencias laterales de ingreso, redistribución del ingreso. El sistema de subsidios y seguridad social, la corrupción administrativa, la ineptitud e ineficiencia del Estado sólo provocan esto y no crecimiento económico aunque es algo que no se registra en la contabilidad nacional pues ésta no expresa de forma precisa el nivel de utilidad social. Sólo el financiamiento de bienes públicos genuinos y verdaderos –que eleven la utilidad social, que aumenten la capacidad productiva social- aumenta el producto neto.

La intervención del Estado puede significar mayor costo que ingreso adicional. Es decir, en términos netos y agregados, el Estado constituir una carga para el sector privado, definido éste como todo aquello que no es público. Como siempre sucede, la carga puede ser llevada dependiendo de su peso y la fortaleza de quien la acarrea. Si es pesada en exceso o es débil el peón, o ambas cosas a la vez, no irá a ninguna parte. La pregunta de fondo es, pues, ¿cuánta desutilidad tolerará el segmento más desfavorecido de la sociedad hasta rebelarse contra el status quo? Claramente, esta es una forma conservadora, reformista, de plantear la fórmula marxiana de la acumulación de tensión social que se libera en una revolución social.

2

La teoría del valor trabajo es la quintaesencia de la teoría económica marxista, como la teoría del valor subjetivo lo es para la economía ortodoxa. Sólo hay dos aproximaciones al valor económico. La teoría del valor marca el qué, la sustancia, qué es lo que produce la producción, distribuye la distribución, cambia el cambio y consumen los consumidores. En el caso de Marx se trata principalmente de trabajo obrero aunque bien reconoce el doble aspecto de la mercancía: valor de uso y valor. No es posible agotar lo uno sin hacer lo mismo con lo otro. Sin embargo, el objetivo del capitalista es la plusvalía, el valor extraído no pagado a los obreros, por lo que la mercancía en su aspecto de valor de uso no interesa gran cosa. El valor de uso, la utilidad, es una condición necesaria que se supone se cumple cuando se producen mercancías.

Luego de establecido esto, la teoría económica marxista es bastante simple: los trabajadores producen un valor nuevo, adicional al valor de los insumos utilizados. Este nuevo valor constituido en trabajo social se divide en: a) trabajo necesario, aquel que repone el valor de la fuerza de trabajo, es decir, que paga los salarios, y b) trabajo excedente: aquel que se queda el capitalista. El capitalista domina la escena en razón de que es el propietario de los medios de producción. El salario de los trabajadores se fija al nivel de subsistencia, que en algo se modifica en el tiempo y el espacio. La canasta de consumo obrero –es decir, el valor de la fuerza de trabajo en su aspecto de valor de uso- cambia, es diferente entre países y épocas.

El capitalista trata de maximizar la plusvalía que obtiene. Hace esto de dos maneras: a) prolongando la jornada laboral o disminuyendo su porosidad –los tiempos "muertos"-, b) reduciendo el valor de la fuerza de trabajo para que en una jornada de igual longitud toque mayor proporción al trabajo impago. La prolongación de la jornada laboral tiene un límite natural: el día tiene veinticuatro horas y esto no es negociable. Los obreros necesitan descansar, dormir, comer, asearse, tener algo de esparcimiento, etc. Es decir, por este camino no llegan muy lejos. A la inversa, desvalorizar la fuerza de trabajo no parece tener límites. Se trata fundamentalmente de que la producción de la canasta de consumo obrero consuma la menor cantidad posible de trabajo social. Esto se logra aumentando la productividad en las industrias productoras de bienes salario.

El abaratamiento de la fuerza de trabajo –el aumento en la productividad- significa inversiones, es decir, la inversión y reinversión de la plusvalía extraída antes en capital constante que –lo más importante- no produce valor. He aquí la línea de choque de las contradicciones del sistema: buscando aumentar la plusvalía los capitalistas tienen que invertir en lo que no produce plusvalía. Esta contradicción debe llevar el sistema al desastre.

Lógicamente, la inversión en bienes de capital –la acumulación es el concepto marxista- servirá su propósito si y sólo si la disminución en el valor de la fuerza de trabajo que provoca es mayor que el valor invertido. Sólo así la acumulación resulta en mayor tasa de ganancia. Si sucede lo contrario el proceso de acumulación se traduce en su disminución progresiva. Eventualmente esta dinámica impedirá la continuación del modelo, llegamos al fin del capitalismo. Hay algunos factores que actúan en dirección contraria pero a la postre se impone la tendencia decreciente en la tasa de ganancia.

En los hechos simple y llanamente no ha ocurrido así, la tasa de ganancia no ha registrado una tendencia a la baja. Esto no equivale a decir que no ha bajado en momentos y episodios específicos, pero luego se recupera de manera que no hay tal *tendencia* a la baja. La tasa de ganancia siempre es un objetivo del capitalista. Tan es así que si no logra vencer la aversión al riesgo no hay inversión que se realice. Y todos los días, hoy más que antes, se hacen inmensas inversiones en el mundo capitalista, prueba de que no existe la expectativa de un proceso de tasa de ganancia en descenso.

Ahora bien, no hay porqué hacer del capitalismo un romance. Su principal defecto lo descubrió Keynes en términos deductivos: estabilizarse a un nivel de ingreso inferior al correspondiente al pleno empleo. Esto implica que "normalmente" habrá una cierta tasa de desempleo, baja o elevada dependiendo del lado del ciclo en que nos encontremos. De aquí es que los liberales extremos acuñaran el infausto término de desempleo "natural". No se refiere al provocado por cambios de ocupación, los tiempos de reentrenamiento y adquisición de conocimiento del mercado por parte de los nuevos entrantes, sino al desempleo mondo y lirondo de aquellos que buscan ocupación sistemática y persistentemente y no la encuentran. No encuentran empleo simple y llanamente porque los empresarios no ofrecen plazas.

El capitalismo no es un sistema para hacer la justicia social. Más bien al contrario, es indiferente e individualista. El individuo es empujado hacia su mayor individualidad en nombre de la libertad y el confort. Consumos que hasta hace unos años eran colectivos, como el ver la televisión o transportarse a la escuela o el trabajo, se hacen individuales. De esta manera, donde antes era necesaria una sola televisión ahora se requiere una por persona.

Cada quien ve esto como lo mejor, lo mejor para hacer lo que desea y para estar mejor. Por otro lado, el mercado es *amoral*, no opina sobre la corrección o el error de las diferentes producciones y consumos. Se restringe a contrastar deseos sociales con capacidades sociales de producción, y así establece un precio. Si la gente lo demanda, la gente sabrá por qué, en el mercado aparecerán quienes vendan. Esto sucede con las producciones y consumos nocivos, con el tabaco, el alcohol y las drogas.

Las diferencias entre las personas son naturales. La racionalidad que se le supone al hombre debía llevar esas diferencias a una distancia que no excluya a nadie de su condición humana. Parte de la humanidad es justamente no excluir a nadie. El capitalismo, por el contrario, explota y desarrolla esas diferencias. Multiplica el número de los desposeídos a la vez que la propiedad se queda cada vez en menos manos. Aumenta el número de desempleados, aumenta el número de pobres, de hambrientos y desamparados que no le importan a nadie.

Se supone que debían importar al Estado. Y ciertamente el Estado es el único recurso de los desempleados y los indigentes, no tienen alternativa. Pero el Estado hasta un límite. Primero porque el Estado tiene sus propios objetivos económicos y políticos, no puede transferir sin más la totalidad de las recaudaciones tributarias sin pensar en la acumulación de los políticos. Luego porque el principal objetivo de los políticos es la conservación del poder y el status quo. La intervención del Estado en materia social también tiene un límite.

Se suponía que la solidaridad se daría entre los explotados y los marginados, el instinto de conservación codificado en la conciencia política. La clase proletaria respondería como un solo individuo y se opondría rabiosamente en contra de los capitalistas. Esto tampoco ha sucedido. Las luchas obreras han sido en su mayor parte reivindicativas, por aumentos de sueldos y salarios. La solidaridad tampoco ha sido grande entre trabajadores de distintas industrias, es decir, los trabajadores también compiten entre sí. No ha habido la solidaridad esperada tan siquiera con los desempleados y marginados, con el lumpen proletariado. Quizás por frustración o impotencia, el hecho es que en el capitalismo se oye el comando del capitán que naufraga: ¡sálvese quien pueda!

¿Qué pasó con el valor trabajo? Varias cosas. Lo primero es reconocer que la teoría del valor trabajo tal y como la formula Marx es una verdad axiomática, de cumplimiento obligatorio: haciendo abstracción de su aspecto material, una mercancía se sintetiza en trabajo humano. Esto es verdad por definición, lo mismo que decir, por ejemplo, que si nos quitan la idea somos puro cuerpo. Otra cosa es plantear en virtud de qué principio se establece la dimensión del producto y en razón de qué otros principios se distribuye.

En la producción no interviene únicamente el trabajo directo, el trabajo del obrero. La visión cuadriculada de Marx sobre el proceso de producción es de un obrero laborioso, activo, eficiente, trabajando para un capitalista ocioso, perezoso y abusador. Ese escenario no describe la producción capitalista como se ve en la práctica, sobre todo en lo que describe al capitalista como ocioso. Más bien al contrario, el empresario –no dejar de ver el cambio de personaje que introducimostiene por fuerza que ser el sujeto más resuelto, denodado y activo de la actividad económica. No es fortuito que dirija el proceso, tiene que controlar todas las áreas y actividades, desde la concepción del proyecto hasta la distribución de sus resultados.

Otros numerosos personajes intervienen en la escena, incluyendo la esfera de la circulación. Los jefes de producción, los gerentes de la administración, los diseñadores de equipos y materiales. En un sistema con tendencia a la recesión: los mercadólogos. Puestas una sobre de otra como dos restricciones presupuestarias, la utilidad constituye una restricción más estricta que el valor trabajo. Esto es decir que lo que explica el movimiento económico habitual es la utilidad y no el tiempo de trabajo. Este sigue siendo cierto axiomáticamente pero no ejerce fuerza ninguna sobre la realidad de los intercambios.

La intuición de esta conclusión se puede encontrar en el mismo Marx cuando estudia la transformación de los valores en precios de producción. El capital impone la sanción de una rentabilidad igual a los capitales individuales. El capital más grande ganará más y el más pequeño menos pero ambos la misma proporción. El efecto de igualación de la tasa de ganancia se logra debido a que los capitales pequeños –de menor composición orgánica- "transfieren" a los capitales grandes parte de la plusvalía que han extraído hasta que las tasas de ganancia individuales se igualen a la media.

¿Cómo explicar entonces la renta de la tierra o el interés sobre el financiamiento? En este aspecto Marx no establece una teoría de la distribución, su teoría de la distribución es su teoría de la explotación. No le interesa tanto cómo se reparte el excedente entre las clases propietarias sino cómo se determina el tamaño de éste, pero es innegable que además de la ganancia existe la renta y el interés. Esto puede generalizarse hacia una perspectiva como la neoclásica en el sentido de que cualquier agente propietario de un recurso productivo recibirá una compensación por él igual a su producto marginal. Con tal de que el objeto de la distribución consista en el excedente y no en el producto total, al parecer no hay mayor contradicción entre una y otra escuela.

Esta es la razón de la inocuidad de la teoría de Marx, su falta de contacto con la economía real. Es como plantear que en ausencia de atmósfera los cuerpos flotarían ingrávidos. Sin embargo, el diseño de los productos de uso: casas, puentes, automóviles, acueductos- se hacen a partir del valor real y comprobable de la gravedad, de otra forma serían inservibles. En una concepción cualquiera, lo que se considera esencial y lo que se piensa accidental es crucial. Los accidentes son temporales, fortuitos, aleatorios. La esencia no, se mantiene siempre, por eso es esencial. Ahora bien, si la verificación demuestra otra cosa, por ejemplo, que los accidentes no son tales sino parte integral de la esencia, la perspectiva cambia dramáticamente. La teoría anterior se hace inoperante.

Como nadie, Marx denunció los defectos, vicios y males del capitalismo. Y no sólo del capitalismo sino de todas las sociedades anteriores divididas en clases. Buscó el origen, la fuente de estas injusticias y la encontró en la propiedad privada de los medios de producción. Si esta es la fuente del problema, la obvia solución es eliminarla. Para llegar a esta conclusión utilizó un único principio motor: el materialismo dialéctico, que aplicado a la sociedad constituye el materialismo histórico. Las contradicciones se desarrollan a saltos, primero acumulándose, luego estallando hacia una nueva etapa histórica, así hasta llegar al cese de las contradicciones. Una conclusión algo apresurada pues ¿por qué pensar que las contradicciones van a terminar algún día? ¿O que las oposiciones son malas en sí mismas? Los clásicos pensaban que se lograba la mejor sociedad justamente debido a la oposición de los intereses de los individuos en la sociedad. Obviamente, se trata de conflictos que podían ser dirimidos con un saldo de satisfacción para ambos lados. ¿Cómo es que Marx no pensó en que el colectivismo iba a resultar en males peores que el capitalismo? Quizás su filosofía lo llevó demasiado lejos o quizás no ha pasado suficiente tiempo. Porque una cosa es segura: la vida en el planeta tierra no será posible dentro de unas pocas décadas si seguimos acumulando el daño al ambiente y las personas por la producción y el consumo de objetos nocivos como lo hemos estado haciendo hasta el momento. De alguna manera habrá que lograr un acuerdo y esto será una decisión colectiva. La razón es simple: no hay alternativa.

3

Originalmente este libro es un capítulo de mi libro anterior *Crítica a la economía del status quo*. A la vez este último es una reducción de un proyecto más ambicioso que se debió recortar hasta lograr una extensión publicable. En el trabajo de selección se excluyó el capítulo sobre Marx puesto que contrastaba demasiado con el material restante. Pero Marx merece más que un capítulo por lo que decidimos ampliar las explicaciones e ilustrar los resultados a la vez que sustentar mejor las críticas a sus ideas. El resultado es el texto presente.

El libro está dividido en nueve capítulos. Los primeros cinco explican en detalle la teoría económica de Marx tal como se puede encontrar en *El Capital*, principalmente. Se hace un uso extensivo de las citas sobre todo para aclarar algunas confusiones muy populares, tales como que sólo en el capitalismo existe producto excedente y explotación.

El capítulo seis trata sobre el denominado problema de la transformación, la transformación de los valores trabajo en precios de producción. Un tema algo más complicado en términos lógicos, excelente ilustración de los debates en economía teórica. La imposibilidad de transformar los valores en precio ¿desmiente la teoría de Marx? La multiplicidad de las soluciones, ¿la hace irrelevante? La falta de comprobación de la caída en la tasa de ganancia, ¿anula toda la construcción anterior?

En el capítulo siete hacemos nuestra crítica a la teoría económica de Marx, que es fundamentalmente una crítica a la teoría del valor trabajo. ¿Por qué es tan importante para los capitalistas denominar su ganancia en trabajo? Si son más ricos en términos materiales, ¿qué importa que sea menor relativamente -y aún absolutamente- su contenido en trabajo? Aún así sigue siendo cierto que abstrayendo su aspecto material la mercancía no es más que un cúmulo de trabajo humano. La restricción operativa es la utilidad, no el valor trabajo, como dijimos antes. Por otro lado, la hipótesis de la baja tendencial en la tasa de ganancia supone implícitamente rendimientos decrecientes a escala, a la manera de Ricardo, un supuesto provisional poco plausible para la industria de un capitalismo en continua expansión.

El siguiente –capítulo ocho- trata de las coincidencias entre Marx y Keynes, más en visión que en estructuras causales. Para ambos el capitalismo no es homeostático pero por razones distintas. Para Marx esto es expresión de la contradicción antagónica entre las clase capitalista –propietaria- y la clase proletaria – no propietaria-. Para Keynes se debe a la deficiencia en el consumo que fija el ingreso a un nivel inferior al correspondiente al pleno empleo. De aquí se sigue que el Estado debe intervenir hasta cerrar la brecha del ahorro al nivel del pleno empleo, tras lo cual debe retirarse y devolver el escenario a la iniciativa privada. Para Marx la estatización de los medios productivos es el primer paso hacia la eliminación de las contradicciones. Keynes no era izquierdista ni revolucionario, esta idea surge cuando el gasto público se aplica a la política social. Sin embargo, justamente cuando se hace esto es cuando tiene menor efectividad en el objetivo de recuperar el ingreso.

El capítulo nueve –el último- es nuestra perspectiva sobre cuáles son los límites de la teoría económica marxista. Marx denunció los males, las contradicciones e injusticias del capitalismo y de todos los sistemas de producción antes que él. La explotación, entendida como el robo al obrero por parte del capitalista de parte de su trabajo. El desempleo, la marginación de grupos enteros de la población que no pueden insertarse a la actividad productiva. La alienación, la transformación del individuo en un hombre económico que sólo piensa y vive para trabajar y tener. La concentración de los medios productivos, y a partir de ahí del ingreso y la riqueza. Pero su propuesta de una sociedad colectivista –"de cada quien según su capacidad, a cada quién según sus necesidades", una consigna política- no resuelve el problema. No resuelve el problema porque no aporta alternativas en las áreas donde el capitalismo falla, a saber, en la definición del consumo futuro manteniendo la libertad habitual en las sociedades democráticas. Adicionalmente, pretende erradicar la motivación pecuniaria pero no tiene sucedáneo efectivo. Por si fuera poco, plantea que un solo ministerio puede hacer lo que necesita de todos los agentes en el mercado y aún así el resultado resulta imperfecto. Como se ha dicho en diferentes formas, el capitalismo es malo pero el socialismo es peor.

Esta última afirmación no es aliciente pero nos regresa a la realidad de los hechos. Tendremos que seguir lidiando con los problemas acumulados y crecientes de un capitalismo que polariza la propiedad y los ingresos y privatiza los beneficios a la vez que socializa las pérdidas. Hoy esto es menos visible porque las cifras económicas cuantifican transacciones, no utilidad. Pero todo puede cambiar de golpe, de aquí las revueltas sociales y la tensión política. Los economistas siempre quieren una solución que consista en un conjunto de variables endógenas determinadas definitivamente por un conjunto de variables exógenas. Sustituimos las variables exógenas y parámetros por sus valores y ya está. Todo está lógicamente definido y por tanto está bien.

Ni lo uno ni lo otro. La economía futura no será socialista, eso es seguro. Pero tampoco será el capitalismo "salvaje" que hemos conocido hasta el momento. El capitalismo de sálvese quien pueda nos está llevando a la catástrofe. De manera que necesitaremos de otro Estado, un Estado cuya intervención en la economía sea efectiva en lo que toca a la recuperación del ingreso. Esto tiene condiciones: deberá elaborar bienes públicos genuinos en su área específica de intervención: el Estado es pésimo empresario. Deberá igualmente promover la competencia y limitar la concentración industrial. Por último, respetar la libertad e intimidad del individuo permitiendo a éste expansión y realización. No hay por qué esperar perfección pues no es ésta una característica humana. Sí lo es en cambio el deseo de mejorar. Hacer otra cosa no hará sino profundizar los problemas. Claramente hay una disyuntiva que genera incertidumbre. La parte buena es que no tenemos alternativa.

"La ciencia, en su mejor aspecto, es decir la ciencia en cuanto es practicada por nuestros grandes científicos, es una habilidad, o un arte, pero no una ciencia en el sentido de una empresa 'racional' que obedece estándares inalterables de la razón y que usa conceptos bien definidos, estables, 'objetivos' y por esto también independientes de la práctica."

Paul Feyerabend[6]

---

[6] Feyerabend, Paul Adiós a la razón Tecnos (1984), p. 32

CAP. 1. LA IGNORANCIA SOBRE NUESTRA PROPIA IGNORANCIA

Cuando aparece por primera vez la idea en el cerebro del hombre, nace la ciencia. Hace miles de años, en forma difusa, nace la idea como acto reflexivo en la forma de preguntas: ¿qué?, ¿por qué?, ¿para qué? El instinto obliga al hombre primitivo a la conservación y el sistema sensorial lo hace buscar la facilidad y comodidad. Para ello es imprescindible el conocimiento, saber, por ejemplo, cómo abrigarse del frío y defenderse de las fieras, dónde conseguir comida y cómo garantizar la reproducción de la especie. El conocimiento puede ser intuitivo –es decir, incapaz de codificarse-, pero debe garantizar un cierto resultado.

Con el paso del tiempo –siglos-, es inmensa la cantidad de conocimiento que se ha acumulado, conocimiento como simple información –una taxonomía-, así como elaboración sobre unidades más simples. Es decir, existen dos clases generales de conocimiento: la información simple y cruda, los datos, materia prima sin ninguna elaboración, y las deducciones, instrucciones, teoremas, información compleja derivada de información más simple. Desde aquí es claro que el conocimiento es tanto insumo como producto, aún más, en una función de producción de rendimientos acumulativos crecientes.

1.1. La cantidad de conocimiento

Sin embargo, ¿cómo conmensurar el conocimiento, cuál es su unidad técnica? Si pudiésemos pensarlo como una sustancia homogénea de unidades diferenciables, sabríamos cuánto hemos acumulado. Pero nunca cuánto nos falta: el conocimiento es infinito, algo que hace patente justamente su avance. A medida que añadimos conocimiento debía ser mayor nuestra conciencia de lo que nos falta por conocer, es decir saber lo que antes no sabíamos sobre lo que no sabemos. Esto último no sólo por obtener una perspectiva más amplia del universo, dividido entre universo conocido y universo desconocido, sino porque el andar del hombre en la vida añade fenómenos *no sucedidos* hasta ese momento. De manera, pues, que la ciencia siempre será una gota de agua en el mar, un pequeño rayo de luz en la inmensidad de la noche oscura, pero la única guía del hombre racional e inteligente.

> "No existe ninguna teoría social capaz de abarcarlo todo y que sea válida para siempre. Incluso las insinuaciones de que una teoría está en lo correcto porque corresponde a los intereses de las clases progresistas no dejan de ser subterfugios bajo los cuales, en verdad, se esconden intereses de poder muy sutiles."[7]

---

[7] Sik, p. 11

Es bastante obvio que la ciencia como conjunto del conocimiento adquirido por la humanidad hasta un cierto momento no es un cuerpo asimilable por un solo hombre. Esto impone de inmediato un dilema puesto que el pensamiento es individual. Dos o más hombres pueden discutir ideas, debatir, hasta influirse mutuamente en sus perspectivas, pero al final el pensamiento es de una sola persona y eso no tiene calificación. La información de que dispone un individuo en cada momento siempre es insignificante comparada con la información disponible a esa fecha.

Todavía más, conocimiento no es la incorporación por parte de un sujeto de información externa y objetiva que no se corrompe ni deprecia y que, por ende, puede ser reproducida en cualquier momento. En el conocimiento interviene la pasión -la pasión por el conocimiento y el conocimiento de la pasión- por cuanto su universo se hace un infinito de doble potencia. Es inevitable, pues, partir de información limitada, la de un investigador también con capacidad limitada, la que tiene. La empresa es ilimitada, infinita, ante lo cual sólo tenemos el recurso a la conciencia de que sólo se trata de avanzar, conocer e intentar disminuir nuestra ignorancia.

En la década de los setenta del siglo XX algunos decían que para entender a Marx es menester primero leer a Hegel, tal es su complejidad. Luego que para entender a Hegel no se pueden leer traducciones, hay que leerlo en su idioma original, en alemán: comprender a Marx se va haciendo imposible. Escribe este último al editor de la traducción francesa de *El Capital*:

> "Apruebo su idea de editar por entregas la traducción de *El Capital*. En esta forma la obra será más asequible a la clase obrera, razón más importante para mí que cualquiera otra. Tal es el lado bueno de la idea; he aquí ahora el reverso de la medalla: el método de análisis empleado por mí y que nadie hasta ahora había aplicado a los problemas económicos, hace que la lectura de los primeros capítulos resulte bastante penosa, y cabe el peligro de que el público francés, impaciente siempre por llegar a los resultados, ansioso por encontrar la relación entre los principios generales y los problemas que a él directamente le preocupan, tome miedo a la obra y la deje a un lado, por no tenerlo todo a mano desde el primer momento. Yo no puedo hacer otra cosa que señalar de antemano este peligro y prevenir contra él a los lectores que buscan la verdad. En la ciencia no hay calzadas reales, y quien aspire a remontar sus luminosas cumbres, tiene que estar dispuesto a escalar la montaña por senderos escabrosos."[8]

La lectura de Marx es complicada al menos por las siguientes razones: a) Para Marx existe el fenómeno, independientemente de las perspectivas desde las que se lo aproxime: economía, sociología, política, etc. El fenómeno es en sí mismo sin importar perspectiva o ángulo. Esto exige desde el principio cierta suficiencia en cada una de las disciplinas. b) La dialéctica: el fenómeno es la resultante de la lucha dinámica de contrarios. Las cosas son y no son a la vez, siempre se

[8] El Capital (en lo que sigue: EC) , FCE (1959), T. I, p. xxv

encuentran en transición de una fase inferior a otra superior trocándose de una en su contrario. Esta perspectiva colide con la lógica formal de soluciones lineales, estables y definitivas. c) El método va de lo general a lo particular, y al revés. Sin embargo, la teoría, como generalización, reside en un plano muy abstracto. De este hecho inevitable se desprenden todas las dificultades de interpretación. d) Su obra escrita es muy voluminosa pues es resultado de largas etapas de aproximación desde distintas perspectivas. e) Por último, Marx fue un líder revolucionario siempre en búsqueda de derribar el poder establecido. Si para ello había que avivar las emociones y el odio en contra de la clase burguesa, bajo era el precio a pagar por el nacimiento de una nueva sociedad.

Sobre la aproximación del fenómeno desde diferentes perspectivas será conveniente contrastar con el enfoque convencional tal como lo expone Schumpeter, y que es el regente en las ciencias sociales de hoy en día:

> "Los hechos sociales son, al menos de inmediato, resultado de la conducta humana; los económicos, de la conducta económica. Y esta última puede definirse como dirigida a la adquisición de bienes... Cuando investigamos las formas generales de los fenómenos económicos, sus uniformidades, o la explicación que los haga comprensibles, indicamos ipso facto que deseamos considerarlos en ese momento como algo que debiera ser investigado, buscado, como lo 'desconocido'; y deseamos seguirlos hacia lo relativamente 'conocido', lo mismo que hace cada ciencia con el objeto de su

> investigación. *Cuando logramos hallar una relación causal definida entre dos fenómenos, nuestro problema se resuelve si el que juega el papel de causa no es económico.* En tal caso hemos realizado ya como economistas el papel que nos corresponde, y debemos ceder el paso a otras disciplinas. *Si, por otro lado, el factor causal es económico por naturaleza, debemos continuar nuestro esfuerzo explicativo hasta que demos con un terreno no económico.*"[9]

Actualmente a este enfoque le denominamos *economicismo*, la idea de que existe el hecho económico puro y una causalidad económica pura en que no intervienen otros motivos. El discurso económico convencional sigue el pensamiento positivista y el método científico, esto es, los principios de la lógica formal y el *falsacionismo*. Según esto, entre dos entidades a y b sólo caben las siguientes posibilidades: $a = b$ ó $a \neq b$, no hay una tercera alternativa. Entre entidades conmensurables, cantidades: $a > b$, $a = b$, ó $a < b$. El plano en que $a = b$ y $a \neq b$ simultáneamente no es concebible.

Si el conocimiento es un proceso convergente pero infinito, la labor del investigador es también infinita y parece perder propósito, quedarse en el ámbito de la filosofía sin llegar a hacerse instrumental, es decir, sin capacidad de intervenir en los asuntos de la vida cotidiana. Esta perspectiva puede producir rechazo pues la ciencia también se ve como un producto de

---

[9] Schumpeter, Joseph Teoría del desenvolvimiento económico FCE (1944), p. 17-8. Subrayado nuestro.

utilidad, no sólo se trata de saber por saber, por el mero placer de conocer.

Por esto anterior, el discurso de Marx es difícil de manejar para la mayor parte de los economistas y cientistas sociales tradicionales, formados justamente en la tradición positivista, textos, como diría la Sra. Robinson, escritos en *hegelés*[10]. Por si fuera poco, su obra es monumental, abarca cuando menos los siguientes libros, en que se omiten textos filosóficos menores y cientos de cartas y correspondencia:

Crítica de la filosofía del derecho de Hegel (1843)
Sobre la cuestión judía (1843)
Manuscritos económicos y filosóficos (1844)
Tesis sobre Feuerbach (1845)
La ideología alemana (1845, con Engels)
La sagrada familia (1845, con Engels)
Miseria de la filosofía (1847)
Trabajo asalariado y capital (1847)
Manifiesto del Partido Comunista (1848, con Engels)
Las luchas de clases en Francia de 1848 a 1850 (1850)
El 18 Brumario de Luis Bonaparte (1852)
Elementos fundamentales para la crítica de la economía política (Grundrisse) (1857)
Prefacio a la Contribución a la crítica de la economía política (1859)
La guerra civil en Estados Unidos (1861, con Engels)
Teorías sobre la plusvalía (1862, tres volúmenes)
Salario, precio y ganancia (1865)
El capital, volumen I (1867)
La guerra civil en Francia (1871)
Crítica del programa de Gotha (1875)

---

[10] Robinson, Joan Introducción a la economía marxista S. XXI (1975)

Notas sobre Wagner (1880)
El capital, volumen II (1885, editado por Engels, póstumo para Marx)
El capital, volumen III (1894, editado por Engels, póstumo para Marx)

Conocer a Marx, pues, es una labor colosal; seguirle los pasos a Marx y sus seguidores marxistas[11] es todavía más ambicioso.

En su vida personal Marx fue un agitador y revolucionario de primer orden que lo llevó a ser perseguido siempre y desterrado muchas veces. Su pensamiento lo condujo a una continua confrontación con los que denominaba intelectuales burgueses, "sicofantes y filisteos" y otros epítetos con los que se refería de ellos de manera despectiva. Una de las características de su obra es justamente la actitud de rechazo y desprecio hacia sus contemporáneos de pensamiento *burgués* y conservador –Boisguilbert, Say, etc.-, más que hacia sus predecesores. Por ejemplo, fue mucho más comprensivo y condescendiente con David Ricardo, aún con Adam Smith, que con Pierre Joseph Proudhon, que difundía el socialismo que Engels denominó "utópico"[12].

Esta forma de expresarse buscaba avivar las emociones, resaltar la posición de clase y promover la

[11] A veces se utiliza el término *marxiano* para referir lo relativo a Marx, individualmente, y *marxista* para lo que tiene que ver con Marx y sus seguidores. Por facilidad hemos preferido no usar el primer término en el entendido que del contexto se infiere fácilmente cuál de las dos acepciones es la indicada.
[12] Engels, Federico Del socialismo utópico al socialismo científico

unión del proletariado. Un discurso encendido que destaca la miseria en que vive la clase trabajadora mientras los propietarios derrochan el dinero, la injusticia del mundo capitalista. ¿Cómo justificar este orden de cosas? Los pensadores burgueses deben su visión a su pertenencia de clase, no es cuestión de lógica sino de intereses materiales, económicos. Este discurso punzante e hiriente contra los conservadores y enemigos de la revolución se mantuvo por mucho tiempo entre los seguidores de Marx hasta la caída del socialismo real en los años noventa del siglo XX. Entonces se hizo evidente que algo andaba mal con el marxismo.

1.2. El marxismo como religión

> "El marxismo es el opio de los intelectuales."
> Raymond Aaron

Llegados a este punto será conveniente aclarar el significado que damos al concepto de crítica [13]. Coloquialmente se toma en un sentido negativo, como comentario u observación de desacuerdo y reprobación, pero no necesariamente es así. Utilizamos el término para indicar el análisis objetivo, en la medida en que esto es posible, para lo cual el crítico denuncia su visión y conjunto de información. Se trata de decir sin segundas intenciones o agendas, en lo que se expone el crítico a crítica. Se pretende diferenciar de la simple opinión, de las loas o alabanzas o la

[13] Del griego *krienin*: separar, decidir.

tergiversación. De hecho, no hay forma alternativa de hacer las cosas en las ciencias del hombre.

Con la caída de la Unión Soviética en 1990 colapsó el denominado socialismo *real*, término con el que se indicaba el socialismo como se había implementado en los hechos. Se trata de marcar un contraste: de un lado, la teoría, la utopía socialista; del otro, como resultaron las cosas en la práctica, en gran medida por circunstancias que no había previsto aquélla. Algunos plantearon que el socialismo soviético no era el socialismo marxista teniendo en cuenta la represión imperante y la falta de libertad, hasta el imperialismo de la Rusia soviética. Otros aseguraban que se trataba de una etapa de transición, que cuando el capitalismo finalmente cayera en el resto del mundo, el paraíso socialista emergería espontáneamente. En cualquier caso, el socialismo como generalmente se entiende - una economía centralmente planificada en la que no existe la propiedad privada de los medios de producción- desapareció en la Unión Soviética, y con ello la federación rusa. El comunismo chino actual es muy sui generis, un capitalismo dirigido por un Estado de partido único[14]. En el mundo sólo queda Cuba con las características generales de un sistema socialista.

Si cayó el socialismo, fracasó su teoría, es decir el marxismo. Como comentamos, todavía se puede argumentar que el socialismo real no fue el socialismo marxista, que éste todavía se encuentra en el futuro, etc., pero esto no es más que racionalizar el fracaso. Parte importante en la formulación de una ley es establecer el plazo en el que se piensa va a prevalecer.

---

[14] Napoleoni, Loretta Maonomics Paidós (2011)

Otra cosa es ajustar los hechos a una teoría cambiante que, por ello, deja de tener un perfil definido. La situación no deja de ser sorprendente:

> "... mil millones de personas, casi un tercio de la población del mundo, consideran *El Capital* como la verdad económica."[15]

¿Cómo es que para tanta gente -entre los que se encontraban una enorme cantidad de intelectuales eminentes- pasó inadvertido que el marxismo carga un defecto de fondo? Discutir este defecto es el objetivo principal de este libro. La respuesta más general a esta pregunta es que el marxismo degeneró en un "pensamiento religioso", en un fundamentalismo, paradójico en una escuela que discursivamente se fundamenta en la dialéctica, con lo que ésta implica para el método. Una cuestión adicional es si esta degeneración fue un desarrollo fortuito, accidental, provocado por circunstancias políticas particulares, o si fue una evolución necesaria de la teoría, es decir, si el marxismo, resultado de su propia puesta en práctica, conduce al fundamentalismo, a la radicalización emocional, el pensamiento obsesivamente repetitivo y la adoración del maestro[16].

El capitalismo no ha colapsado ni muestra visos de hacerlo. De forma que no se ha cumplido el principal pronóstico de Marx. Al revés, ha sido el socialismo que ha dado marcha atrás revirtiendo la secuencia lógica

---

[15] Samuelson, Paul Curso de economía moderna Aguilar (1950), p. 3 En 1990, un tercio de la población mundial eran 1,750 millones de personas.

[16] Hayek, Friedrich Camino de servidumbre Alianza (1978)

dialéctica de sistemas de producción que desarrolló nuestro autor. Ya hacia los años ochenta algunos analistas observaban con relativa claridad que el socialismo no iba a superar la prueba de la historia, que tirarlo sería patear una puerta podrida[17].

> "La naturaleza religiosa del marxismo... explica la actitud característica del marxista ortodoxo hacia sus adversarios. Para él, como para cualquier creyente en una fe, el adversario no sólo yerra, sino que peca. Las discrepancias son censuradas, no sólo desde el punto de vista intelectual, sino también desde el punto de vista moral."[18]

Un pensamiento religioso es, antes que nada, un pensamiento por cuanto se trata de un sistema de ideas con una cierta articulación y coherencia. Lo que lo caracteriza es, sin embargo, la preeminencia de la fe por encima de la consistencia lógica y la relevancia, de su capacidad explicativa y predictiva de los hechos. Desde la fe religiosa se busca la plenitud ontológica, la sensación del sereno placer en la seguridad de la trascendencia. El pensamiento científico es muchísimo más simple pues sólo persigue, en los términos convencionales, deducir las conclusiones anidadas en las premisas. Las emociones del sujeto pensante deben incidir lo menos posible en el proceso. Si el intelectual obra por un seco compromiso o por el vivo placer que encuentra en explorar el vasto espacio del

---

[17] Galbraith, John K. Un viaje por la economía de nuestro tiempo Ariel (1994)

[18] Schumpeter, Joseph Capitalismo, socialismo y democracia Harper (1942), p. 5

conocimiento no son cosas que deben dirigir su trabajo. Por el contrario, en el caso del pensamiento religioso el objetivo importante, aunque siempre oculto, es alcanzar el placer infinito de la gracia, de la comunión con dios. Justo por esto es que uno y otro chocan aunque de lado y lado se proclaman las buenas intenciones de hacerse no excluyentes. No logran asimilación. Ni la pueden lograr puesto que sus fuentes son de naturaleza distinta y disjuntas. El pensador religioso persigue encarnar la gracia divina, el pensador lógico el placer de la inteligencia. Ciertamente hay circunstancias en que no colisionan, pero cuando no es así chocan con gran fuerza. La lógica formal es tan sólo una generalización de los hechos de la naturaleza. Sin embargo, desde tiempos inmemoriales se ha tenido que abrir paso entre el miedo y la culpa sobre los que se erige la religión.

Establecer el paralelismo entre la religión y el marxismo es bastante sencillo. Toda religión requiere de seis elementos fundamentales: a) Un dios, la igualdad fraternal, la renunciación al consumo hedonista en aras de redención del hombre sobre la tierra. b) Un paraíso, el socialismo. c) Un pueblo escogido, el proletariado mundial. d) Un credo, un libro sagrado: *El Capital* y demás obras de Marx. e) Un profeta, Marx. Finalmente, f) una iglesia, los partidos marxistas-leninistas.

La principal ventaja de la trinidad católica es que aporta una cara a dios: Jesucristo. Con esto es posible ver a dios, inconcebible para otros credos. Adicionalmente establece la relación filial como el verdadero vínculo amoroso. Sin embargo, en realidad dios es el principio, no un sujeto. Los sujetos lo queremos como sujeto –es decir, como un igual- pues es difícil racionalizar sentimientos sino entre tales, otra cosa sería una perversión, tal como adorar a una piedra o a la luna. Para resolver el dilema se funden uno y otro, principio y sujeto, con lo que nace el dios antropomorfo de la bondad esencial, el hombre esencialmente bueno. No obstante, el dios verdadero es el principio de bondad, lo demás son recursos intelectivos.

Para el marxismo, dios es la igualdad abstracta entre seres humanos diferentes, bien la igualdad absoluta entre seres humanos abstractos. Esta será la fuente de la felicidad trascendente, la dulce empatía con los iguales en género en todos los tiempos. El principio de realización, la utopía. Como sucede con todos los dioses, cambian dependiendo el ángulo desde que se les mire: cuando ordena pestes y genocidio, ¿es justiciero o vengativo? ¿Guarda proporción el castigo con el pecado? Además, ¿por qué crear el pecado para luego sancionar el castigo? ¿No es acaso un juego macabro? La consideración y desacuerdo entre tantas y todas las perspectivas, sin embargo convergentes en la necesidad de trascendencia de todos los sujetos, mantiene el tema en una vigencia perpetua. Para el ser humano, dios es una necesidad antes que una existencia a investigar.

De igual manera, la igualdad abstracta mantuvo a los marxistas en una permanente discusión y confrontación que, sin embargo, no les permitía distanciarse... hasta que sucedió la quiebra del socialismo real. Entonces todo se hizo silencio. No lo han dicho pero la igualdad abstracta, el dios de los marxistas murió, como murió el dios de Nietzsche.

Vayamos ahora al paraíso, ¿cómo es la sociedad perfecta? Ya conocemos el ideal de "a cada quien según sus necesidades, de cada quien según su capacidad", la perfecta hermandad de hombres trabajadores, honestos y altruistas. Aquí cada quien dará lo mejor de sí y un poco más, la sociedad lo estará mirando con el ojo ubicuo de dios, y lo que obtenga lo distribuirá en cascada desde los que más necesitan a los que menos. Lo que es más, lo que él mismo necesita lo recibirá de los demás, quienes le darán a él lo que necesita. En este reino no hay aprecio por las cosas sino por los sujetos, y nadie esconde ambiciones ni envidias. Todos estarán al minuto donde aquel que lo necesite, y éste estará después donde aquel que necesite de él. No se puede concebir mejor comunidad en el plano de la empatía, la identificación de un miembro con otro de su misma especie. Por supuesto que en esta sociedad armónica[19] no existen intereses en conflicto, no existen clases ni se producen mercancías. Las diferencias son de segundo orden de importancia, contradicciones no antagónicas que se resuelven fácilmente por medio de las instituciones creadas a este fin.

Parece ser que algo así no es fácil de lograr. Dice Marx que el trabajo concreto es la actividad de un hombre dirigida a la obtención de un resultado útil. Implica esfuerzo físico y mental, que puede llegar a ser demoledor. No es lo mismo trabajar seis horas al día en condiciones ambientales adecuadas, que agotar jornadas de dieciséis horas en una fábrica contaminada y lúgubre, como sucedió en Manchester

---

[19] Obregón D., Carlos De la filosofía a la economía. Historia de la armonía social Trillas (1984)

al inicio de la revolución industrial[20]. En cualquier caso, lo que queremos destacar es que el trabajo significa esfuerzo, y que éste puede llegar a ser considerable, hasta abusivo. Observemos que hasta ahora nada hemos dicho sobre la compensación a ese trabajo.

Desde el momento en que el trabajo significa esfuerzo existe una apreciación subjetiva del valor del trabajo rendido. Puede tratarse del simple esfuerzo medio, el que poco más o menos brinda todo el mundo, lo que resalta es que nada cae del cielo, todo hay que producirlo:

> "Con el sudor de tu rostro comerás el pan hasta que vuelvas a la tierra, porque de ella fuiste tomado; pues polvo eres y al polvo volverás."
> Génesis, 3: 19, 20

Para Marx es transparente que aún en el socialismo la sociedad tiene que producir un excedente, un plus sobre el consumo social, por cuanto debe invertir parte del producto corriente para potenciar la producción y el consumo futuro. Sólo de esta manera se puede erradicar la necesidad, la obligación del hombre de dedicar la mayor parte de su tiempo vital a sólo conseguir sus medios de sobrevivencia. Mas ¿cómo articular los esfuerzos individuales si se ha extirpado el cáncer del mercado? ¿Cómo coordinar esfuerzos y alinear deseos y opiniones, caracteres y personalidades individuales? ¿Con un llamado a la conciencia social y el compromiso histórico? El ideal

---

[20] Engels, Federico La situación de la clase obrera en Inglaterra (1892)

del socialismo parece no tener operatividad en un mundo de lo concreto.

Sobre sus *dramatis personae* -el capitalista y el obrero- dice Galbraith, con buen tino y dejo de sarcasmo:

> "El capitalista, para los marxistas, posee una astucia o sagacidad casi infinita para todo excepto para cuanto se refiere a su propia supervivencia. En este aspecto no puede ser educado. Prosigue voluntaria y seguramente por el sendero que le conduce a su propia destrucción. Por el contrario, el trabajador, a quien degrada y reduce a una masa informe, está dotado de una rápida percepción y capacidad para aprender. Se encuentra reforzado por '... elementos nuevos de ilustración y progreso' procedentes de los sectores de la clase dirigente que son expelidos por el proceso de concentración capitalista. Al final, la centralización de la producción revela una desoladora impotencia frente a las masas obreras que en ese momento han llegado a convertirse en un disciplinado ejército industrial. Doblan entonces las campanas y los expropiadores son expropiados."[21]

Marx advierte en el prólogo a *El Capital* que en la configuración general de los actores de su obra no hay nada personal, a cada quien toca un rol según las circunstancias individualmente fortuitas de la historia,

[21] Galbraith, John K. La sociedad opulenta Ariel (1960), p. 78

un sino del que nadie puede desprenderse [22]. El capitalista es la encarnación de la ambición y la codicia, al punto en que se revierten contra sus propios intereses, es decir, el capitalista padece un hambre enferma de riqueza. Su única habilidad parece ser acumular capital y explotar sus obreros. En el otro extremo, el obrero tiene todas las virtudes morales: es honesto, trabajador, solidario, altruista. Con el tiempo desarrolla una conciencia de clase junto con sus camaradas obreros en la que sirve de combustible la explotación capitalista cada vez mayor. Sin embargo, no se mira mucho el origen social de los capitalistas, salidos ellos mismos de la pobreza de la gleba y la servidumbre a los señores feudales. La movilidad social parece ser sólo hacia abajo. Con el desarrollo de las contradicciones del sistema, muchos capitalistas salen del mercado y se depauperan convirtiéndose, ellos o sus hijos, en obreros. Ni pensar que antiguos obreros puedan hacerse capitalistas. La perspectiva es, pues, la de una sociedad de únicamente dos clases cada vez más separadas, distintas y opuestas:

> "Nuestra época, la época de la burguesía, se distingue, sin embargo, por haber simplificado las contradicciones de clase. Toda la sociedad va dividiéndose, cada vez más, en dos grandes

---

[22] "En esta obra las figuras del capitalista y del terrateniente no aparecen pintadas, ni mucho menos, de color de rosa. Pero adviértase que aquí sólo nos referimos a las personas en cuanto personificación de categorías económicas, como representantes de determinados intereses y relaciones de clase. Quien como yo concibe el desarrollo de la formación económica de la sociedad como un proceso histórico-natural, no puede hacer al individuo responsable de la existencia de relaciones de que él es solamente criatura, aunque subjetivamente se considere muy por encima de ellas." EC, T. I, p. XV

> campos enemigos, en dos grandes clases, que se enfrentan directamente: la burguesía y el proletariado."[23]

Paradójicamente, el germen del progreso está en el proletariado por ser la clase dominante en la sociedad naciente. Surge entonces la cuestión de cuáles pueden ser las virtudes del proletariado y el obrero. En el plano productivo no pueden ser sino aquellas que se le critican y condenan al capitalista: organización, eficiencia, productividad, ambición material. En el aspecto moral sí podemos pensar en diferencias marcadas: el capitalista es egoísta, el obrero –por lo menos mientras siga siendo obrero- es fraternal, solidario, altruista. Si deja de ser obrero, seguramente perderá sus atributos morales, como de igual forma le sucederá el capitalista que se convierta en obrero. La idea que no se dice pero se deja en el ambiente es que en el socialismo el individuo tendrá ambas virtudes, las del obrero y las del capitalista, cosa que se encargó de desmentir el socialismo real.

La economía no puede desvincularse de la sicología, ¿a qué llegó el hombre a este mundo? ¿A experimentar la mayor sensación de placer sensual posible, a experimentar la sola satisfacción del ser, o a simplemente medrar? En el socialismo, por razones que serán evidentes más adelante, no hay posibilidad para la primera alternativa. Surge la disyuntiva: ¿está en disposición el sujeto histórico a restringir voluntariamente sus potencialidades personales en aras de la armonía social? Este será un problema

---

[23] Marx, Carlos y Engels, Federico Manifiesto del partido comunista, p. 33

permanente que enfrenta al individuo con su sociedad. El obrero, ¿la semilla del futuro?

El Capital, obra cumbre de Marx y crítica de la que nunca se recuperaría el capitalismo según palabras de su autor[24], es un libro complicado. Antes que nada su extensión, tres tomos con un total de dos mil trescientas páginas. Luego, como explicamos, la complejidad del método dialéctico.

Importante para un libro sagrado es contener toda la verdad de manera misteriosa. Tan importante es contener toda la verdad como que no sea de manera obvia y directa pues si así fuera limitara las perspectivas que provocan el mismo sentimiento. Pareceres diferentes deben ser capaces de producir la misma sensación de verdad. Mientras más generales y abstractos los postulados mejor se logra este efecto. Por ejemplo, no es lo mismo pronosticar el derrumbe del capitalismo a secas que decir que el capitalismo mundial dejará de existir el año 2030, o entre este año y el 2050. Si transcurrido este último el capitalismo todavía se tiene en pie, la teoría se desprestigiará sin excusas. Esto es justamente lo que ha sucedido con el marxismo tras la quiebra del socialismo real. Tratando el tema de la conversión de los valores en precios de producción ya Pareto se quejaba de la falta de precisión de nuestro autor:

> "... los autores que quieren ser comprendidos deben preocuparse por expresarse claramente."[25]

---

[24] Carta de Marx a Becker, 17 de abril del 1867

[25] Dostaler, Gilles Valor y Precio Terra Nova (1978), p. 104

Como los horóscopos, las previsiones deben ser lo suficientemente generales y globalizantes como para garantizar el hecho cierto. Entre amplios y crípticos circunloquios se nos dice que el año entrante muy probablemente vamos a viajar, pero que si no lo hacemos vamos a tener una grata sorpresa. Viajar o no viajar agotan todas las posibilidades de manera que de forma velada el pronóstico es el hecho cierto. Por demás está decir que la gente necesita creer en estas cosas.

Igualmente importante para un libro sagrado es contener todos los temas sin dejar fuera ninguno, aunque sea de forma tangencial. Esto comprueba que al ojo de dios nada se le escapa. De manera que si fuésemos a hablar de la importancia del esparcimiento en la vida adulta, para los fundamentalistas marxistas el asunto está resuelto aunque de forma embrionaria en *El Capital.* Por supuesto, pensar que Marx pudiese estar equivocado aún en un desarrollo secundario de su teoría es herejía. Era infalible, una idea a la que contribuyó su carácter y personalidad.

Marx es sin dudas el principal profeta del socialismo. Vivió una vida de estrecheces y persecuciones, las primeras al punto del hambre y el frío, las segundas de varias expatriaciones hasta calar en Londres, donde finalmente residió hasta el final de sus días. Todo en aras de la redención dcl hombre, de la erradicación de la explotación y la miseria, el imperio de la necesidad:

> "¿Quién ha dicho que el marxismo es no tener alma, no tener sentimientos? Si precisamente fue el amor al hombre lo que engendró el marxismo, fue el amor al hombre, a la

> humanidad, el deseo de combatir la desdicha del proletariado, el deseo de combatir la miseria, la injusticia, el calvario y toda la explotación sufrida por el proletariado, lo que hace que de la mente de Carlos Marx surja el marxismo cuando precisamente podía surgir una posibilidad real, y más que una posibilidad real, la necesidad histórica de la revolución social de la cual fue intérprete Carlos Marx. Pero, ¿qué lo hizo ser ese intérprete sino el caudal de sentimientos humanos de hombres como él, como Engels, como Lenin?"[26]

El mesías se inmola personalmente para redimir la humanidad y pagar el valor de sus pecados. De aquí nace la culpa del pecado original. Luego de conocer la historia, quien reniega del profeta es un hereje e impío y merece todos los dolores y sufrimientos del infierno. En *Miseria de la Filosofía* dice Marx:

> "... los teólogos... establecen dos clases de religiones. Toda religión que no sea la suya propia es un invento de los hombres, mientras que la suya propia es una emanación de Dios..."[27]

Es decir, verdadera es la religión propia, falsas son todas las ajenas. Cosa curiosa, justo esto sucedió con el marxismo. La iglesia marxista llegó a ser inmensa,

---

[26] Discurso de Fidel Castro. Tomado de Guevara, Ernesto (Che) El socialismo y el hombre nuevo S. XXI (1977), p. 51
[27] Marx, Carlos Miseria de la filosofía S. XXI (1987), p. 77

con miles de templos en los partidos socialistas y comunistas, y millones de feligreses. Se desarrollaron numerosas sectas, cada una, como es usual, fundamentándose en un aspecto de la fe que creía preeminente, aunque el marxismo oficial era el de la Unión Soviética. En este Vaticano residía el máximo tribunal que decidía sobre los temas ambiguos y dudosos y se pronunciaba sobre la fidelidad de un pensamiento o una actuación a la fe. Todo rodó por los suelos con el colapso del socialismo real:

> "Hoy en el Partido quieren cambiarlo todo. Hay personas que lo entregaron todo, que dieron toda su vida por sus ideas, que lo sacrificaron todo, que no saben hacer nada más, y ahora les dicen que se habían equivocado desde el comienzo. *Isto e una merda.*"[28]

Es lo que sucede con el pensamiento religioso, se desarrolla una emoción, un sentimiento en una dirección que se aleja de la realidad objetiva. El devoto no lo advierte pues está imbuido de su fe, no ve más que hacia arriba. Hasta que todo se cae de golpe. Entonces la confusión es enorme porque ¿qué ha pasado? Todo iba tan bien. Es cuando se da cuenta que algo fundamental estaba equivocado desde el principio.

---

[28] Comentario de Oscar Niemeyer, genio de la arquitectura y presidente del Partido Comunista del Brasil entre 1992 y 1996. Tomado de: Castañeda, Jorge La utopía desarmada Ariel (1995), p. 50

1.3. El optimismo cientificista

> "... no existe ningún vínculo coherente entre la adopción de la ciencia y la tecnología modernas, por una parte, y el progreso de la razón en los asuntos humanos, por la otra."
>
> John Gray[29]

Llegados a este punto cabe preguntarnos por qué de estas notas metodológicas. La economía convencional ha perdido el rumbo durante muchísimo tiempo justamente porque olvida en el camino de qué se trata, cuáles son las preguntas importantes. Las riendas en manos de intelectuales profesionales, el discurso se convierte en puras justificaciones académicas. La teoría económica se desarrolló según la comodidad deductiva antes que por su relevancia práctica. Llega un momento en que teoría y práctica simplemente no se conocen.

Con el marxismo no ha sido diferente. De un discurso y una práctica críticos y revolucionarios, es decir actuantes, se llegó a la distancia y altura de la crítica literaria. En el capitalismo todo está mal, en el socialismo todo estará bien, y colorín colorado. Gruesos tomos se dibujaban dentro de estos contornos. Muy de vez en cuando se dejaba caer alguna idea de que quizás, tal vez, en algún momento las cosas no eran tanto como las ponía Marx.

---

[29] Gray, John Contra el progreso y otras ilusiones Paidós (2006)

Entonces es imprescindible despejar desde el principio de qué se trata.

Al desarrollo del conocimiento y la ciencia debe la humanidad su actual nivel de vida, que en un sentido es impresionante. Del animal que fabrica herramientas[30] el hombre ha pasado a poner un pie en la luna y enviar sondas a Marte, a penetrar el átomo y descifrar el código genético. En el plano de la cotidianidad, nos permite consumir lo que consumimos, tener lo que tenemos. De hecho, ser lo que somos. La inteligencia dirigida a la producción ha logrado niveles de productividad verdaderamente impresionantes, lo que ha permitido el acceso masivo a objetos de consumo complejos, la producción masiva para el consumo masivo[31], sólo posible en base a la productividad, y ésta en base al conocimiento.

No obstante, transcurrida la primera década del siglo XXI, la ciencia económica ha sido incapaz de resolver los problemas fundamentales, a saber, erradicar la pobreza y el hambre, el desempleo y la inflación, y cerrar las distancias abismales de riqueza e ingreso entre individuos, clases y países. Libros se cuentan por millones, por no decir de las estadísticas, números y números organizados según distintos títulos, siempre renovados y movedizos, muchas veces ambiguos, a veces sorprendentes pero siempre sospechosos. ¿Qué habrá sucedido puesto que es innegable que se ha realizado un enorme trabajo?

---

30 Engels, Federico El origen de la familia, la propiedad privada y el Estado Ediciones de Cultura Popular (1979)

31 Aglietta, Michel Regulación y crisis del capitalismo S. XXI (1979)

En otro lugar [32] comentamos la actitud de cierto análisis económico que dice buscar el saber por el saber mismo, desvincular su quehacer con la utilidad inmediata. Trata fundamentalmente del desarrollo de las implicaciones formales de supuestos de inicio muy restrictivos, a la manera de las matemáticas. La idea es que más adelante -¿quién sabe?- sus resultados pueden servir para algo, pueden llegar a ser revolucionarios, como si descubrieran petróleo en Marte, por decir. Sin embargo, en el mundo real de nuestros días, vale decir en el capitalismo corporativo, el conocimiento está gobernado por la rentabilidad, sólo el conocimiento rentable encuentra financiamiento[33]. Lo que destaca que el conocimiento es un producto como cualquier otro, con sus características propias, también como cualquier otro. De manera que aquí también insumos llevan a un producto. Conocimiento produce conocimiento, y éste más conocimiento aún y así en una serie acumulativa exponencial.

Denominamos optimismo cientificista a la actitud que se crea al pensar que la ciencia positiva nos resolverá todos los problemas, particularmente los problemas que el desarrollo de la misma ciencia genera. Pongamos por ejemplo la transformación útil de la energía. Hoy día podemos viajar miles de kilómetros por avión, cientos por tren o por automóvil. Nuestro sistema de vida actual no puede prescindir del automóvil, en gran medida ha sido configurado por éste [34]. Adicionalmente tenemos iluminación en las

---

[32] Montalvo Cossío, Osvaldo R. Crítica a la economía del *status quo* (2010)
[33] Galbraith, John K. El capitalismo americano Ariel (1972)
[34] Aglietta, citado.

noches, de manera que la oscuridad ya no es restricción. Sistemas de ambiente climatizado, que las condiciones ambientales tampoco lo son. Además de toda una batería de utensilios que nos hacen la vida cotidiana más fácil y confortable. Nada de esto se tenía antes, ahora la vida es más segura y prolongada.

Sin embargo, con los nuevos bienes han venido nuevos males. Para producir la ingente cantidad de energía que actualmente consumimos hemos decidido quemar combustibles fósiles, carbón y petróleo principalmente. La combustión de estos materiales libera a la atmósfera cantidades proporcionales de dióxido de carbono y otros gases de efecto invernadero con el consiguiente daño al ambiente y la naturaleza. A principios del siglo XXI se pone en duda que esta forma de hacer las cosas pueda continuar indefinidamente. El fenómeno del calentamiento global está suficientemente demostrado, al igual que sus consecuencias, y su causa suficientemente identificada: la quema masiva de combustibles fósiles[35].

Ante esta situación tenemos varios dilemas que resolver. El primero, el confort y bienestar están indisolublemente ligados al consumo de energía. Es decir, desarrollo es consumo de energía; de hecho, mayor desarrollo es un consumo proporcionalmente mayor de energía: la energía es un bien superior. ¿Tendremos entonces que redefinir el concepto de desarrollo? Es decir, ¿debemos pensar en una forma de desarrollo en que, en la medida que avanza, el consumo per cápita de energía no sea creciente?

---

[35] La referencia inicial obligada sobre este tema es: Gore, Al An unconvenient truth (2006)

Difícilmente por este camino encontremos consenso pues el hombre común ve el bienestar como ocio o facilidad ante la actividad y el esfuerzo, como control y decisión ante las fuerzas de la naturaleza y como seguridad ante la incertidumbre y la ignorancia. En otras palabras, preferirá andar en automóvil antes que en bicicleta o a pie, preferirá la opción de la luz artificial ante la oscuridad de la noche, y la sobre acumulación ante la sola posibilidad del hambre.

Hoy se postula no solamente que el actual modelo de producción y consumo de energía es insostenible en el tiempo, sino que los países actualmente denominados subdesarrollados no pueden tener el patrón de consumo energético de los países desarrollados o el ambiente colapsaría. En otros términos, el desarrollo de los subdesarrollados encuentra una barrera infranqueable en las consecuencias de la quema de combustibles fósiles; no todos los individuos en el planeta podemos tener el consumo de energía que el norteamericano promedio.

La solución obvia es la energía alternativa, energía sin petróleo, solar, eólica, hidráulica o geotérmica. Sin embargo, sobre esta solución posible se erigen dos grandes obstáculos, uno de carácter técnico, otro de carácter económico. El primero es que la energía alternativa ha demostrado no tener la potencia, autonomía ni confiabilidad de la energía convencional. En este aspecto la ciencia se ha quedado "atrás", no ha logrado hacer a la energía alternativa un sustituto práctico de la energía convencional. Por su parte, el problema económico es que, dado el actual estado de cosas, en particular la dependencia del petróleo de la estructura de producción y consumo y los enormes intereses corporativos vinculados a ambos, hacen a la energía convencional mucho más rentable que la alternativa.

Prescindir de la energía, y con ésta del petróleo, no parece, entonces, una opción. Todo el ordenamiento económico supone la energía a partir del petróleo a tal punto que renunciar a él parece una rotunda imposibilidad. Lo que se fabrica, como se fabrica, como se consume, todo supone el petróleo. Actualmente, suprimir el petróleo significa el colapso del sistema económico mundial. De manera que, frontalmente o de manera lateral, directamente o mediante toda suerte de racionalizaciones, nuestra decisión es afrontar las consecuencias de la quema masiva de combustibles fósiles, sean éstas las que fueren. Estamos dispuestos a asumir los costos y consecuencias del calentamiento global antes que renunciar al tipo de sociedad que hemos configurado.

¿Tiene explicación esta decisión de suicidio colectivo? Por supuesto, no se trata de adentrarnos en los procesos de depresión, frustración, impotencia y anulación por los que atraviesa el suicida potencial. La economía –que usa una sicología más bien elemental y prosaica- tiene una explicación a la mano. El agente económico –consumidor la mayor parte del tiempo- se pasa el día haciendo cantidades de análisis costo-beneficio. Comer una manzana, ¿cuánto me cuesta, cuánto me place? En general, si es mayor el placer –el beneficio- que el costo, el proyecto es positivo, se ejecuta. Así es como se compra una camisa, un carro o un viaje de vacaciones. Y lo mismo para los proyectos de inversión. Sin embargo, este análisis presupone un par de cosas.

Lo primero, que el sujeto es *normal* en lo que toca a la dirección de sus percepciones. Es decir, persigue el placer y rehúye del dolor. La teoría convencional no puede aplicar para un individuo para quien estas sensaciones corren en sentido inverso. Lo otro es que las fuentes de las sensaciones deben ser eficaces en provocar éstas en el sujeto. Es difícil sentir calor si no hace calor, es difícil sentir saciedad si todavía no hemos comido.

Entonces, la producción y el consumo originan numerosas externalidades negativas, condiciones en el exterior de la esfera del agente. Ejemplo típico de una externalidad negativa que produce el consumo es la liberación de humo y gases tóxicos a la atmósfera por el uso del automóvil, en general, de los motores que queman combustibles fósiles. Ejemplo de una externalidad que genera la producción es el vertido de desechos nocivos al agua de los ríos y al mar.

Si bien el consumidor es buen receptor de los efectos inmediatos de su consumo, no lo es de sus efectos distantes y diferidos. Por eso es bien diligente en sacar la basura de su casa o en lavar su automóvil, pero se muestra bastante indiferente respecto a los efectos dañinos de la acumulación de basura y materiales tóxicos en los espacios públicos, o de la contaminación ambiental. Aún más, es poco solidario: si el daño se le transfiere a otros –como sucede comúnmente con la basura nuclear- no le importa mucho. Al final, la curva de la habitabilidad del planeta puede describir una línea, no de una caída gradual moderada sino, a partir de un punto, de una caída abrupta. Lo que es peor, sin posibilidad de marcha atrás.

Marx habla de la alienación en la sociedad capitalista, sobre todo la alienación de la clase trabajadora que es la que lleva la peor parte. Alienación es la pérdida de conciencia, la ignorancia sobre las determinaciones de la realidad y la incapacidad de incidir sobre ésta. Vivimos por y para las cosas sin percatarnos que las cosas son hechura nuestra. Las cosas nos gobiernan, y no al revés. De hecho, el individuo actual –moderno es un término inadecuado- es consumista de forma obsesiva[36], entiende y busca en el consumo material no sólo satisfacción sino realización. Entiende la vida como la oportunidad para consumir y el goce en el disfrute material como la única experiencia ontológica. En el consumo se juega su experiencia de vida, su prestigio y el reconocimiento de sí mismo. Todo lo demás son circunstancias para llegar al gran consumo. Los pobres no son diferentes, son simplemente aspirantes a ricos permanentemente frustrados. Pero no traen nada nuevo, sólo hay que ver lo que hace un pobre cuando logra hacerse rico.

Como ya comentamos, el socialismo hoy ya no es ninguna opción. Tampoco lo es el empobrecimiento generalizado, el derrumbe del nivel de vida de todos los habitantes del mundo. Además de que estos andan todos empujando justamente en la otra dirección, hacia un mayor enriquecimiento. ¿Y si éste tampoco es opción? Si la forma de producir y consumir mercancías en la sociedad actual contradice la sobrevivencia colectiva, ¿qué pasará? ¿Habrá vida sólo

[36] "El capitalismo no sólo es consumista (esto es lo mismo que decir que el desierto es cálido), sino que un capitalismo exitoso debe ser consumista a un ritmo *creciente*; un capitalismo exitoso es un sistema económico *voluptuoso*." Montalvo Cossío, p. 56

para unos pocos, para la oligarquía mundial de las oligarquías nacionales? ¿Se dejarán matar o morir todos los demás? Parecen no ser preguntas de economía pero es justamente de lo que se trata.

1.4. Ciencias objetivas y ciencias del hombre

> "El descubrimiento particular más importante de las ciencias sociales en estas últimas décadas es que la ciencia social no rinde la clase de conocimiento de la sociedad –y la clase de poder sobre la sociedad- que las ciencias naturales poseen *vis-á-vis* el mundo natural."
>
> Irving Kristol [37]

La ciencia objetiva por antonomasia es la física, además de la más madura, y su elaboración clásica la Ley de la Gravedad: un cuerpo cae a tierra con una aceleración de 9.8 metros por segundo al cuadrado. Es objetiva por cuanto no depende del investigador ni de ningún otro sujeto, rige con absoluta independencia del pensamiento y actitudes de los hombres. Por supuesto, la Ley de la Gravedad es también un concepto, que por ello tiene que ser racionalizado. Como concepto, entonces, la ley supone al hombre, al sujeto.

La diferencia entre las ciencias objetivas y las ciencias del hombre se ha organizado en torno a dos temas: el

---

[37] Kristol, Irving. Tomado de Hutchison, T. W. Conocimiento e Ignorancia en Economía Premiá (1979), p. 40.

laboratorio experimental, y el sujeto investigador. En cuanto al primero, las ciencias objetivas tienen la ventaja de contar con un laboratorio en que las condiciones experimentales se mantienen deliberadamente fijas. De esta manera, el resultado *b* se puede atribuir con precisión a la causa *a*, por cuanto nada más ha cambiado en el transcurso del experimento. Este se puede repetir innumerables veces para corroborar el principio, tantas como se quiera, hasta que la repetición incesante garantice la causalidad. En este proceso el investigador sigue un protocolo de manera que su intervención tenga la menor influencia posible sobre los resultados, idealmente ninguna.

Las ciencias humanas son otro mundo. Aquí el objeto de estudio es el hombre, como lo es el investigador, y entre hombres se genera todo tipo de relaciones emocionales. Podemos pensar que la cosmovisión del investigador, sus ideas sociales y políticas, hasta su estado afectivo del día de alguna manera influyen el resultado del experimento. El mejor protocolo para tratar este problema es hacerlo patente, que el investigador denuncie sus propias convicciones, no hay forma alternativa.

En las ciencias humanas se hacen algunos experimentos –sobre todo en sicología, a veces en economía-, aunque el método tradicional es el de tratar de capturar las condiciones del momento como si fuesen el ambiente acondicionado del laboratorio, y establecer los vínculos causales relevantes. Hay que abstraer cantidad de elementos que se proponen secundarios, pero es todo lo que podemos hacer. No hay ninguna posibilidad práctica de realizar experimentos en sociedad como se realizan en el laboratorio físico o químico.

Suponiendo igualdad de condiciones –*ceteris paribus*, dicen los economistas-, se observa si la causa *a* sistemáticamente produce el resultado *b*. Se entiende que la actitud del investigador es, antes que comprobar una hipótesis, tratar de desmentirla; es decir, su reto es demostrarla falsa. Si la hipótesis supera la prueba de la repetición bajo las condiciones establecidas, hemos logrado una ley o principio en este orden del conocimiento. No obstante, aún así no es una ley de la misma categoría que una ley física. ¿Por qué? Fundamentalmente porque el universo físico es más estable que el universo humano, es una constelación de fuerzas que se mantiene la misma en lo relevante de sus efectos sobre los humanos. Si la masa del planeta tierra disminuyera y aumentara sucesivamente debido a una influencia aleatoria del sol, la ley de la gravedad no pudiera formularse como ahora, resultaría una aceleración variable en función de la influencia de éste.

En el lado de las ciencias del hombre, es indudable que existe cierta regularidad en el pensamiento y el comportamiento humanos, es lo que permite formular, por ejemplo, una función consumo: c = f (y), donde *c* representa el consumo de un cierto sujeto y *y* su ingreso. Existen fuerzas, motivos, que hacen que un individuo consuma de un cierto ingreso una proporción relativamente igual, y que individuos distintos tiendan a seguir igual comportamiento. Aún así, la relación no es mecánica, exacta, sino aproximada. En términos prácticos es imposible investigar las razones individuales. Se supone que las diferencias se cancelan mutualmente y el error remanente se distribuye normalmente con media cero y varianza finita, esto es, las diferencias de los comportamientos individuales se cancelan en promedio y su dispersión es calculable. Sin embargo, este procedimiento, típico de la economía aplicada, introduce subrepticiamente un supuesto de partida crítico: que el futuro es en lo esencial conocido, es conocido en términos de ocurrencias. Por ello no puede suceder nada esencialmente nuevo, todo está contenido en una distribución de frecuencias conocida. Por construcción, pues, elimina la posibilidad de la sorpresa[38].

Esto contradice abiertamente la perspectiva de que nuestro conocimiento es ínfimo e insignificante respecto del universo aprehensible. La más robusta de las leyes de la economía -la ley de la demanda, por decir- siempre estará sujeta a restricciones particulares y será provisional, hasta que el sistema de fuerzas que gobierna las decisiones humanas se mantenga sin variaciones de significación.

Curiosamente, Marx plantea que en el ámbito de la sociedad se pueden establecer leyes de la misma naturaleza que en la física:

> "Lo que de por sí nos interesa aquí no es precisamente el grado más o menos alto de desarrollo de las contradicciones sociales que brotan de las leyes naturales de la producción capitalista. Nos interesan más bien *estas leyes de por sí,* estas *tendencias* que actúan y se

[38] Montalvo Cossío, p. 64

> imponen con férrea necesidad. Los países industrialmente más desarrollados no hacen más que poner delante de los países menos progresivos el espejo de su propio porvenir." [39]

Que sean tendencias más que relaciones exactas no cambia la esencia del asunto, las tendencias pueden ser leyes. Tenemos razones para afirmar una ley exacta y razones para afirmar una ley tendencial. En este último caso, hay causas que se oponen al movimiento dominante, motivo de los sucesivos retrocesos pero que nunca son suficientes para impedir su predominio: a la postre la tendencia se impone. Esta es exactamente la idea de Marx respecto a la ley de la caída tendencial en la tasa de ganancia y el consiguiente colapso del capitalismo. Habrá períodos de expansión y auge pero la recesión y crisis subsiguientes serán mayores. *Un paso hacia delante y dos hacia atrás* –como titula Lenin uno de sus folletos-, con el tiempo el capitalismo caerá víctima del desarrollo de sus propias contradicciones.

El colapso del capitalismo es inevitable, esta sentencia se inscribe en el determinismo histórico que impide que circunstancias nuevas y no previstas puedan revertir o hacer desaparecer la tendencia hasta entonces descrita. En capítulos próximos estudiaremos condiciones que permiten revertir la tendencia recesiva del sistema y, aún más, mantenerlo distante de la crisis, por supuesto, con altibajos. No obstante, si la contra tendencia se demuestra por lo

---

[39] EC, T. I, p. xiv

menos igual de persistente que la tendencia, no podemos llamar ley a esta última:

> "Marx, al imponer sobre la historia un *telos* natural, desplazó el foco del análisis social, apartándolo de lo que está ocurriendo, y de lo que realmente ha ocurrido. La historia, en el pensamiento de Marx, adquirió un movimiento propio, y la actividad del hombre se redujo a facilitar el resultado histórico natural. La actividad del hombre no podría cambiar jamás realmente el curso de la historia... Conceptualizar la naturaleza del hombre como producto histórico, solamente porque el hombre cambia al irse comprendiendo a sí mismo, implica no sólo que es contradictorio establecer una naturaleza humana estática, sino también que es contradictorio establecer una naturaleza humana teleológica dada. El hombre desarrolla nuevas concepciones, en el proceso de su existencia. Las ideas futuras, las concepciones futuras, no pueden conocerse en el presente sin transformar al presente mismo, así como al futuro que de nuevo se vuelve incógnito... El punto de vista antihistórico neoclásico y el historicismo de Marx son los opuestos diametrales de un presupuesto epistemológico común: la creencia en una armonía social natural. La consecuencia en ambos casos es una interpretación antihistórica de la historia."[40]

[40] Obregón, p. 277

El determinismo histórico de Marx, la formulación de la caída del capitalismo como una ley natural, condicionó críticamente la teoría y la práctica marxistas. Oponerse a lo inevitable es inútil, tarde o temprano se impondría el socialismo, la sociedad sin clases ni explotación, de iguales verdaderos. El Estado se diluiría y con ello empezaría la verdadera historia de la humanidad[41]. ¿Cómo sería ese socialismo apenas intuido, esbozado? El concepto tiene un lado muy atractivo: "... cada quien según su capacidad, a cada quien según sus necesidades"[42], la perfecta sociedad fraternal en que habrá desaparecido la necesidad material que obliga a someterse a la esclavitud del capitalista. Habrá desaparecido la mercancía y con ella la obsesión de ganancia y bienestar que marca el paso en el capitalismo.

Sin embargo, surgen preguntas a granel: ¿cuál será el motivo, la pulsión visceral que impulsa a las personas al esfuerzo productivo? ¿La sola solidaridad? ¿Pueden los humanos accionar instintivamente como los animales y ocupar obedientemente una función en una jerarquía natural? Esta organización productiva, ¿tiene la capacidad de producir suficiente para todos, o habrá que someter a la sociedad a racionamiento permanentemente, denunciando toda ambición de propiedad y disfrute material como contrarrevolucionario, como antinatural?

El discurso marxista es frío, tiene el sonido de las leyes físicas, una marcha uniforme al encuentro de un futuro desdibujado y poco apetecido. Puede uno no

---

[41] Marx, Carlos Contribución a la crítica de la economía política S. XXI (1980), p. 4-5

[42] Marx, Carlos Crítica al programa de Gotha, p. 7

creer en dios pero hay que reconocer el regocijo que producen ciertas situaciones, ciertas imágenes, como la tradicional postal que publican las iglesias protestantes: padre, madre y dos hijos paseándose agarrados de la mano en un campo verde y florido. Hace un día estupendo, un cielo despejado de un azul intenso del que cuelgan dos grandes nubes de algodón. El sol está radiante. Todo mundo sonríe, hasta los animales. La oveja anda al lado del tigre, el zorro saluda a la gallina, que le pregunta por sus hijos. Es decir, la alegoría a la alegría del vivir...

Los sentimientos se denunciaron como burgueses, el hombre debe ser razón pura, y la razón, revolucionaria. La historia está fatalmente escrita y en ella se impone la razón de la sociedad sobre el individuo. La naturaleza de la sociedad se impone sobre el individuo como el fuego arrasa la hojarasca seca. Sin esfuerzo ni maldad desata sus fuerzas al desperezarse, voluntariosamente, aleatoriamente. No tiene motivos ni persigue a nadie, no hay razones personales. Si alguien siente dolor -un sentimiento individual como todos los sentimientos-, se trata de un incidente minúsculo ante la marcha triunfal hacia la sociedad perfecta. El socialismo era la utopía y su causa todo lo justifica. En este proceso los individuos, uno a uno en su personalidad individual, no tienen importancia, son células iguales unas a otras por lo que son sustituibles, reemplazables, descartables. Para el marxismo el individuo como tal no tiene importancia, trascendencia. Uno y otro es lo mismo. Importante es el conjunto, la sociedad.

Sin embargo, para el individuo de hoy y de todos los tiempos no hay persona más importante que sí mismo.

Es cuestión de simple afirmación y conservación. Toda persona necesita encontrar sentido y causa para simplemente existir. Aún las conductas solidarias, altruistas, de sacrificio e inmolación por el bienestar ajeno arrancan de la satisfacción del yo. La sociedad humana puede hacerse de animales, un rebaño, pero al costo de perder sentido y significado para el sujeto. Desde el momento en que el estatus del individuo se hace subsidiario del colectivo inicia la dictadura y la soledad. La supresión del yo íntimo y subjetivamente libre es el costo mayor al que obliga la sociedad colectivista. También por eso no puede avanzar y desarrollarse, porque sociedad sin individuo es un absurdo.

Finalmente los marxistas pretendieron apropiarse del concepto de verdad científica. Cosa curiosa pues la dialéctica rechaza la idea de conclusión, de término. La "verdad" en la concepción convencional es justamente eso, una conclusión a la que se llega definitivamente mediante investigación. La perspectiva de Marx es otra, el conocimiento debe aproximarse al objeto de manera asintótica, lo que implica la necesidad de avance permanente, interminable.

En su momento, el único discurso válido era el de la "ciencia del marxismo", todo lo demás era "ideología burguesa" [43] . Aparentemente los no-marxistas en

[43] "En pleno período staliniano, agravado por el 'zdanovismo", se lanzó en Francia una consigna: ciencia proletaria contra ciencia burguesa. Consigna justificada, se decía, por la situación mundial, y que llevaba al terreno teórico la lucha de clases práctica (política)... (A este libro) se le reprochaba que no contribuía a la elaboración de una lógica proletaria, revolucionaria, socialista... Exigían que una lógica, en tanto que tal, tuviera un carácter de clase. Y si la lógica no podía tener o

cualquier sentido no tenían nada inteligente o interesante que decir, su objetivo no era otro que refrenar el avance en la comprensión de las relaciones de explotación en la sociedad burguesa y el triunfo de la revolución.

El egocentrismo y aislamiento del marxismo tuvieron consecuencias funestas en la teoría y la política. En los países socialistas, ser acusado de revisionista podía significar una sentencia de muerte, lo que creó una competencia por la exégesis más fiel y radical de Marx. A la vez mostraba el tratamiento que "la nueva sociedad" daba a los descarriados, tontos y creativos. Pensar más allá de la versión oficial estaba completamente prohibido, sólo imaginar que Marx pudiese estar en algo equivocado era un crimen capital[44]. Así anduvo el marxismo hasta bien entrado el siglo veinte hasta que la crisis del socialismo real obligó a desatar las amarras al pensamiento.

De nueva cuenta, ¿cuál es el objeto de estudio? Este consiste en determinar cómo la sociedad resuelve el denominado problema económico –producción, distribución, cambio, consumo-. Marx analiza este tema para la sociedad capitalista. Encuentra que el objetivo del capitalista –el propietario de los medios productivos- es la ganancia y nada más, ganancia y mayor ganancia. El capitalismo es un sistema para la producción de beneficios a espaldas de las necesidades y aspiraciones de su población trabajadora, la gran mayoría. Lo más importante, logra esto mediante la

recibir ese carácter, ellos rechazaban la lógica. " Lefevre, Henri Lógica formal, lógica dialéctica S. XXI (1970), p. 1

[44] Sik, citado.

explotación del obrero, es decir del robo por parte del capitalista de parte del tiempo trabajado por el obrero.

He aquí el ascendente moral del marxismo: explica el origen de la riqueza de los ricos y de la pobreza de los pobres. De hecho, el origen de la pobreza de los pobres es la riqueza de los ricos, y viceversa. Todos los males del capitalismo, bastante obvios, confluyen a este punto de fuga. Así se hace inevitable *sentir* simpatía por un planteamiento como éste, simple sentido de justicia.

Pero, ¿es así como realmente suceden las cosas en la práctica? ¿Cómo explicar entonces numerosos fenómenos que contradicen estas premisas? Hundirse en las esencias debía contribuir a la explicación pero a veces no parece sino un recurso para evadir y confundir el asunto. Si diferenciamos entre esencia y apariencia es porque la primera nos dará la clave de la segunda, pero si se mantienen como entidades dinámicamente independientes no nos ayuda en nada.

A la inversa, si destronamos al rey, ¿cómo nos gobernamos? No es suficiente con denunciar sus excesos y abusos, al final tenemos que sustituir un principio con otro. ¿Resuelve la nueva organización el problema económico? Es decir, ¿erradica los problemas del sistema anterior sin traer consigo otros males quizás peores? De nueva cuenta, la práctica es la prueba de fuego de cualquier planteamiento abstracto. En cualquier caso, lo importante es no perder de vista qué queremos y si lo estamos logrando.

"Las leyes de la dialéctica se extraen de la historia de la naturaleza y la sociedad humana. Pues no es otra cosa que las leyes más generales de estos dos aspectos del desarrollo, así como del pensamiento. Y en verdad se las puede reducir principalmente a tres: a) La ley de la transformación de la cantidad en calidad, y a la inversa; b) La ley de la interpenetración de los contrarios; y c) La ley de la negación de la negación. Las tres las desarrolla Hegel, a su manera idealista, como simples leyes del pensamiento."

Federico Engels[45]

[45] Engels, Federico Dialéctica de la naturaleza Grijalbo (1983), p. 58

CAP. 2. LA QUÍMICA DE LA ALBÚMINA

Marx tiene grandes precursores en tres áreas de la ciencia: la filosofía, la teoría social y la economía. En filosofía, hereda la dialéctica de Hegel (1770-1831) y el materialismo de Ludwig Feuerbach (1801-1872). En política, el socialismo francés, particularmente el de Pierre Joseph Proudhon (1809-1865). Finalmente, la economía política inglesa, sobre todo en las obras de Adam Smith (1723-1790) y David Ricardo (1772-1823). Estos son sus predecesores más eminentes, a todos los criticará de manera radical aunque con distinta agudeza. Siempre fue un admirador del genio de Hegel y condescendiente con los economistas clásicos a quienes tenía como los pensadores orgánicos del capitalismo naciente y revolucionario, sepulturero del feudalismo. En cambio fue inmerecidamente severo con Proudhon.

Heredero de todos ellos, el marxismo es otra cosa. Critica los sistemas que le son legados y crea una concepción nueva, revolucionaria. Marx es inicialmente filósofo y toda su obra lleva esta impronta. Su concepción más importante es el materialismo dialéctico e histórico que, por situarse en el plano de la mayor generalidad, da pie a interpretaciones y aplicaciones muy distintas. Por ejemplo, algunos consideran la esencia del marxismo el método y la tesis de la lucha de clases, y nada más.

Por el contrario, para otros cada palabra escrita por Marx debe tomarse literalmente. Estas diferencias de perspectiva dan lugar desde el origen a distintos marxismos, como veremos más adelante.

2.1. La dialéctica

Etimológicamente dialéctica quiere decir "arte del discurso", del discurso como argumentación. Entonces arte o técnica del pensamiento. Sus orígenes de remontan a la filosofía griega, a Platón, desde donde se trata como método de razonamiento.

En la dialéctica hay tres elementos esenciales: a) la oposición general, b) el movimiento, c) la superación. Ya en la filosofía marxista hay que añadir: d) la unidad. Para los marxistas, la dialéctica es la unidad de la oposición dinámica de los contrarios, aplicable a todos los ámbitos del ser, tanto a la materia y la naturaleza como al pensamiento y la organización social.

La dialéctica como método de pensamiento y de acción revolucionaria es imprescindible para Marx, sin ella todo queda estático y carente de sentido, sin explicación. La dialéctica materialista de Marx es, por supuesto, muy distinta a la dialéctica idealista de Hegel. Para éste la idea existe por sí misma.

La dialéctica es la forma del ser. Ubicua, la tenemos en todas partes: en la naturaleza, el individuo y su pensamiento y en la sociedad. En la naturaleza, podemos pensar en cambios cuantitativos que se transforman en cualitativos, como cuando el calentamiento gradual vaporiza el agua, o cuando la energía potencial se convierte en cinética. La oposición de las cargas eléctricas puede explicar el movimiento mecánico, pero esta repulsión es circular y estable, no conduce en una dirección definida. Desde otra perspectiva, hay una tendencia de los organismos elementales a desarrollarse hacia las formas de vida más complejas: de los unicelulares hasta el cerebro humano, el proceso evolutivo más grande que conocemos.

> "... pues la vida, desde sus formas más bajas hasta las más altas, no es más que la modalidad normal de existencia de los cuerpos albuminoides."[46]

Como método de razonamiento resulta muy intuitiva. Todo ser contiene su no-ser, se desplaza continuamente del ser al no ser, y luego a la inversa. Ser y no-ser, esencia y accidente, blanco y negro. Desarrollando la oposición se logra un conocimiento más vasto y profundo. El movimiento es transición, donde se es menos de una cosa que antes y más de su contrario. Cuando la negación es suficientemente grande, surge un elemento nuevo, la síntesis, que replantea el problema en un grado procesal más elevado. Así se entiende, por ejemplo, la oposición abstracto-concreto, general-particular, teoría-práctica, y otras más por el estilo. El ser humano debe avanzar progresivamente en todas direcciones, del menos al

---

[46] Engels, Federico. Tomado de: Antología del Materialismo Dialéctico Ediciones de Cultura Popular, p. 184

más, en conocimiento y realización, en pensamiento y acción, en conciencia y dirección.

Cuando la dialéctica se funde con el materialismo -cuando la dialéctica se aplica desde la realidad de la materia- emerge el materialismo dialéctico. De igual manera, cuando el materialismo dialéctico se aplica a la historia da lugar al materialismo histórico, sintetizado en la tesis de la lucha de clases:

> "La historia de todas las sociedades que han existido hasta nuestros días es la historia de las luchas de clases. Hombres libres y esclavos, patricios y plebeyos, señores y siervos, maestros y oficiales, en una palabra, opresores y oprimidos se enfrentaron siempre, mantuvieron una lucha constante, velada unas veces y otras franca y abierta; lucha que terminó siempre con la transformación revolucionaria de toda la sociedad o el hundimiento de las clases beligerantes."[47]

Y en el principio de que el ser social determina la conciencia social:

> "En la producción social de su existencia, los hombres establecen determinadas relaciones, necesarias e independientes de su voluntad, relaciones de producción que corresponden a un determinado estadio evolutivo de sus fuerzas productivas materiales. La totalidad de esas relaciones de producción constituye la

---

47 Manifiesto..., p. 33

> estructura económica de la sociedad, la base real sobre la cual se alza un edificio jurídico y político, y a la cual corresponden determinadas formas de conciencia social. El modo de producción de la vida material determina el proceso social, político e intelectual de la vida en general. *No es la conciencia de los hombres lo que determina su ser, sino, por el contrario, es su existencia social lo que determina su conciencia.* En un estadio determinado de su desarrollo, las fuerzas productivas materiales de la sociedad entran en contradicción con las relaciones de producción existentes o –lo cual sólo constituye una expresión jurídica de lo mismo- con las relaciones de producción dentro de las cuales se habían estado moviendo hasta ese momento. Esas relaciones se transforman de formas de desarrollo de las fuerzas productivas en ataduras de las mismas. Se inicia entonces una época de revolución social." [48]

La fuerza motriz de la historia es la oposición entre desarrollo de las fuerzas productivas y las relaciones sociales de producción; en el capitalismo, entre la generación y acumulación de valor y su distribución. Más en profundidad, la inviabilidad de las relaciones sociales de explotación fundamentadas en la propiedad privada.

---

[48] Marx, Carlos Contribución..., p. 4-5. Subrayado nuestro.

2.2. El materialismo

Señala Engels[49] que en lo fundamental existen dos escuelas de pensamiento filosófico: los materialistas y los idealistas. Para los materialistas la materia es la causa y el origen de todo, causa sin causa y causa sin final. Causa en particular de la razón y el pensamiento. De aquí de toda suerte de sensaciones, sentimientos y fantasías.

Por el contrario, para los idealistas, la idea –en el extremo "dios"- existe por sí misma con antelación e independencia de la materia. Esta es un accidente de la idea, su concreción. La materia no es más que la vestidura de la idea, el ser verdadero es el espíritu.

Desde siempre los pensadores se han fijado en la oposición entre, de un lado, el cuerpo -la materia- y del otro el pensamiento –la mente, la idea, o el espíritu-. El hombre es inevitablemente ambas cosas, materia e idea. Los materialistas postulan que sin materia no hay espíritu, es lo que sucede cuando morimos. No hay "más allá", simplemente desaparecemos material y espiritualmente, aunque quede nuestro recuerdo entre los vivos. Para los idealistas cuando morimos cambiamos de circunstancia pero nuestro ser esencial permanece el mismo.

Todo esto parecería un entretenimiento filosófico sin la menor importancia práctica, pero no hay tal. Si

---

[49] Engels, Federico Ludwig Feuerbach y el fin de la filosofía clásica alemana Quinto Sol (s/f)

tuviésemos real conciencia de que no hay vida después de la vida, que estamos restringidos al tiempo vital tal y como lo conocemos, y que tras la muerte es la nada, nuestra perspectiva y actitudes respecto de todas las cosas sería muy otra. La fatalidad del plazo nos obligaría a hacer ahora, a no dejar para después. Lo que consideremos es el propósito de la vida lo tendríamos que ejecutar ahora, no más adelante cuando no exista la posibilidad. Esto no impone una vida sensual, epicúrea, ni siquiera utilitarista, sólo obliga al plazo vital. Si sólo sentimos el instinto salvaje del caballo pues eso podemos sentir, pero sólo será mientras tengamos vida.

Por el contrario, si pensamos que después de la muerte es cuando comienza "la verdadera vida" como profesan todas las religiones, nuestro comportamiento estará signado por esta idea. Si acceder al paraíso tiene como condición una vida "de bien y virtud", nuestras actuaciones estarán dominadas por esta creencia. Por supuesto, queda pendiente cómo se definen bien y virtud, y qué sucede si no es lo que hemos hecho. ¿Vamos al limbo o al infierno? Cabe destacar lo señalado por Freud: las fuentes del placer terrenal parecen ser las mismas de la felicidad del paraíso, el hombre no tiene otro referente para proyectar en cualquier otro espacio. El ser humano se encuentra atrapado en su sensoriedad terrena y su fantasía.

"La crítica de la religión es el presupuesto de toda crítica"[50], ¿por qué para Marx la crítica de la religión es tan importante? Si, como dice Engels, la religión no

---

50 Marx, Carlos Crítica a la filosofía del derecho de Hegel

es más que un entramado de historias y leyendas resultado de la fantasía y producto de la ignorancia y el miedo, ¿no es más corto saltar el tema y dejar que las leyes de la historia decidan el camino? No, justamente por un asunto de control y dominio: para Marx es esencial el dominio que puede ejercer el hombre sobre sí mismo, la organización y el orden que una sociedad puede establecer para sí misma. Para esto es imprescindible la racionalidad, el pensamiento fundamentado en la lógica, muy distinto a la fantasía religiosa.

Otra cosa es la relación entre la moral religiosa y el desarrollo de un modo de producción, en particular el capitalismo[51]. Un capitalismo en continuo desarrollo implica un consumo en aumento exponencial. Si la religión va a sustentar el primero debe, en consecuencia, racionalizar y justificar el consumo conspicuo, aún de manera entreverada y diagonal. De igual forma, justificar el consumismo obliga a suscribir el sensualismo y hedonismo. Se puede querer evadir las conexiones lógicas entre estos varios elementos pero, a final de cuentas, la religión del capitalismo -protestantismo o catolicismo- justifican la ética del consumo y la vida para la producción pues de otra forma se constituirían en un escollo para el mejor desenvolvimiento del sistema.

Volviendo al materialismo filosófico, no es difícil ponernos de acuerdo sobre sus fundamentos. Lo único que necesitamos es un cuerpo sólido, una piedra. Mediante los sentidos y nuestra inteligencia podemos percibir la piedra como un objeto externo con la

---

[51] Webber, Max El protestantismo y la ética del capitalismo Premiá (1989)

característica particular de ocupar un espacio. La podemos ver, tocar, frotar, distinguir su textura y color, sopesarla. Este cuerpo inerte existe fuera de nosotros y con independencia de nosotros. Ciertamente podemos patear la piedra fuera del camino, lanzarla lejos y hasta triturarla, pero nada de esto destruye la materia. Ya sabemos que la materia es indestructible y que tan sólo cambia de forma. Podemos alejarnos unos días y dejar la piedra en su lugar. Si nada ni nadie la ha sacado de sitio, un fenómeno de la naturaleza u otro individuo, allí mismo la encontraremos yaciendo pasivamente a la espera de nada. Aún más, a la muerte de alguien que nos sea conocido también vemos que la piedra sigue en su lugar. La moraleja es clara: la existencia de la piedra es independiente de la existencia de las demás entidades, en particular de los seres humanos. La piedra es, existe por sí misma.

Los materialistas sostienen que la idea, el pensamiento, se deriva de la materia, es una característica de la materia compleja organizada. La idea no flota en el aire sino que es la reflexión especular en un cerebro humano resultado de reacciones químicas y eléctricas. Así es como el cerebro genera las ideas, que no pueden acumularse externamente ni transportarse a otro mundo. Si no hay cerebro, no hay idea. A la inversa, el cerebro, además de ver, es capaz de imaginar cualquier otra cosa por fantasiosa o absurda que resulte.

Decir idea, pensamiento, sensaciones, sentimientos, alma, es todo un poco de lo mismo. Los animales tienen sentimientos y sensaciones. Sin los primeros, los perros no querrían tanto como quieren a sus amos;

sin las segundas, no podrían reconocer y distinguir los unos de los otros. Y lo que tienen los perros lo tenemos los humanos. Intuición, la sospecha instintiva sobre un acontecimiento. Finalmente, la obra cumbre de la materia es la inteligencia, la capacidad de abstraer y establecer relaciones de causa a efecto entre diferentes entidades. Esto no lo hacen los animales con la claridad que el ser humano. La conciencia del yo como una entidad separada del resto, del resto del mundo natural y de los demás seres vivientes. Lo que denominamos alma no es más que el bloque de los elementos difusos subconscientes e inconscientes que no alcanza a organizar el pensamiento y que son origen de sensaciones de todo tipo, como la placidez existencial y la trascendencia, pero que tienen fundamento material tanto como la idea más elemental.

Si la materia es la base y el fundamento de la idea, la condiciona también de otra manera: el pensamiento es el pensamiento de una época, depende del tiempo y la historia, de la situación particular en que se encuentre el sujeto pensante. Es otra forma de decir que el ser sobre determina la conciencia, la domina aunque la conciencia también determina al ser. Si esto último no fuera cierto, no habría necesidad de criticar la religión. Durante mucho tiempo se consideró justificado y correcto que existieran amos y esclavos, los mismos esclavos así lo pensaban. La forma como estas ideas contrarias al interés y bienestar propio llegan a anidar profundamente en la conciencia del perdedor es un tema de la sicología al que no nos podemos dedicar en este momento, pero su realidad es indudable. La mayor parte de la humanidad en la historia no sólo ha sido dominada sino que de alguna manera en su momento sintió que era su destino, determinado por dios o por el azar, pero siempre inevitable. Siendo inevitable debía tener una razón poderosa, aunque de momento no se pudiera precisar.

En el aforismo de Descartes: "pienso, luego existo" se aloja una interesante paradoja. Para los materialistas, la materia existe con independencia de la idea, ya lo vimos. Sin embargo, sin pensamiento, es decir, sin sujeto pensante, no puede existir idea de la materia con lo que ésta, a efectos de la conciencia, deja de existir. Es un mundo de materia inerte, inorgánica, concebible pero sin interés.

> "El defecto fundamental de todo el materialismo anterior –incluido el de Feuerbach- es que sólo concibe las cosas, la realidad, la sensoriedad, bajo la forma de objeto o de contemplación, pero no como actividad sensorial humana, no como práctica, no de un modo subjetivo."[52]

No sólo la materia presupone la idea –otra cosa sería un mundo inerte, inorgánico-, sino que ambas se entrecruzan en una tercera dimensión: el tiempo. Caminan, suceden, avanzan, el reposo y la quietud no son alternativas. De aquí la famosa onceava tesis a Feuerbach:

> "Los filósofos no han hecho más que interpretar de diversos modos el mundo, pero de lo que se trata es de transformarlo."[53]

---

[52] Marx, Carlos Tesis sobre Feuerbach No. 1
[53] Ibíd., tesis No. 11

Nuevamente es claro el homocentrismo de Marx –llamarlo humanismo, que es correcto, generaría confusión-. El hombre está obligado a tomar las riendas de su propio destino, hombre y sociedad. Es su propio autor, para bien o para mal, y adonde llegue es resultado sólo de sus acciones:

> "...los crímenes contra la humanidad siempre son crímenes de la humanidad. Perpetrados por ella."[54]

En nada de esto interviene una presunta ley divina o la ley de la naturaleza. Las leyes de la historia –el materialismo histórico- están decididas por los hombres en sus luchas por la sobrevivencia y la seguridad, por la propia realización. Y si eventualmente el mundo perece antes de alcanzar una sociedad de justicia y solidaridad, también será producto de la actuación o la omisión humana.

2.3. La religión

> "De por sí el reflejo veraz de la naturaleza es un asunto difícil, es producto de una prolongada historia de la experiencia. Las fuerzas de la naturaleza se le presentaban al hombre primitivo como algo extraño, misterioso y opresor. En una cierta fase por la que atravesarán todas las culturas, dichos hombres lograron asimilarlas mediante la personificación.

[54] Forrester, Viviane. El horror económico. FCE (1996), p. 154

> Es precisamente esta aspiración a la personificación la que ha creado por doquier a los dioses... Sólo el verdadero conocimiento de las fuerzas de la naturaleza desterrará a los dioses o al dios de todos los terrenos, uno tras otro."
>
> Federico Engels[55]

Desde que el primer hombre tuvo tiempo para especular surgieron preguntas difíciles: ¿qué soy? ¿De dónde vengo? ¿A dónde voy? ¿De qué se trata? El yo pensando sobre sí mismo, reflexionando, la materia que se percata de su existencia. Al hombre le resulta inconcebible que la vida inicie con su nacimiento y concluya con su muerte. No guarda memoria de nada anterior, no hace sentido. Por su parte, el instinto de conservación busca prolongación más allá de la muerte. Sin embargo, para la materia no existe el tiempo, la vida humana es puro accidente.

El primer gran descubrimiento del hombre primitivo, antes que el uso útil del fuego, fue la mortalidad, es decir su propia finitud y la de los demás. Que hay seres vivos y otros inanimados, y que los seres vivos, todos, sin excepción, mueren. Que es obligación de la vida mantenerse. No es, pues, fortuito que las religiones primitivas asocien el favor de los dioses con la abundancia de la tierra y la fertilidad, es decir, con la vida terrenal, de la que se desprende la vida tras de la muerte como un deseo instintivo. Sobre esta

[55] Engels, Friedrich Anti During, trabajo preparatorio Tomado de: Marx, Engels y Lenin Antología del materialismo dialéctico Ediciones de Cultura Popular (1975), p. 99

aspiración primigenia se desarrollan todas las mitologías, incluyendo la cristiana.

La inteligencia es puesta a prueba: ¿cuál es la causa última? La materia como tal no tiene propósito. A la inversa, la conservación de la vida sí parece tenerlo. Si no propósito, por lo menos un medio: el disfrute sensual. Es decir, el propósito divino para la vida terrenal parece ser el placer, por supuesto el placer en una acepción laxa, el placer como recurso de vida:

> "Dios les dijo: fructificad y multiplicaos, llenad la tierra y sojuzgadla, y señoread en los peces del mar, en las aves de los cielos y en todas las bestias que se mueven sobre la tierra. Y dijo Dios: He aquí que os he dado toda planta que da semilla, que está sobre la toda la tierra, y todo árbol en que hay fruto y que da semilla; os serán para comer. Y a toda bestia de la tierra, y a todas las aves de los cielos, y a todo lo que se arrastra sobre la tierra, en que hay vida, toda planta verde les será para comer."
>
> Génesis 1, 28, 31

¿Cuál es la causa de la materia? El materialismo es inhóspito por cuanto reduce a la conservación la sensación indescriptible del placer. El placer debía ser algo divino, entenderlo como un recurso de la materia no tiene nada de sublime o romántico.

Inicialmente los mismos elementos cotidianos de la naturaleza fueron dioses: el sol, la luna, el mar, justamente los proveedores de vida. En la medida en que el hombre comprende mejor las leyes de la naturaleza, la divinidad se desplaza a entidades más abstractas y recónditas, aunque siempre sobre el mismo principio de conservación de la vida conciente.

Una clave importante para entender la actitud frente a los dioses la proporciona la oposición entre causalidad y casualidad, entre determinación y azar. La causalidad es la relación eficiente de causa a efecto, fundamento de la ciencia. A la inversa, el azar es un resultado sin causa identificable apriorísticamente. Sin embargo, contrario a lo que puede parecer a primera vista, la diferencia entre ambas no es tan distante e irreconciliable: eventualmente el azar puede demostrarse una ignorancia sobre la causalidad.

Pongamos como ejemplo el experimento clásico de rodar un dado de seis caras. La probabilidad de obtener un resultado definido entre seis -digamos el número dos- es de un sexto. En principio no hay manera como aumentar esta probabilidad. Sin embargo, si tuviésemos la suficiente información sobre la fuerza y torque con que se lanza el dado, el ángulo de sus lados y la resistencia que le representa la superficie en que rueda, etc., podríamos pronosticar con absoluta precisión el resultado. Lo que aparenta azar se convierte en una causalidad simple o, lo que es lo mismo, el azar no es más que una causalidad todavía no desentrañada. Para el conocimiento completo no hay azar.

El azar nos resulta perfectamente inteligible cuando decide un suceso objetivo: el número que queda hacia arriba al rodar el dado sobre la mesa, o cuando afecta la mortalidad de un otro. Cuando sanciona de manera fatal nuestro propio bienestar o la vida misma entonces adquiere un carácter misterioso y trágico. Es el caso de si con el mismo dado se decide si vivimos o morimos. El cálculo elemental y frío de las probabilidades ya no es tal sino algo mucho más trascendente, es decir, hay una mano oculta tras lo aparentemente fortuito. Entonces, las probabilidades no son tales sino una forma en la que dios impone su designio. No queda, pues, más que rogarle porque nos permita seguir viviendo.

El desconocimiento de la vida después de la vida, la fatalidad de la muerte, el instinto de conservación y la ignorancia de las causas de los efectos, todo conduce al ruego y la súplica. Como hemos dicho en otras ocasiones, la religión no es un sistema fortuito y accidental sino el desarrollo del sistema humano -instinto, emociones, inteligencia e información- en el tiempo. Si el instinto de conservación se mantiene en el hombre y su inteligencia es limitada, como lo es sin duda la información existente y que posee, entonces siempre habrá espacio para el sentimiento religioso.

Dice la biblia que dios hizo al hombre a su imagen y semejanza:

> "Y creó Dios al hombre a su imagen, a imagen de Dios lo creó; varón y hembra los creó."
> Génesis, 1: 27, 28

Nada más confortable que parecerse a dios, mejor: ser como dios. Mejor: ser dios. Por este hilo conductor llegamos a la actitud de algunos filósofos que plantean que todos somos parte de dios, dios es la existencia y su principio. Es decir, no hay un dios externo, creador y juez, sino que dios es la denominación que damos a la existencia y que tiene las características que suponemos en dios.

Entre tantas abstracciones siempre es más cómodo ver una cara, una imagen vale más que un millón de palabras. Una cara humana, la del hijo, dulce, pacífica, sufriente. Una cara que nos haga reconocer todas las virtudes en vivo contraste con todos nuestros vicios y defectos. Así es que somos, malos por naturaleza, es decir, por instinto. De aquí el dolor y sufrimiento del mundo, nuestra culpa, el pecado original:

> "Y al hombre dijo: por cuanto obedeciste a la voz de tu mujer y comiste del árbol de que te mandé diciendo: No comerás de él, maldita será la tierra por tu causa; con dolor comerás de ella todos los días de tu vida."
>
> Génesis, 3: 17,18

En el plano emocional, sin miedo ni culpa no hay religión. Miedo al castigo insoportable y eterno, y culpa por romper irreparablemente la copa de cristal. Las figuras no son fortuitas: el dolor profundo, del que tenemos su mejor representación, como dice Freud, en el dolor físico, el dolor de un hueso roto o una quemadura grave, por decir. Ese dolor por la eternidad es mucho dolor, ¿cómo no temerle? Una idea importante es la rotura sin reparación, como el pecado original. No hay manera de excusarse, de volver atrás. Se cometió un error fatal que se tendrá que pagar a un precio inusitado.

Algunas religiones mantienen un concepto de dios más abstracto, por ejemplo, sin corporeidad en ningún plano, incluido el celestial. Es decir, en el cielo –o el infierno para el caso- no hay cuerpos susceptibles de placer o sufrimiento, todo se resuelve en la bruma del espíritu. Sin embargo nos resulta muy difícil concebir una ciudad de puros espíritus, es decir, vetas de aire caliente conversando e intercambiando ideas entre sí. Por el contrario, los dioses del Olimpo son todo un drama clásico donde hay carne y músculo, fuerza y deseo, bondad, amor filial, pasión, envidia, odio... Es decir, la condición humana sublimada en la vida de los dioses. Por supuesto que es al revés, el hombre ha hecho un dios a su imagen y semejanza.

> "... la religión es el opio del pueblo."
> Carlos Marx y Federico Engels[56]

Marx arranca de una sociedad concreta, con una localización específica -espacial y temporal- en la historia. Esta sociedad hereda a la vez que produce su cultura y demás elementos de la superestructura. Como la idea de la materia, la superestructura se encuentra sobre determinada –determinada en última instancia- por la economía, es decir, por la forma en que se producen los valores de uso y se genera el valor de intercambio. Sobredeterminación significa que no es una relación funcional, una dependencia lineal y estricta, sino que existe rejuego, un mismo impulso induce resultados diferentes en circunstancias distintas. La causalidad puede invertirse y lo que antes era efecto ahora resultar causa. No obstante,

---

[56] Marx, Carlos y Engels, Federico La sagrada familia Grijalbo (1958), p. 3

pasado el fárrago de los acontecimientos del día, cuando se calma la mar y los números vuelven a su tendencia, la economía vuelve a circunscribir la superestructura.

Por ejemplo, los modos de producción hasta el capitalismo han sido sistemas de explotación basados en la propiedad privada de los medios de producción. La propiedad privada, pues, es una institución fundamental de estos sistemas de producción. Ahora bien, es en el capitalismo donde emerge un hambre insaciable de ganancia por lo que los medios de producción se diversifican y multiplican. La propiedad privada se hace proporcionalmente más importante, de hecho, la esencia del capitalismo. Sobre este eje se articulan los demás elementos de la ideología, como la idea de libertad.

En la sociedad liberal la libertad se mira como el derecho del ciudadano a que ningún otro -o el Estado- obstruya o limite sus deseos, hasta tanto estos no colisionen con igual derecho de un semejante: “El respeto al derecho ajeno es la paz”, ésta es la quintaesencia de la libertad burguesa. La consigna no dice, sin embargo, de la fuente de esta libertad, es decir, la propiedad. En el capitalismo, el burgués tiene derecho a comprar las mercancías de otros burgueses y la fuerza de trabajo del obrero, como tiene derecho a vender sus propias mercancías. En cambio, el obrero tiene derecho apenas a sobrevivir.

La economía capitalista, pues, sobre la institución de la propiedad privada, produce toda suerte de ideas y pensamientos, racionalizaciones y fábulas, todo en función a mantener el orden establecido. Dijimos de la libertad, la libertad en el capitalismo como condición natural del hombre. Si no existe la libertad absoluta, la libertad como ausencia de restricciones a la libertad individual e íntima, no es cuestión del sistema de producción sino de la condición humana.

Junto con la libertad, el otro tema clave de la ideología liberal es la felicidad, que hace depender críticamente del consumo material. Felicidad es el goce sensorial del cuerpo y la carne que da lugar a la sensación de placer y satisfacción. No hay otra fuente del placer sino el consumo de mercancías. No concibe una sociedad económica en que el bienestar no se derive de la mayor propiedad y consumo de cosas, tal sociedad sería utópica y regresiva, acaso un socialismo burocrático, ineficiente e improductivo.

Sobre estos dos ejes -los conceptos liberales de libertad y de felicidad- se teje la moral liberal. De un lado queda lo que es bueno a esta doctrina, lo que suscribe y es conveniente a su concepto de libertad y felicidad; de otro lado queda lo que es malo, todo lo demás. La religión (protestante y católica) se encarga de armonizar sensaciones, instinto, sentimientos y razón en una racionalización conveniente a una sociedad de clases. Si lo hizo dios está bien hecho, si lo hizo dios es inevitable. No sólo no puede el hombre ante dios sino que es pecado y herejía, la desobediencia, la rebelión ante el señor. Si la sociedad de clases es hechura de dios, y cuestionar y contradecir a dios es pecado y causa de perdición, ¿qué hacer sino aceptar las cosas como están? Vale decir las cosas como están, no las cosas como son. Es aquí donde la religión es el opio del pueblo, donde castra la seguridad y decisión del ser humano y lo somete a designios misteriosos y crípticos pero fatales.

La existencia de dios sería una discusión bizantina -como discutir si hay habitantes en Marte o en Urano, o si existe un universo paralelo- si no fuera por el profundo efecto que el sentimiento religioso ejerce sobre el común de las personas. Por supuesto, el influjo no es directo. Si se le preguntara a cada persona en una población si cree o no en dios, obtendríamos una multiplicidad de respuestas, de calificaciones en torno a un sí o no disjuntos y opuestos. En otros términos, entre los creyentes hay una variedad de creencias, desde la naturaleza de dios hasta su plan y propósito, pasando por el hombre como circunstancia o accidente. Igual sucede entre los no creyentes. Entre estos hay quienes se declaran ateos pero no aportan la más mínima idea sobre el origen de la vida o su propósito.

Más adelante argumentamos sobre las enormes dificultades, la práctica imposibilidad de organizar una sociedad de hombres libres de forma racional, en base a la sola inteligencia, la información y la democracia. La organización efectiva requiere de un cierto mecanismo de fuerza, y éste implica necesariamente una disminución en la racionalidad. La ideología es inevitable. El ser humano no tiene el diseño para la pura razón e inteligencia, con sólo esto sería inviable. Requiere de elementos abstractos, míticos, insolubles que le aporten desde fuera propósito y orden. Esta es la verdadera dificultad para una moral laica, materialista y humanista. Desde esta perspectiva se comprende la ironía de que, a la postre, el marxismo se convirtiera en un sistema religioso como comentamos en el capítulo anterior.

2.4. El materialismo histórico y la lucha de clases

> "Las relaciones de producción burguesas son la última forma antagónica del proceso social de producción, antagónica no en el sentido del antagonismo individual, sino en el de un antagonismo que surge de las condiciones sociales de vida de los individuos, pero las fuerzas productivas que se desarrollan en el seno de la sociedad burguesa crean, al mismo tiempo, las condiciones materiales para resolver este antagonismo. Con esta formación social concluye, por consiguiente, la prehistoria de la sociedad humana."
>
> Carlos Marx[57]

No sólo en el capitalismo existen opresores y oprimidos, el moderno capitalista y el obrero. Opresores y oprimidos han existido siempre en la historia desde el antiguo comunismo primitivo, lo que sucede es que han cambiado de especificidad en el tiempo. No obstante, para que exista esta continua contradicción de clases se deben dar dos condiciones fundamentales: a) el oprimido no debe tener medios de sobrevivencia, debe depender del opresor para subsistir; b) a la inversa, el opresor debe poseer en régimen de exclusividad los medios de sobrevivencia del oprimido. De no cumplirse con estas dos

[57] Marx, Carlos Contribución..., p. 5-6

condiciones simultáneamente, sería muy fácil para el oprimido liberarse y fincar su propia independencia.

El materialismo dialéctico aplicado a la sociedad y la historia es el materialismo histórico. Partimos de un hombre concreto, en un aquí y ahora. A efectos de la economía, la condición fundamental del ser humano es su necesidad material para la sobrevivencia. Para subsistir, el hombre necesita alimentarse, vestir, y guarecerse de las inclemencias del clima. Sobre la mera subsistencia se monta la satisfacción de los gustos, y sobre ésta el consumo voluptuoso. Todos tienen como condición la producción material.

Un hombre abstracto que no tuviera necesidad de comer no daría pie a una economía. No habría forma de obligarlo a trabajar. Dicho en otros términos, tras la cobertura de las necesidades emerge el reino de la libertad. Un hombre sin hambre ni miedo a la muerte –conciente de la necesidad- sería la unidad de una sociedad diferente, racional y democrática. Sin embargo, este hombre abstracto sin necesidades materiales es pura especulación, nunca ha existido. De lo que se trata justamente es de fabricarlo.

Los hombres forman clases, y éstas se definen de acuerdo a la propiedad de los medios de producción. Decir opresores y oprimidos es decir propietarios y no propietarios de los medios de producción. Si los opresores no fuesen propietarios no pudiesen ser opresores. A la inversa, si los oprimidos fuesen propietarios, no serían oprimidos. Por eso la propiedad de los medios de producción es clave en la concepción materialista de la historia, porque define quienes van a ser los explotados y quienes los explotadores.

En un momento determinado, medios de producción es la sola tierra, acaso con algunos instrumentos de labranza rudimentarios. No obstante, sin acceso a la tierra, y sin otros medios de vida disponibles nadie puede subsistir. En el feudalismo, la propiedad de la tierra define las clases sociales. En el capitalismo los medios de producción son el capital, valor acumulado por los capitalistas que asumen formas diversas: máquinas, instrumentos, materia prima, dinero. Estas son las formas concretas del capital. Debemos, pues, estar atentos a lo que son los rasgos comunes a todos los modos de producción y las especificidades de cada uno. Por ejemplo, explotación ha existido siempre pero en el capitalismo la explotación se realiza por medio a las relaciones mercantiles, es decir mediante el intercambio de valores iguales, como estudiaremos más adelante.

Cuando la tierra es el único medio de producción, el nivel de las fuerzas productivas – la capacidad productiva del capital social- es muy baja. El excedente económico es correspondientemente bajo y, por ende, la sociedad atrasada. Excedente es la producción social por encima de la necesaria para la conservación de la sociedad. Si medimos la producción por el tiempo de trabajo que conlleva tenemos lo siguiente: si para subsistir una sociedad requiere de cuatro horas de trabajo de cada uno de sus ciudadanos, pero en los hechos cada uno trabaja ocho, existe un excedente de cuatro horas por ciudadano. A la inversa, si para sobrevivir la sociedad necesita de catorce horas de trabajo de cada ciudadano y estos trabajan exactamente catorce horas, no hay excedente económico. Este último es ejemplo de un desarrollo muy bajo de las fuerzas productivas cuando la productividad no alcanza a generar ningún excedente. Todo lo que se produce se dedica enteramente a la sobrevivencia, no hay para más.

A la inversa, una economía con un desarrollo elevado de las fuerzas productivas produce un excedente grande, que puede llegar a ser gigantesco como es el caso actual del capitalismo desarrollado. De lo que actualmente producen los países centrales, muy poco se dedica a la subsistencia, es decir, a cubrir las necesidades principales de la población. El gran consumo es de gustos, veleidades y excentricidades. Pero ése es el capitalismo, no puede ser ni será de otra manera.

Que el desarrollo sea avanzado, y con él la productividad del trabajo, no quiere decir que el nivel de vida de la población sea correspondientemente alto. Esto se debe a que la propiedad de los medios de producción permite imponer una distribución del producto y el valor social generado favorable a sus propietarios. Los propietarios se quedan con la parte del león del producto social, asignando a los no propietarios apenas el mínimo de subsistencia. La ley de bronce de los clásicos sobre los salarios es que estos se fijan al nivel de sobrevivencia de los trabajadores. El resto del producto va a parar a manos de los propietarios.

La perspectiva de Marx es que, en el capitalismo, los obreros elaboran el producto económico en su totalidad pero se quedan apenas con el mínimo de subsistencia. Los capitalistas son improductivos a efecto de la generación de valor pero se apropian del excedente en su totalidad. La propiedad privada de los medios de producción es la institución que fundamenta y permite este resultado. No obstante, la capacidad productiva del capital social y la fuerza de trabajo no es la misma en el tiempo. Más bien al contrario, el capital está obligado al desarrollo de las fuerzas productivas. Esto significa que cada vez se produce un producto mayor de un valor absoluto correspondientemente mayor –aunque el valor unitario sea menor debido al aumento en la productividad-, mientras la capacidad de consumo de la fuerza de trabajo se mantiene restringida al nivel de sobrevivencia. El desarrollo de las fuerzas productivas en nada favorece a la fuerza de trabajo.

En última instancia, los intereses del capital y de la fuerza de trabajo son contrarios irreconciliables de mayor grado cada vez, la lucha de clases se mantiene por encima de las conquistas aparentes de la clase trabajadora[58]. Sólo la eliminación de las clases –vale decir, el socialismo- hace desaparecer esta contradicción antagónica:

> "Los límites dentro de los cuales únicamente puede moverse la conservación y la valorización del valor de capital, las que se basan en la expropiación y empobrecimiento de la gran masa de los productores, esos límites entran, por ello, constantemente en contradicción con los métodos de producción que debe emplear el capital para su objetivo, y que apuntan hacia un aumento ilimitado de la producción, hacia la producción como fin en sí mismo, hacia un desarrollo incondicional de las fuerzas

[58] Salama, Pierre Sobre el valor Era (1975)

> productivas sociales del trabajo. El medio -desarrollo incondicional de las fuerzas productivas sociales- entra en constante conflicto con el objetivo limitado, el de la valorización del capital existente. Por ello, si el modo capitalista de producción es un medio histórico para desarrollar la fuerza productiva material y crear el mercado mundial que le corresponde, es al mismo tiempo la constante contradicción entre ésta su misión histórica y las relaciones sociales de producción correspondientes a dicho modo de producción."[59]

La misión histórica del capitalismo es desatar todas las amarras del desarrollo de las fuerzas productivas, la capacidad humana de producir mercancías. En este aspecto no tiene sustituto ni competidor, nunca ha habido ni habrá modo de producción de mayor capacidad productiva[60]. El socialismo, en lo particular, nunca tendrá esa capacidad productiva. Hoy retardatario y conservador pues la burguesía lucha por evitar la expropiación del capital y la abolición de la propiedad privada, por mantener su posición dominante y privilegiada, en su momento el capitalismo fue revolucionario y progresista, cuando destronó y erradicó el feudalismo, entonces arcaico y atrasado. El vertiginoso desarrollo de las fuerzas productivas que impuso barrió las relaciones sociales feudales. El mercado se desarrolló como espacio infinito para la producción, permitiendo el aprovechamiento de todas las economías de escala, la

[59] EC, I, p. 91
[60] Manifiesto...

diversificación y la innovación. Sólo en una sociedad liberal podía suceder esto, en un ambiente donde el individuo hedonista tuviese toda la libertad de hacer. Sólo en la sociedad liberal, vale decir en el capitalismo, la capacidad social productiva alcanza su máximo.

Otra cosa es la articulación de producción y consumo, los traumas y crisis que el capitalismo genera al tratar de alcanzar dos objetivos, uno abiertamente contrario a otro, siéndole ambos indispensables: aquí radica la oposición antagónica. Sin consumo no puede existir producción; a la vez consumir significa retirar recursos de la producción. Tenemos pues un conflicto irresoluble porque no existe mecanismo para articular producción y consumo de manera que sean coherentes en el tiempo. La trayectoria propia inherente de un elemento entra en contradicción con la del otro, la crisis sucesivas son inevitables pues son tan sólo expresión de la naturaleza del sistema. Pequeñas crisis sucesivas pueden ser superadas pero al final sobrevendrá una gran crisis que sólo podrá ser salvada arrancando de raíz el origen del mal, eliminando las clases sociales o, lo que es lo mismo, proscribiendo la propiedad privada.

Llegados a este punto conviene plantear la visión ortodoxa, que es de oposición, articulación y armonía. Es decir, la armonía final no implica que en el proceso no exista oposición y lucha, sino que a la postre éstas se resuelven en una solución aceptable y satisfactoria para el conjunto. Es el orden en el caos aparente:

> "El concepto de armonía implica las nociones de acuerdo y unión. Una relación armoniosa podrá incluir o no el desacuerdo y la lucha, pero

implica siempre la existencia de un arbitraje final, de la conciliación y la reunión." [61]

Según los clásicos, si no existiese oposición entre los distintos individuos -de productores y consumidores, de productores entre ellos, de consumidores entre ellos-, si no existiese competencia generalizada, el sistema no alcanzaría las cotas de utilidad que en efecto consigue. Esto es resultado de que los consumidores quieren y buscan los productos más baratos y de mejor calidad, y que los productores persiguen minimizar costes y vender al mayor precio posible. Los productores se disputan el mercado y los consumidores, mientras estos se pelean por comprar las mercancías limitadas y baratas. Sin la competencia generalizada el capitalismo no tendría la vitalidad que muestra ni podría alcanzar el grado de desarrollo productivo que ha logrado. Un sistema completamente cooperativo no tiene este talento.

La visión clásica es que la persecución individual del máximo bienestar -una acción voluntaria, acaso algo instintiva- concluye en un máximo de bienestar social -el Óptimo de Pareto-, un resultado colateral enteramente involuntario [62]. El mecanismo de los precios -una suerte de mano invisible- se encarga de conectar una cosa y la otra. El mercado tiene la elasticidad para lograr que todos los recursos -trabajo y capital- se encuentren siempre ocupados en la actividad más provechosa. Hedonismo, el placer alcanzado por el consumo material, y egoísmo, el privilegio de los intereses propios ante los ajenos, son

[61] Obregón, p. 43
[62] Montalvo Cossío, citado.

las condiciones para lograr esta situación apetecida. A la inversa, un individuo espiritual y solidario, como parece ser la premisa del colectivismo, no puede llegar a formar una sociedad con las virtudes del capitalismo.

Para Marx no era desconocida la teoría del mercado competitivo, obviamente no con la complejidad con que se desarrolló posteriormente. Pero conocía bien la idea de que los precios a los que se intercambian las mercancías se fijan al nivel donde la oferta y la demanda se hacen iguales. Pensaba, sin embargo, que los precios mercantiles son la expresión monetaria de un fenómeno más fundamental: el valor, las leyes del mercado capitalista no hacen más que reflejar las leyes fundamentales del valor trabajo:

> "Las verdaderas leyes internas de la producción capitalista no pueden explicarse... por el juego mutuo de la oferta y la demanda (...). Porque estas leyes sólo aparecen realizadas en toda su pureza allí donde la oferta y la demanda dejan de actuar, es decir, allí donde coinciden."[63]

Analizando la dinámica de la oferta y la demanda, cómo un desequilibrio se desprende de un equilibrio y luego se desvanece en un equilibrio posterior, no nos aporta mucho, nos mantiene en el plano de las apariencias. La esencia se encuentra en el plano del valor, al punto de que para aprehenderla tenemos que partir de la condición de que oferta y demanda son iguales, es decir, del equilibrio de mercado. Aún

63 EC, III, p. 193

suponiendo éste, las contradicciones inherentes al sistema, siempre más grandes, eventualmente lo hacen inviable. El equilibrio mercantil, definido como la situación en que oferta y demanda son cuantitativamente iguales, no impide el desarrollo de la contradicción entre generación y distribución de valor. Para Marx, la conciliación y armonía en el capitalismo son situaciones muy pasajeras que rápidamente dan lugar a la lucha y la crisis, su verdadera cara.

Mirando la historia económica del capitalismo occidental hay que decir que ha discurrido por un sendero muy distinto a la ocupación total de los recursos productivos que postularon los clásicos. Más bien al contrario, la norma ha sido sobreproducción con desempleo y deflación o, más modernamente, estancamiento con desempleo e inflación. Con ello los problemas sociales asociados a la pobreza y la exclusión, como la delincuencia y la violencia. Es decir, la norma ha sido lo que se planteaba como excepcional y temporario. Sin embargo, no ha colapsado ni hay visos de que lo hará, en lo que tiene mucho que ver el conocimiento adquirido sobre su funcionamiento, sus virtudes y defectos. Como apunta Keynes, la alternativa realista es regularlo, atarle las manos en sus tendencias autodestructivas y dejarlo hacer en sus habilidades:

> "... no es racional, no es bello, no es justo, no es satisfactorio... No puede decirse que lo amemos. Pero no sabríamos con qué reemplazarlo. (Además), sabiamente dirigido, es el mejor

sistema para alcanzar el logro de los fines económicos."[64]

El dilema del siglo XX de escoger entre capitalismo o socialismo no existe hoy en día. Actualmente el socialismo no es opción, nadie quiere volver al socialismo. ¿Por qué? La trayectoria de las migraciones, que siempre traza la línea de dónde se vive relativamente mejor, nos proporciona una respuesta: porque, en general, en el capitalismo, como lo hemos conocido hasta el momento, se vive mejor que en el socialismo, como lo hemos conocido hasta el momento.

Las emociones y el fanatismo no ayudan mucho en esta comparación. Ya sabemos de los defectos del capitalismo, pero aún así la gente lo prefiere al socialismo debido a razones específicas: el sistema de planificación central es altamente ineficiente e improductivo [65], al punto que los beneficios colectivizados (educación, salud, seguridad social, etc.) no compensan los bajos salarios y la pérdida de los derechos ciudadanos como se entienden estos en las democracias burguesas. El aforismo: "la libertad es la conciencia de la necesidad" pretende racionalizar la coerción al individuo particular y concreto, justificar con la razón la pérdida de sus deseos, ambiciones y potencialidades. Como el ciudadano se somete al Estado en aras de su propia conveniencia, cediendo parte de su libertad para conseguir seguridad, el individuo se debe someter a la sociedad –que resulta

---

[64] Guillén, Arturo (ed.) Crítica a la teoría económica burguesa Nuestro Tiempo (1981)

[65] Lewin, Moshe El siglo soviético Crítica (2006)

de nuevo el Estado- para abrir paso al individuo abstracto, al "nuevo hombre". Sin embargo, la opinión general parece ser que en términos netos, en lo que se incluye todo tipo de variables relevantes, en el capitalismo se está mejor, lo que por supuesto anda lejos de decir que todos están siempre bien.

Otra cosa es también decir que todo podrá continuar igual como hasta ahora, indefinidamente, que el capitalismo nunca tendrá otra gran crisis. Dice al respecto Manuel Castells, escribiendo antes de la caída del socialismo real:

> "Estamos en el umbral de un nuevo mundo. De un mundo que, una vez más, no se parecerá en nada a las profecías de los predicadores sociales de distintos signos... No sabemos, nadie sabe, a dónde vamos. Pero de lo que sí se empieza a tener conciencia es de que algo fundamental está cambiando en la economía y en la sociedad. Que las cosas ya no serán como antes." [66]

Como analizamos adelante, la hipótesis marxista de la baja progresiva en la tasa de ganancia no encuentra respaldo en los hechos. Más aún, teóricamente los aumentos en productividad pueden contrarrestar permanentemente la tendencia supuesta por lo que su estatus como ley económica queda en entredicho. Dicho en otros términos, no existe una teoría marxista precisa sobre el derrumbe del capitalismo. A la inversa, tampoco tenemos una teoría comprobada

---

[66] Castells, Manuel La teoría marxista de las crisis económicas y las transformaciones del capitalismo. S. XXI (1978), p. 3-4

sobre sus posibilidades infinitas. Por supuesto que tenemos la teoría clásica, que es demostradamente una idealización y apología del mercado capitalista, y la teoría keynesiana, que es la demostración de sus defectos. Hasta aquí llegamos.

Escribió un autor que la sociedad del futuro, si es, será meta capitalista queriendo decir que no será el capitalismo monopolista de Estado como actualmente lo conocemos pero, sobre todo, que no será socialista. En estos momentos, el socialismo simple y llanamente se excluye como posibilidad, no por un sesgo ideológico o falta de información sino porque, conocida la experiencia práctica, nadie lo quiere. Es demasiado lo que pierde cada quien, cada uno, el socialismo perdió todos sus cuadros. A la inversa, la sociedad del futuro no podrá ser el ciclópeo monopolismo de Estado debido a su ingente capacidad de crear desempleo, exclusión y miseria, de amontonar hambrientos y desarrapados en los márgenes de las ciudades del éxito mercantil. Al final, algo habrá que hacer con estas legiones de zombis embrutecidos por la carencia. ¿Qué será, matarlos, que hace ver la cara en el espejo a la moral occidental? ¿Mejor, dejarlos morir, como se ha estado haciendo todos estos años? En cualquier caso habrá que establecer una negociación, si es que la explotación de los recursos naturales y no renovables permite la continuación de la vida en el planeta.

Hay, pues, siempre ha habido una contradicción no antagónica en todo lo que hacemos, sobre la que no tenemos recurso. Una oposición que crece pero que cambia de lugar por lo que no traspasa los límites. Crece para luego disminuir, más adelante cambia de tema, muta sin nunca concitar revoluciones. Ejemplo de ello es el consumo neurótico en el capitalismo desarrollado. La alternativa es el significado, el consumo de un individuo consciente en una sociedad deliberada y decidida colectivamente. Esto último es inviable por una serie de defectos congénitos del ser humano y la naturaleza de las cosas, como dirían los griegos. Se impone entonces la primera alternativa: el consumo neurótico es el mal menor. No hay razón aparente para la gran crisis, en lo que tiene que ver una razón práctica también suficientemente demostrada: las personas están en capacidad de languidecer sin límite. La pobreza en número, forma e intensidad no tiene agotamiento, pero tampoco genera la rebeldía ni solidaridad de clase para cuestionar el orden establecido. Las soluciones posibles andan lejos de ser las ideales.

"¿Nos encontramos frente a un misterio? Mi amigo Labriola recuerda la anécdota de Hegel, que declaró que sólo uno de sus discípulos lo había comprendido... ¿Pasará lo mismo con la teoría del valor de Marx?"

Benedetto Croce[67]

[67] Tomado de: Dostaler, citado, p. 119

CAP. 3. LA TEORÍA DEL VALOR TRABAJO

La teoría del valor de Marx es bien conocida: "valor es el tiempo de trabajo promedio contenido en una mercancía". Casi una máxima, la idea es herencia de los clásicos, la que enriqueció y dio especificidad, por ejemplo, en lo que concierne a la diferencia entre el trabajo rendido y el valor de la fuerza de trabajo.

El valor es la piedra fundacional, la zapata sobre la que se erige el edificio teórico. Si ceden los cimientos, éste no se sostiene. A la inversa, si se mantienen, la teoría puede proseguir hasta la próxima prueba. Valor es la sustancia sobre la que versa la economía, es lo que se transfiere en los intercambios y el propósito de cada agente. Es, pues, esencial y ubicuo, el tema principal. Como el intercambio mercantil se realiza contra dinero, éste debe expresar la naturaleza del valor, lo que propicia que se confunda valor con dinero. Tienen un vínculo estrecho pero no son ni remotamente lo mismo.

Con el tiempo el tema ha sido relegado a los libros de historia económica como un debate filosófico interesante pero carente de trascendencia. Nada más falso por lo que acabamos de decir, si no se sostiene la base, no hay posibilidad de erigir nada sobre de ella.

En general existen únicamente dos aproximaciones al valor económico que se suponen excluyentes: la teoría del valor trabajo -o valor objetivo- y la teoría del valor subjetivo o utilitarista. Según esta última, valor es la apreciación íntima, subjetiva, que hace cada individuo de la utilidad que le provoca el consumo de un producto. Curiosamente, Marx presupone la utilidad –es una condición necesaria de la mercancía- pero no elabora el concepto mucho más puesto que el factor determinante es el valor trabajo.

La actitud tradicional sobre el tema ha sido de exclusión: si se está con la teoría del valor trabajo implícitamente se está contra la teoría utilitarista, y a la inversa. Esta exclusión ha estado atizada por las profundas diferencias políticas entre los marxistas y los economistas convencionales. De igual manera, la exclusión se sostiene en la idea de que dos teorías distintas sobre un mismo objeto no pueden ser simultáneamente correctas, una idea lógica y de sentido común. Aunque ¿qué sucede si el objeto no es el mismo? Si este es el caso no hay competencia ni exclusión, se trata de ideas sobre fenómenos diferentes. No implica esto que no puedan estar vinculados –valor de uso y valor, para entrar en materia- sino que cada hipótesis tiene un objeto particular, que en un momento determinado puede solaparse con el de la otra teoría. Dicho en los términos de la programación matemática, se trata de restricciones diferentes que tienen zonas comunes.

Según Marx, la teoría del valor trabajo parte del supuesto del equilibrio mercantil: oferta = demanda, es decir, no asocia las contradicciones del sistema a una diferencia entre la oferta y la demanda. La explotación y la crisis de rentabilidad son asuntos en el plano del valor, no del reino de las apariencias en que se escenifican los desequilibrios del mercado. El colapso del capitalismo sobreviene sobre la base de que oferta = demanda, esto no obsta para hacer el sistema inviable. Esto no quiere decir que no sufra de continuas crisis de realización en que la oferta es superior a la demanda, pero la raíz del mal está más profunda, en la oposición entre una capacidad productiva exponencialmente creciente y una distribución del ingreso regresiva.

Por su parte, a lo largo de décadas los ortodoxos han diseñado un mercado teórico eficiente y elástico capaz de absorber todos los influjos externos y asimilarlos en un nuevo equilibrio, un mar sereno de una placidez a toda prueba. Habrá que decir que la idea del equilibrio por sí sola es inadecuada por cuanto la dinámica del capitalismo es justamente el par equilibrio-desequilibrio. Este último crea el propósito, el motivo: el crecimiento y el desarrollo se originan en un desequilibrio. El equilibrio es reposo y repetición, conservación; el desequilibrio es movimiento, novedad, progresión. Todo avance comienza con que alguien quiere algo que no tiene. En este querer prevalece el deseo, la ambición material, que domina pero no erradica otros causales. Es decir, rige el valor subjetivo.

3.1. Valor de uso, trabajo concreto

Son las primeras palabras de *El Capital*:

> "La riqueza de las sociedades en que impera el régimen capitalista de producción se nos aparece como un inmenso arsenal de mercancías, y la mercancía como su forma elemental."[68]

Para la economía ortodoxa, el concepto de *mercancía* es equivalente al de *bienes*, identidad que con la práctica y el tiempo se ha generalizado. Para Marx se trata de cosas distintas, bienes son las mercancías en su carácter de valores de uso. Las mercancías se restringen al sistema de producción capitalista, son bienes producidos para el mercado con el objetivo de realizar el valor que incorporan. Los capitalistas no producen para su consumo personal ni el de sus trabajadores, producen para el mercado, para retirar una ganancia del capital que han adelantado. Producen, por supuesto, bienes, es decir objetos útiles, valores de uso, pues de otra manera no encontrarían compradores. Pero su objetivo no es la utilidad sino la ganancia.

Valor de uso es un producto útil, un objeto resultado de la producción con capacidad para satisfacer necesidades y deseos:

> "La mercancía es, en primer término, un objeto externo, una cosa apta para satisfacer necesidades humanas, de cualquier clase que ellas sean. El carácter de estas necesidades, el que broten por ejemplo del estómago o de la

---

[68] EC, I, p. 3

> fantasía, no interesa en lo más mínimo para estos efectos."[69]

En su aspecto estrictamente material, la producción constituye una transformación más o menos compleja de los insumos para obtener el producto. Materialmente no añade nada puesto que no hay creación sino transformación de la materia. Haciendo abstracción del trabajo, en la silla sólo encontramos los elementos utilizados en su confección teniendo en cuenta que algunos, aún siendo imprescindibles, no están materialmente incorporados en el producto. En la silla podemos palpar la madera, los clavos, el pegamento, el asiento, etc., pero no la electricidad que se utilizó en su fabricación.

La producción de valores de uso es, pues, la transformación de objetos en su estado natural en productos útiles, vale decir, en bienes. Que la fabricación de un producto se haga a partir de otros productos que denominamos insumos o bienes intermedios en nada cambia esta conclusión. Inevitablemente el hombre vive de la naturaleza y ésta, antes que nada, se ofrece en una forma natural, libre.

> "La utilidad de un objeto lo convierte en valor de uso. Pero esta utilidad de los objetos no flota en el aire. Es algo que está condicionado por las cualidades materiales de la mercancía y que no puede existir sin ellas. Lo que constituye un valor de uso o un bien es, por tanto, la materialidad de la mercancía misma, el hierro, el

---

[69] Ibíd.

> trigo, el diamante, etc. Y este carácter de mercancía no depende de que la apropiación de sus cualidades útiles cueste al hombre mucho o poco trabajo. Al apreciar un valor de uso se le supone siempre concretado en una cantidad, v. gr. una docena de relojes, una vara de lienzo, una tonelada de hierro, etc."[70]

El hombre, que es materia y naturaleza, necesita de la materia y la naturaleza para sobrevivir. Mediante el trabajo y la producción potencia la utilidad de los elementos naturales, un animal que fabrica herramientas:

> "Lo que distingue a las épocas económicas unas de otras no es lo que se hace, sino el cómo se hace, con qué instrumentos de trabajo se hace. Los instrumentos de trabajo no son solamente el barómetro indicador del desarrollo de la fuerza de trabajo del hombre, sino también el exponente de las condiciones sociales en que se trabaja."[71]

La producción de valores de uso es, pues, condición de vida para el hombre, y no depende de que cueste mucho o poco trabajo ni del régimen social de producción bajo el cual éste se rinde. Si la productividad del trabajo es muy baja, la sola

---

[70] EC, I, p. 4

[71] EC, I, p. 132. Ver: Engels, Federico El papel del trabajo en la transformación del mono en hombre Ediciones de Cultura Popular (1979)

sobrevivencia le absorberá la mayor parte de su tiempo vital, lo que sucede al principio de la civilización.

No hay forma de que el hombre pueda renunciar a la producción de valores de uso. En lo específico, la expropiación de los medios de producción en nada implica que en lo sucesivo no se tengan que producir valores de uso, que estos van a aparecer de la nada por generación espontánea o que el Estado socialista se va a encargar debidamente del asunto. Nada sale de la nada, si hay sillas es porque alguien las fabrica, aparte la cuestión del régimen de producción:

> "... todos los elementos de la riqueza material no suministrados por la naturaleza, deben siempre su existencia a una actividad productiva específica, útil, por medio de la cual se asimilan a determinadas necesidades humanas determinadas materias que la naturaleza brinda al hombre. *Como creador de valores de uso, es decir como trabajo útil, el trabajo es, por tanto, condición de vida del hombre y condición independiente de todas las formas de sociedad, una necesidad perenne y natural sin la que no se concebiría el intercambio orgánico entre el hombre y la naturaleza ni, por consiguiente, la vida humana.*"[72]

Riqueza es la acumulación de valores de uso:

[72] EC, I, p. 10, subrayado nuestro.

> "Cuanto mayor sea la cantidad de valor de uso mayor será, de por sí, la riqueza material: dos levitas encierran más riqueza que una."[73]

Una sociedad es más rica mientras mayor cantidad de valores de uso tenga a su disposición, en la forma de medios de producción y de bienes de consumo. El concepto de riqueza es, pues, el mismo para todos los modos de producción, lo que no significa que haya sido siempre éste el propósito. *La ambición de riqueza no aparece con el capitalismo. Lo que sí aparece con el capitalismo es la organización social con el objetivo de la riqueza como resultado de la producción.* El objetivo último de la explotación capitalista es obtener la mayor cantidad de riqueza en términos de valor, es decir, de trabajo humano. Por supuesto, la riqueza material y la riqueza en términos de valor siempre tienen un vínculo, que analizamos en detalle más adelante.

Existe una relación técnica entre la cantidad de insumos necesarios y la unidad de un producto, que la economía convencional denomina función de producción. Es una relación técnica por cuanto en ella no intervienen los precios o elementos normativos o morales. Ciertas combinaciones diferentes de insumos pueden lograr la misma unidad del producto independientemente de cualquier otra consideración. Existen funciones de producción en todos los sistemas de producción que asocian proporciones de insumos a unidades de producto, en lo que no intervienen las relaciones sociales de producción. Sin embargo, para

---

[73] EC, I, p. 13

la economía ortodoxa no hay nada más, en nada influye la oposición entre fuerzas productivas y relaciones sociales de producción, por ejemplo. El denominado problema económico ha sido el mismo a lo largo de la historia, por eso se dice que la economía ortodoxa es ahistórica[74]. Cosa distinta es plantear que con el tiempo la productividad del trabajo aumenta de forma exponencial, éste es el desarrollo de las fuerzas productivas en la concepción de Marx. La ganancia por la ganancia lleva a la producción por la producción, y ésta al desarrollo acelerado de las fuerzas productivas.

El trabajo es que realiza la transformación material de los insumos en producto. Sin él no obtendríamos una silla a partir de madera, clavos, pegamento, etc. Se trata del trabajo concreto, específico, del ebanista, diferente del trabajo del alfarero y el herrero. Es decir, los valores de uso son resultado de la combinación de la naturaleza y el trabajo concreto:

> "Los valores de uso..., o lo que es lo mismo, las mercancías consideradas como objetos corpóreos, son combinaciones de dos elementos: la materia, que suministra la naturaleza, y el trabajo.... El trabajo no es, pues, la fuente única y exclusiva de los valores de uso que produce, de la riqueza material. El trabajo es, como ha dicho William Petty, el padre de la riqueza, y la tierra la madre."[75]

---

[74] Sunkel, Osvaldo y Paz, Pedro El subdesarrollo latinoamericano y la teoría del desarrollo S. XXI (1970)
[75] EC, I, p. 10

En el capitalismo -sistema productor de ganancia- se producen valores de uso por cuanto son el cuerpo del valor. El valor de uso es una condición necesaria -aunque no suficiente- del valor, no hay forma alternativa de acceder a la ganancia:

> "El valor de uso sólo toma cuerpo en el uso o consumo de los objetos. Los valores de uso forman el contenido material de la riqueza, cualquiera que sea la forma social de ésta. En el tipo de sociedad que nos proponemos estudiar, los valores de uso son, además, el soporte material del valor de cambio."[76]

Esta duplicidad existe y se desarrolla en la mercancía, el objetivo inmediato de la producción capitalista.

3.2. Valor, trabajo abstracto

> "A primera vista, el valor de cambio aparece como la relación cuantitativa, la proporción en que se cambian valores de uso de una clase por valores de uso de otra, relación que varía constantemente con los lugares y los tiempos. Parece, pues, como si el valor de cambio fuese algo puramente casual y relativo, como si, por tanto, fuese una *contradictio in adjecto* la existencia de un valor de cambio interno, inmanente a la mercancía (valor intrínseco)."[77]

---

[76] EC, I, p. 4
[77] Ibid.

En el mercado se establecen relaciones de cambio del tipo:

1 camisa = ¼ pantalón

La forma desarrollada de la relación de cambio es:

1 camisa = ¼ pantalón = $250 = 0.005 grs. de oro = 10 libras de tomate = ...

Las mercancías guardan una proporción de cambio mediada por el dinero (oro). Ahora bien, ¿cuál es el fundamento de la relación de cambio? Es decir, ¿por qué se cambia una camisa por exactamente ¼ de pantalón, y no por ½ o 1/5, por poner el caso? Un economista neoclásico diría que el vendedor de camisas –y comprador de pantalones- cambia una unidad de ésta por ¼ de pantalón debido a que para él este último tiene mayor utilidad que la primera. Para el vendedor de pantalones –y comprador de camisas- sucede exactamente lo mismo pero al revés: 1 camisa tiene mayor utilidad que ¼ de pantalón. El intercambio tiene lugar, pues, en razón de que en ambos lados los compradores de una cosa, que son a la vez los vendedores de la otra cosa, se encuentran mejor tras el cambio que antes, medida la mejoría en términos de la utilidad individual.

La perspectiva de Marx es otra. Entre las mercancías se establece cierta igualdad objetiva, la que fija la relación de cambio. Igualdad significa que la misma cantidad que hay de un lado hay del otro. No puede establecerse al nivel de los valores de uso puesto que se trata de objetos heterogéneos, una camisa es distinta de un pantalón, ambos diferentes del tomate, etc.

> "... para que las magnitudes de objetos distintos puedan ser cuantitativamente comparables entre sí, es necesario ante todo reducirlas a la misma unidad. Sólo representándonoslas como expresiones de la misma unidad podremos ver en ellas magnitudes de signo igual y, por tanto, conmensurables."[78]

La igualdad se establece al nivel del valor, 1 camisa se intercambia por ¼ de pantalón porque ambas mercancías tienen igual valor, han costado igual trabajo:

> "... 1 quarter de trigo = x quintales de hierro. ¿Qué nos dice esta igualdad? Que en los dos objetos distintos, o sea, en 1 quarter de trigo y en x quintales de hierro, se contiene un algo común de magnitud igual. Ambas cosas son por tanto iguales a una tercera, que no es de suyo ni la una ni la otra. Cada una de ellas debe, por consiguiente, en cuanto valor de cambio, poder reducirse a este tercer término."[79]

Valor es, pues, la cantidad de trabajo contenido en una mercancía. Por su parte, la unidad de medida del trabajo es el tiempo, el tiempo natural:

> "... lo que determina la magnitud de valor de un objeto no es más que la cantidad de trabajo

[78] EC, I, p. 16
[79] EC, I, p. 5

socialmente necesario, o sea el tiempo de trabajo socialmente necesario para su producción."[80]

¿Cómo llega Marx al concepto del valor trabajo? Mediante la abstracción del elemento concreto, material de la mercancía y, con él, del trabajo concreto:

> "... si prescindimos del valor de uso de las mercancías éstas sólo conservan una cualidad: la de ser productos del trabajo. Pero no productos de un trabajo real y concreto. Al prescindir de su valor de uso, prescindimos también de los elementos materiales y de las formas que los convierten en tal valor de uso. Dejarán de ser una mesa, una casa, una madeja de hijo o un objeto útil cualquiera. Todas sus propiedades materiales se habrán evaporado. Dejarán de ser también productos del trabajo del ebanista, del carpintero, del tejedor o de otro trabajo productivo concreto cualquiera. Con el carácter útil de los productos del trabajo, desaparecerá el carácter útil de los trabajos que representan y desaparecerán también, por tanto, las diversas formas concretas de estos trabajos, que dejarán de distinguirse unos de otros para reducirse todos ellos al mismo trabajo humano, al trabajo humano abstracto. ¿Cuál es el residuo de los productos así considerados? Es la misma materialidad espectral, un simple coágulo de trabajo humano indistinto, es decir, de empleo

[80] EC, I, p. 7

> de fuerza humana de trabajo, sin atender para nada a la forma en que esta fuerza se emplee. Estos objetos sólo nos dicen que en su producción se ha invertido fuerza humana de trabajo, se ha acumulado trabajo humano. Pues bien, considerados como cristalización de esta sustancia social común a todos ellos, estos objetos son valores, valores-mercancías." [81]

Al abstraer el elemento concreto de la mercancía, su existencia material y el proceso de su transformación física, nos queda ésta como continente de trabajo humano abstracto, indiferenciado, trabajo que siempre tiene una determinada duración:

> "... el valor de la mercancía sólo representa trabajo humano, gasto de trabajo humano pura y simplemente."[82]

El valor de una mercancía es, pues, la cantidad de trabajo abstracto que incorpora, que ha significado su producción. Dicho sea de pasada, Marx distingue nítidamente entre fuerza de trabajo y trabajo. Fuerza de trabajo es la capacidad humana de realizar un trabajo cualquiera, no especializado, una potencialidad. Trabajo es la cristalización de esta potencialidad, su realización concreta en una mercancía. Cuando el capitalista contrata al obrero compra su fuerza de trabajo; cuando compra medios productivos, o cuando el obrero adquiere medios de

[81] EC, I, p. 5-6
[82] EC, I, p. 11

subsistencia, compran trabajo, trabajo incorporado en mercancías. De forma que si:

$$1 \text{ camisa} = \tfrac{1}{4} \text{ pantalón}$$

Es porque:

$$1 \text{ hora de trabajo} = 1 \text{ camisa} = \tfrac{1}{4} \text{ pantalón} = 1 \text{ hora de trabajo}$$

Es decir, porque 1 camisa y ¼ de pantalón ambos implican 1 hora de trabajo. La utilidad como apreciación individual de la capacidad de generación de satisfacción de las mercancías interviene poco en esta equivalencia, es apenas una precondición, un simple supuesto de utilidad.

El productor de mercancías produce no valores de uso para sí, que son, a la vez, valores de uso para otros. Es decir, produce para el mercado. Consecuentemente, en nada interviene su apreciación personal sobre la utilidad de las mercancías que lleva al mercado, lo importante es que sean útiles para otros. El problema del intercambio basado en la utilidad, tal como lo plantea la economía convencional es el de un bazar medieval en el que todos llevan sus baratijas para hacer trueque. Cada quien hace su oferta hasta que las transacciones tengan lugar, se logre el intercambio. Esta representación, sin embargo, nada dice sobre dónde y con qué propósito se originan los objetos intercambiados.

3.3. Forma de valor

> "La clase capitalista de un país no puede engañarse a sí misma en bloque."
> Carlos Marx[83]

Volvamos a la ecuación:

$$1 \text{ camisa} = \tfrac{1}{4} \text{ pantalón}$$

Las mercancías no aparecen aisladamente en el mercado, circunstancialmente y solitarias, son elementos del régimen social de producción capitalista. Esto es, el capitalismo es el sistema social de producción de mercancías. El comercio de mercancías no es, pues, un evento casual o accidental.

Dos mercancías se equiparan en función de su valor exactamente porque han sido producidas con ese propósito. De hecho, son producidas serialmente, una pieza de una igual a cualquiera otra, en masa. Como veremos adelante, la producción capitalista tiende a la homogeneización y desvalorización por vía de la producción masiva.

Surge la pregunta de si la ganancia del comercio no es resultado del engaño, de que una de las partes entregue a la otra algo que ésta no conoce. Sin embargo, el intercambio capitalista supone libertad, y ésta conocimiento. Cuando escribimos la ecuación del

---

[83] EC, p. 117

cambio no queremos decir que sucede una única vez. Más bien al contrario, se repite muchas veces, tantas que puede considerarse ley. Esto significa que ambos comerciantes están convencidos del intercambio. A la vez, esto sólo puede suceder si tienen libertad para renunciar a ello, entre otras cosas porque las cualidades de la mercancía que adquieren no les satisface. El libre comercio contradice, pues, la posibilidad del fraude sistemático. Ciertamente, el engaño puede suceder aquí y allá, ocasionalmente, pero no es una característica del sistema. Las mercancías se intercambian a su valor. La ganancia no radica en el fraude. Aún más, la fuerza de trabajo, mercancía con la capacidad ella misma de crear valor, también se compra y vende exactamente a su valor.

De esto último se desprende una conclusión importante: si las mercancías se intercambian a su valor, la ganancia no puede originarse en el cambio. La ganancia no se origina en el proceso de circulación:

> "Si se cambian equivalentes, no se produce plusvalía, ni se produce tampoco aunque se cambien valores no equivalentes. La circulación o el cambio de mercancías no crea valor... La plusvalía no puede brotar de la circulación."[84]

Para la economía ortodoxa, la riqueza es la acumulación de fuentes de utilidad, de utilidad potencial, y la utilidad una actitud íntima aunque generalizada y común. Para Marx, el objetivo del capitalismo es la generación exponencial de valor

---

[84] EC, I, p. 118-9

excedente mediante la explotación. La acumulación de riqueza es un presupuesto, pero no el propósito. La configuración de utilidad la generan los sujetos en el mercado, viendo y fabulando sobre la constelación de mercancías ofrecidas y sus promesas de placer. Para Marx, el valor es un asunto estrictamente de la producción. Cuando las mercancías llegan al mercado ya tienen su valor, que es decir su precio. La circulación sólo efectiviza lo que se resolvió en la esfera de la producción.

Desde otro ángulo, en la secuencia:

M - D - M

Mercancía-dinero-mercancía, vender –digamos camisas- para comprar –digamos pantalones-, no hay ganancia de valor. En el intercambio simple no hay posibilidad de ganancia de valor sino justamente de utilidad. Quien cambia una camisa que no necesita por un pantalón que sí necesita definitivamente sale ganando en términos de utilidad, pero éste no es el propósito de la producción capitalista. La lógica capitalista es:

D - M - M' - D' - M' - M" - ...

Comprar con dinero una mercancía –la fuerza de trabajo- capaz de generar un valor superior al que ella misma vale de forma recurrente y sistemática.

No solamente las mercancías no se producen de forma aislada, esporádica o casual, sino que el valor mercantil es una media de los tiempos de trabajo individuales que consume a los distintos capitalistas la producción de la misma mercancía. La producción de una camisa le consume al capitalista A 0.9 horas de trabajo, 1.0 horas del capitalista B y 1.1 al C. El valor de una camisa es, pues: (0.9 + 1.0 + 1.1 = 3) / 3 = 1 hora de trabajo:

> "Se dirá que si el valor de una mercancía se determina por la cantidad de trabajo invertido en su producción, las mercancías encerrarán tanto más valor cuanto más holgazán o más torpe sea el hombre que las produce o, lo que es lo mismo, cuanto más tiempo tarde en producirlas. Pero no, el trabajo que forma la sustancia de los valores es trabajo humano igual, inversión de la misma fuerza de trabajo. Es como si toda la fuerza de trabajo de la sociedad, materializada en la totalidad de los valores que forman el mundo de las mercancías, representase para estos efectos una inmensa fuerza humana de trabajo, no obstante ser la suma de un sin número de fuerzas de trabajo individuales. Cada una de estas fuerzas individuales de trabajo es una fuerza humana de trabajo equivalente a las demás, siempre y cuando que presente el carácter de una fuerza media de trabajo social y de, además, el rendimiento que a esa fuerza media de trabajo social corresponde; o lo que es lo mismo, siempre y cuando que para producir una mercancía no consuma más que el tiempo de trabajo que representa la media necesaria, o sea, el tiempo de trabajo socialmente necesario. *Tiempo de trabajo socialmente necesario es aquel que se requiere para producir un valor de uso*

cualquiera, en las condiciones normales de producción y con el grado medio de destreza e intensidad de trabajo imperantes en la sociedad."[85]

Esta perspectiva –la determinación social de los valores- será importante más adelante al tratar el problema de la transformación. En Ricardo, el valor lo determina las condiciones de producción en la tierra marginal, es decir, el proceso de menor productividad. Las diferencias de rendimiento las absorbe la renta de la tierra de manera que los salarios y la tasa de ganancia son los mismos en la economía. Para Marx, el valor lo determina la productividad promedio. Sin embargo la formación de una tasa de ganancia homogénea impondrá la condición de transferir valor desde las industrias de menor composición orgánica del capital hacia aquellas de mayor hasta lograr dicha igualación.

3.4. El fetichismo de la mercancía

"El carácter misterioso de la forma mercancía estriba... en que proyecta ante los hombres el carácter social del trabajo de estos como si fuese un carácter material de los propios productos de su trabajo, un don natural social de estos objetos y como si... la relación social que media entre los productores y el trabajo colectivo de la

[85] EC, I, p. 6

> sociedad fuese una relación social establecida entre los mismos objetos, al margen de sus productores."[86]

En la ecuación del intercambio, el valor de la mercancía camisa –forma relativa del valor- se expresa en el valor de uso de la mercancía pantalón –forma equivalencial-. Por supuesto, forma relativa y equivalencial van juntas, no hay una sin la otra, lo que no es problema dado el carácter de la producción capitalista, es decir, producción para el mercado. En el mercado se establecen las proporciones en que se intercambia una mercancía por otra –un precio para cada par-, y pareciera que estas proporciones se deben a las características propias de estas mercancías. No se ve detrás la sociedad que produce mercancías, las relaciones sociales de producción.

Toda sociedad debe decidir cómo aplica sus recursos a la producción. En el capitalismo esto se hace mediante las fuerzas "ciegas" del mercado, qué producir, cuánto, lo decide el mercado oponiendo el deseo social de consumo con la capacidad de producción, en realidad, en función de la mayor rentabilidad. En las mercancías debía verse la contradicción entre las fuerzas productivas y las relaciones de producción, cuando lo que se ve es el valor en cambio. De igual forma debía vislumbrarse el cambio si las relaciones de producción no fuesen antagónicas, si la sociedad no produjese mercancías. Los objetos, seres inanimados –las mercancías- parecen tener vida propia y gobernar a

---

86 EC, I, p. 37

los sujetos, al ser humano, una inversión de términos característica del capitalismo.

Todavía nos quedan por tratar temas importantes relativos al valor, a saber: los bienes reproducibles frente a los no reproducibles, la diferencia entre el trabajo productivo y el trabajo improductivo, la dialéctica del valor de uso-valor, y el precio especulativo de mercado sobre el telón de fondo del valor trabajo. Sin embargo los dejamos para más adelante en el entendido de que en este momento es mejor continuar con algunos temas esenciales de la economía marxista. De hecho, con el propósito de clarificar y sentar las bases para la comparación, finalizamos este capítulo con una exposición sucinta de la teoría ortodoxa del precio.

3.5. La teoría ortodoxa

La economía política clásica denomina valor de cambio a la relación de cambio de una mercancía a cambio de otra que tiene lugar en el mercado: 1 camisa = ¼ pantalón. El valor de cambio de una camisa es, pues, ¼ de pantalón, es decir, la cantidad de este último que debe entregarse a cambio de una unidad de la primera. Interpretación simétrica tienen los precios relativos de la economía convencional: el precio de un bien en términos de otro. De su lado, precio absoluto es el precio denominado en dinero: 1 camisa = $250. La tasa de cambio de dinero por mercancías depende de la cantidad de dinero en la economía según la ecuación cuantitativa.

Desde el principio Adam Smith se formula la pregunta: ¿por qué unos bienes son valiosos y otros no, por qué pequeñas cantidades de unos se intercambian por grandes cantidades de otros. En otras palabras, ¿cuál es la causa del valor? Los diamantes tienen poco valor de uso, a diferencia del agua y el aire sin los que no podemos vivir. Sin embargo, los primeros son caros y los últimos gratuitos:

> "Las cosas que tienen un gran valor en uso tienen comúnmente escaso o ningún valor en cambio, y por el contrario, las que tienen un gran valor en cambio no tienen, muchas veces, sino un pequeño valor en uso, o ninguno. No hay nada más útil que el agua pero con ella apenas se puede comprar cosa alguna ni recibir nada en cambio. Por el contrario, el diamante apenas tiene valor en uso, pero generalmente se puede adquirir, a cambio de él, una gran cantidad de otros bienes."[87]

La respuesta está en el trabajo que cuesta producirlos, muy grande en el caso de los diamantes, y ninguno en el caso del agua y el aire:

> "Los diamantes son raros en la corteza de la tierra; por eso su extracción supone, por término medio, mucho tiempo de trabajo, y ésta es la razón de que representen, en dimensiones pequeñísimas, cantidades de trabajo enormes."[88]

---

[87] Smith, Adam La Riqueza de las Naciones FCE (1958), p. 30
[88] EC, I, p. 7

Por supuesto, el valor se debe reflejar en los precios, el fenómeno más superficial e inmediato.

El denominado problema del mercado se plantea en los siguientes términos: de un lado se encuentran los consumidores –los compradores potenciales-, que son numerosos y se encuentran atomizados, es decir, muy dispersos espacialmente. De otro lado tenemos a los productores –vendedores potenciales-, que son también numerosos y se encuentran atomizados (partimos de la denominada competencia *perfecta*).

Nos encontramos en un sistema utilitario donde cada quien persigue su propio bienestar sin reparar en los demás. Los compradores quieren comprar lo más barato posible por cuanto esto aumenta su utilidad. Aumenta su utilidad porque a precios más bajos pueden comprar mayor cantidad de bienes. Es decir, la utilidad de un individuo depende de la cantidad de bienes que posea o consuma; a mayor cantidad de bienes, mayor utilidad. Por su parte los vendedores quieren vender lo más caro posible porque a precios más altos sus ingresos por ventas son más elevados. Este ingreso mayor, ya en su rol de consumidores, les permite comprar mayor cantidad de bienes, es decir, mayor utilidad.

En el mercado, compradores y vendedores potenciales hacen sus pujas libremente en la forma de una cierta cantidad de bien a cada precio. Es decir, a un determinado precio, los compradores potenciales están dispuestos a comprar un cierto volumen del bien de que se trate, en general mayor que a un precio más elevado. Esto es decir que mientras menor es el precio, mayor es la cantidad del bien que los compradores están dispuestos a comprar. Esta es la curva o función de demanda. Por un mecanismo simétrico, mientras mayor es el precio, mayor es la cantidad del bien que los vendedores están dispuestos a vender, esta es ahora la curva o función de oferta.

La demanda *nocional* es la relación entre el precio y la cantidad que los consumidores *desean* comprar, es decir, les gustaría comprar, lo que no siempre pueden hacer. Enfatizamos la distancia que media entre el deseo y la capacidad de los agentes, la *intención* de compra de parte de los consumidores y su *capacidad* de compra. Como es obvio, la capacidad de compra puede ser como máximo igual al deseo, pero puede ser menor como generalmente sucede. Igual interpretación tiene la oferta nocional, más bien la capacidad productiva de la empresa. Por lo general, un empresario tiene mayor capacidad de producción de lo que es su volumen de ventas. No produce más porque no puede vender más.

Vendedores y compradores no son idénticos, no todos desean vender o comprar igual cantidad a un determinado precio. Habrá vendedores (compradores) que querrán vender (comprar) una cantidad mayor (menor) que otro al precio vigente. Esto depende de la superficie de utilidad en el caso de los consumidores y de la función de beneficio en el de los productores. La oferta y la demanda nocionales son, de esta manera, cantidades totales resultado de la suma de las ofertas y demandas nocionales individuales, de cada uno de los oferentes, de un lado, y cada uno de los demandantes, del otro.

A un determinado precio –denominado de equilibrio- los deseos de compra son cuantitativamente iguales a los deseos de venta, compradores y vendedores potenciales se encuentran mutuamente deseando lo que ofrece el otro, por lo que las intenciones se efectivizan. La demanda nocional se constituye en demanda *efectiva* –en realidad, en compra-, y la oferta nocional en oferta efectiva –en realidad, en venta-. El mercado se encuentra en equilibrio, caracterizado éste porque todos los agentes se encuentran simultáneamente en equilibrio a un mismo precio, al que tienen lugar las transacciones de compra y venta. El equilibrio produce reposo, una situación en que no existen fuerzas endógenas -es decir, generadas dentro del sistema mismo- que induzcan cambio. El equilibrio, si no existen shocks externos, tiende a mantenerse en el tiempo.

Este es el que hemos denominado equilibrio neoclásico, que sirve de fundamento a prácticamente toda la teorización económica. Es importante identificar sus características esenciales:

a. El sistema neoclásico tiene la flexibilidad necesaria para absorber cualquier modificación en las circunstancias interiores o exteriores y lograr un nuevo equilibrio, es decir, un nuevo par precio-cantidades en que los deseos de compradores y vendedores son iguales. Cualquier cambio en los parámetros o shock externo será absorbido en un nuevo equilibrio. Es como agua en un envase, que si se agita, en corto tiempo estará de nuevo en reposo. Igual, si se cambia de envase se calma al poco rato.

b. En el sistema neoclásico, el equilibrio produce reposo. En equilibrio todos los deseos e intenciones de compradores y vendedores se encuentran satisfechos, de manera que, axiomáticamente, el reposo significa máximo bienestar general. En el mercado libre, cualquier compra-venta de mercancías implica equilibrio, por tanto, instantáneamente, reposo.

c. El mercado agregado se comporta según los mismos principios que el mercado de los bienes individuales, el mercado de los bienes agrícolas igual que el del tomate. De esta forma, el mercado agregado es la suma simple de los mercados individuales. Dicho en otros términos, el todo es la suma simple de las partes.
d. Los precios -es decir, la tasa de cambio de un bien por otro-, sintetizan todas las circunstancias de producción y consumo de todos los bienes, y son un instrumento de eficiencia absoluta para la asignación de recursos. La escasez lo mismo que la abundancia, el conocimiento lo mismo que la ignorancia, el atraso igual que el progreso, la confianza como la incertidumbre, los cambios en los gustos y preferencias, y los avances tecnológicos, todo se expresa en los precios relativos. Los precios son la valuación del deseo social de consumo en contraste con la capacidad social de producción, teniendo en cuenta todas las circunstancias circundantes.

Axiomáticamente en el sistema neoclásico prevalece la Ley de Say, que se dice "toda oferta crea su propia demanda". En su momento fue la respuesta a la idea de la posibilidad de sobre producción generalizada que formularon Thomas Malthus y otros autores clásicos[89].

---

[89] Keynes, John M. Teoría general de la ocupación, el interés y el dinero FCE (1965)

En la elaboración de una oferta adicional se toman recursos del pasado: el ahorro, y se combina con trabajo actual. Se obtiene un producto adicional cuyo valor agregado constituye pagos adicionales a los factores productivos, que serán normalmente gastados en una u otra forma. Entonces, no hay manera de que quede producto sin vender, el producto adicional se agota en sí mismo.

Ahora será de provecho analizar la racionalización del mercado competitivo que hacen los neoclásicos para contrastarla con la idea de la decisión racional y democrática de Marx, es decir, la oposición mercado-planificación.

Se entiende que en el mercado agregado las cantidades ofrecidas y demandadas *deciden* el precio. A nivel individual, sin embargo, las cantidades ofrecidas o demandadas *dependen* del precio: un productor ofrecerá más si el precio es más elevado, etc. La determinación va de cantidad a precio (q → p) en el primer caso, y de precio a cantidad (p → q) en el segundo. Conjuntamente forman un sistema de determinación simultánea en que los precios deciden y están determinados, a la vez, por las cantidades, y viceversa (p ↔ q). Esto en términos lógicos, pero ¿cuál es la racionalidad en lo que toca a las decisiones subjetivas y sus resultados objetivos?

En el mercado se confrontan fuerzas "ciegas", la de los numerosos productores con la de numerosos consumidores, de lo que resulta el precio. Es por ello *amoral*, no emite un juicio de valor sobre la naturaleza de los objetos intercambiados. En el mercado se transan objetos nocivos –cigarrillos, alcohol, armas- e ilegales –mariguana, cocaína, órdenes de muerte-. Nocivos o ilegales, igual tienen demanda y oferta, aquí también rige la Ley de Say. De manera que si el pan está caro -por lo que legiones de niños pobres se quedan sin desayuno-, el mercado se encoge de hombros, no es su problema. Será a causa de un aumento en la demanda de harina -en lo que intervienen las previsiones en la bolsa de valores-, restricciones en la oferta por especulación o fenómenos de la naturaleza. Al final, nadie es responsable, el mercado es el culpable, que es lo mismo que decir que todos lo somos. El mercado es la resultante de fuerzas individuales anónimas. Paradójicamente, la resultante decide las fuerzas individuales que sí tienen nombre y apellido. El mercado es, pues, un demiurgo creado por sus devotos para que los someta y dirija. Parece ser que no pueden organizarse de otra manera.

Como argumentaremos adelante, las dificultades prácticas para organizar un mercado de intercambio dirigido, deliberado, democrático –partiendo del hombre concreto de cada época, con sus pasiones e ignorancia entremezcladas- son tan grandes que no lo hacen rival de consideración frente al mercado capitalista. El mercado capitalista es la concreción del alma del hombre moderno en lo que tiene de bueno y de perverso.

"El trabajo excedente no fue inventado por el capital. Dondequiera que una parte de la sociedad posee el monopolio de los medios de producción nos encontraremos con el fenómeno de que el trabajador, libre o esclavizado, tiene que añadir al tiempo de trabajo necesario para poder vivir una cantidad de tiempo suplementario, durante el cual trabaja para producir los medios de vida destinados al propietario de los medios de producción... Sin embargo, es evidente que en aquellas sociedades económicas en que no predomina el valor de cambio, sino el valor de uso del producto, el trabajo excedente se halla circunscrito a un sector más o menos amplio de necesidades sin que el carácter mismo de la producción brote un hambre insaciable de trabajo excedente."

Carlos Marx[90]

[90] EC, I, p. 180-1

CAP. 4. EXPLOTACIÓN

Excedente es el desborde del valor agregado por encima de los salarios que, bajo el régimen de producción capitalista, adquiere la forma de ganancia[91]. El trabajo es la fuente del valor, pero el salario es el mínimo de subsistencia. Los capitalistas empujan la producción hasta lograr la máxima diferencia entre el valor del producto y los costos, entre los que se incluyen los salarios. Para Ricardo, la productividad decreciente de la tierra marginal provoca la absorción de los diferenciales de ingreso por parte los terratenientes y, por otro lado, el aumento en los salarios. Esto implica una disminución en la tasa de ganancia que eventualmente llegará a ser tan baja que no animará a ningún capitalista. Con esto alcanzamos un estado estacionario, una forma equilibrio repetitivo con crecimiento cero.

Para los ortodoxos –neoclásicos y keynesianos- no existe tal excedente. La distribución se realiza acorde el principio del producto marginal: cada factor de

---

[91] A su vez, valor agregado –en la concepción marxista. la jornada de trabajo, es decir, el trabajo rendido por la sociedad en el período corriente- es el excedente del valor de la producción por encima del valor de los insumos objetivos utilizados. La relación entre estas variables es, pues: VP = VA + VI, y VA = W + E, de manera que VP = W + E + VI, donde: VP: valor de la producción, W: valor de los salarios, E: Excedente y VI: Valor de los insumos objetivos.

producción –trabajo, tierra, capital- recibe su propia contribución al producto. Si cada quien recibe lo que aporta no hay injusticia ni explotación por ninguna parte.

Para Marx tanto el valor como su distribución se deciden en la esfera productiva. El cambio es la esfera de efectivización, concreción de las relaciones sociales de producción. La fuerza de trabajo es una mercancía como cualquier otra, su valor es el valor de la canasta de sobrevivencia. Esto es, el salario se mantiene al nivel de subsistencia. De manera, pues, que la relación entre la plusvalía –el excedente en el capitalismo- y el salario, es decir la tasa de explotación, se plantea y concluye en la esfera de la producción. En la circulación puede suceder que los precios se aparten de los valores pero son desviaciones a las que siempre están sujetas las fuerzas tendenciales.

4.1. Trabajo necesario y trabajo excedente

Para simplemente sobrevivir, el trabajador tiene que trabajar un cierto número de horas al día. Con este trabajo se provoca los medios de vida para sí y su familia, según la cultura y el estadio evolutivo de su sociedad. Con el salario no se reproduce el trabajador únicamente, sino el trabajador y su familia, la que sea ésta en la práctica corriente. De igual forma, los bienes salario serán en un lugar maíz, en otro papa y en otro más arroz, según la región y su historia. Y el salario contendrá mayor o menor cantidad de bienes "innecesarios" según haya sido la lucha y conquistas de los asalariados en esa sociedad. Siempre habrá quien vea lujos en el mínimo de subsistencia.

El hombre tiene que trabajar para sobrevivir, esta es una condición natural de vida -por ende inevitable- y no depende del particular régimen de producción en que se encuentre. Tiene que trabajar en el comunismo primitivo, en el feudalismo, el capitalismo y el socialismo. Por supuesto, entre uno y otro sistema cambian las circunstancias en que se realiza el trabajo.

Es obvio que no puede trabajar más de veinticuatro horas al día, la duración natural del día. Todavía más, no puede trabajar más allá del tiempo que resulta de deducir al día el tiempo necesario para dormir, descansar y hacer otras necesidades, como asearse y pasear. Por esclavo que sea de su amo, un ser humano no puede vivir en una jaula. Digamos que este tiempo de trabajo necesario –necesario para su propia reproducción- es de cinco horas diarias. Es decir, en cinco horas diarias el trabajador reproduce su propio valor, este es el tiempo de trabajo necesario. Produce el valor equivalente a los bienes salario que consume.

Podemos visualizar el salario desde dos perspectivas: a) como valor de uso, constituido por una canasta de bienes salario de subsistencia, y b) como valor, el valor de esa canasta de sobrevivencia. Todas las mercancías y conjunto de ellas pueden ser analizadas de esta manera, como valor de uso y como valor.

El mínimo de sobrevivencia es en un aspecto un dato técnico, como fuente de energía y salud relativa para mantener operativa a la fuerza de trabajo. Un salario por debajo del mínimo de subsistencia significa que el obrero no se va a recuperar de las energías consumidas, va a desfallecer y enfermar con lo que deja de ser útil al capital. No es, pues, conveniente por más que el capitalista se empeña en disminuir la suma que paga como salario. En un momento determinado, para simplemente mantenerse vivo, el obrero tiene que consumir dos mil quinientas kilocalorías diarias y 50 gramos de proteína. Estos requerimientos pueden ser algo mayores o menores dependiendo de las condiciones climáticas en que vive y su tamaño. De igual manera, serán satisfechos a partir del trigo, los frijoles, el maíz o el arroz, dependiendo de la región y su tradición culinaria, pero el mínimo técnico tiene poca variabilidad:

> "Las necesidades naturales, el alimento, el vestido, la calefacción, la vivienda, etc., varían con arreglo a las condiciones del clima y a las demás condiciones naturales de cada país. Además, el volumen de las llamadas necesidades naturales, así como el modo de satisfacerlas, son de suyo un producto histórico que depende por tanto en gran parte, del nivel de cultura de un país y, sobre todo, entre otras cosas, de las condiciones, los hábitos y las exigencias con que se haya formado la clase de los obreros libres. A diferencia de las otras mercancías, la valoración de la fuerza de trabajo encierra, pues, un elemento histórico moral. Sin embargo, en un país y en una época determinados, la suma media de los medios de vida necesarios constituye un factor fijo."[92]

---

[92] EC, I, p. 124

Una cosa es, pues, los valores de uso que pueden ser adquiridos con el salario, y otra el valor de la fuerza de trabajo, justo el valor de estos valores de uso. Es decir, el valor de la fuerza de trabajo es el valor de la canasta de consumo mínimo.

> "El valor de la fuerza de trabajo, como el de toda otra mercancía, lo determina el tiempo de trabajo necesario para la producción, incluyendo, por tanto, la reproducción de este artículo específico. Considerada como valor, la fuerza de trabajo no representa más que una determinada cantidad de trabajo social medio materializado en ella. ... el tiempo de trabajo necesario para producir la fuerza de trabajo viene a reducirse al tiempo de trabajo necesario para la producción de estos medios de vida; o lo que es lo mismo, el valor de la fuerza de trabajo es el valor de los medios de vida necesarios para asegurar la subsistencia de su poseedor."[93]

Que el tiempo de trabajo necesario sea de 5 horas diarias como pusimos antes no quiere decir que el trabajador trabaje únicamente esas 5 horas. Siempre ha trabajado más, es decir, ha rendido un trabajo por encima del trabajo necesario. A este trabajo es que llamamos excedente, plusvalía bajo el régimen capitalista de producción.

Observemos que el análisis del excedente desde la perspectiva del trabajador individual es únicamente

---

[93] Ibid.

un recurso heurístico. El capital es una relación social, las mercancías no tienen una existencia aislada y solitaria como no la tiene el trabajador. Es decir, del excedente social, del trabajo excedente que rinde la población trabajadora, calculamos la alícuota a un solo trabajador como un recurso metodológico, lo que no significa que este trabajador realice su labor de forma desintegrada de su colectividad.

De igual manera, trabajo excedente ha existido siempre y siempre deberá existir. Desde que el hombre logró individualizar los medios de producción y subsistencia, pudo imponer a otros hombres el trabajo en régimen de dependencia y explotación. Antes del capitalismo, el plustrabajo se extraía de manera directa, en forma de trabajo rendido y no pagado o en bienes. La relación de dependencia y explotación era asimismo directa, una relación de señoraje y vasallaje. Sin ser propiamente esclavo de un amo, el siervo de la gleba le pertenecía a su señor feudal.

> "La burguesía ha desempeñado en la historia un papel altamente revolucionario. Dondequiera que ha conquistado el Poder, la burguesía ha destruido las relaciones feudales, patriarcales, idílicas. Las abigarradas ligaduras feudales que ataban al hombre a sus 'superiores naturales' las ha desgarrado sin piedad para no dejar subsistir otro vínculo entre los hombres que el frío interés, el cruel 'pago al contado' ha ahogado el sagrado éxtasis del fervor religioso, el entusiasmo caballeresco y el sentimentalismo del pequeño burgués en las aguas heladas del

> cálculo egoísta. Ha hecho de la dignidad personal un simple valor de cambio."[94]

En el capitalismo, por el contrario, prevalecen la libertad formal y las relaciones mercantiles, vale decir, las relaciones de valor. Marx denomina plusvalía al tiempo de trabajo excedente que extrae del obrero y se apropia el capitalista. Como tiempo de trabajo excedente, es común a los estadios sociales anteriores; como plusvalía se diferencia en que es tiempo de trabajo excedente extraído mediante relaciones de valor, es decir, de equivalencia.

Pensemos en una sociedad donde se ha eliminado la propiedad privada de los medios de producción, un socialismo. ¿Significa esto que se ha eliminado concomitantemente el trabajo excedente? De ninguna manera. Desde el momento que el trabajador realiza actividades que implican consumo pero no producción –el disfrute de la cultura, por ejemplo, de la música o la pintura-, estará absorbiendo para sí parte de su trabajo excedente, aunque ahora la denominación resulta inadecuada. Estará consumiendo para sí parte de su propio excedente por lo que en esta proporción no podrá hablarse de explotación. Un trabajador que dispone del producto que ha elaborado en su totalidad es un trabajador libre, sobre él no se ejerce ninguna forma de explotación. Por supuesto, esto es una simple deducción lógica que no se refrenda con los hechos de la historia.

---

[94] Manifiesto..., p. 35-6

Es fácil analizar el tema a partir del siguiente diagrama:

0 --- 1 --- 2 --- 3 --- 4 --- 5 --- 6 --- 7 --- 8 --- 9 --- 10
(horas)
← Tiempo necesario →← Tiempo excedente →

El tiempo de trabajo necesario son cinco horas, en esas primeras cinco horas el trabajador reproduce su propio valor, es decir, el valor de la canasta de sobrevivencia. De ahí en adelante todo es tiempo de trabajo excedente. Este tiempo de trabajo excedente se lo queda el propietario de los medios productivos, bajo el capitalismo, el capitalista. En abstracto, si no hay capitalista, todo tiempo de trabajo excedente lo puede utilizar el trabajador en cualquier cosa que no sea su sobrevivencia puesto que ya ha aportado a ésta el trabajo necesario. Lo puede utilizar para su propio disfrute o a la formación del capital social.

Si el nivel de la productividad del trabajo es tan bajo que le implica al trabajador utilizar toda su jornada para reproducir su propio valor, es decir, para producir la canasta de subsistencia, no hay excedente ni capitalismo. Por definición, donde no hay excedente no hay propiedad individual de los medios productivos. Se trata de una sociedad literalmente de sobrevivencia.

A la inversa, una sociedad que garantiza la sobrevivencia de sus ciudadanos con una fracción pequeña del trabajo social, digamos que con una hora de trabajo de cada uno de sus trabajadores, es inmensamente rica. De hecho, esta es la liberación de la necesidad que puede conseguir el hombre en el reino de este mundo. No puede ser la abolición del trabajo, eso es, además de imposible, perverso. Es tomar control racional del trabajo y sus productos, y aplicar estos a los fines socialmente más beneficiosos como haya sido decidido democráticamente.

La posibilidad de apropiarse del trabajo excedente es lo que posibilita la existencia de una clase estéril. Los capitalistas consumen, pero sobretodo acumulan plusvalía, es decir, trabajo excedente producido por la clase proletaria.

> "El valor de uso no puede considerarse jamás como fin directo del capitalista. Tampoco la ganancia aislada, sino el apetito insaciable de ganar."[95]

El objetivo del capitalista es obtener la mayor cantidad de plusvalía a partir del capital del que dispone, es decir, valorizar su capital. Para ello requiere del obrero, única mercancía capaz de reproducir su propio valor y arrojar un excedente. Todo el proceso tiene lugar al nivel del valor, es decir, del tiempo de trabajo necesario para producir las mercancías.

En este momento conviene distinguir al obrero como mercancía de la fuerza de trabajo como mercancía. Y, por otro lado, al trabajo como actividad desplegada por el obrero y origen del valor. El obrero no es una mercancía pues si lo fuera, fuera un esclavo. Y en el

---

[95] EC, I, p. 109

capitalismo no hay esclavitud como compra y venta de la persona física del obrero. Más bien, al contrario:

> "Para convertir el dinero en capital el poseedor de dinero tiene que encontrarse en el mercado, entre las mercancías, con el obrero libre; libre en un doble sentido, pues de una parte ha de poder disponer libremente de su fuerza de trabajo como de su propia mercancía y, de otra parte, no ha de tener otras mercancías que ofrecer en venta; ha de hallarse, pues, suelto, escotero y libre de todos los objetos necesarios para realizar por cuenta propia su fuerza de trabajo."[96]

En el capitalismo, la libertad del obrero consiste en que no dispone de medios propios de sobrevivencia por lo que tiene que vender su fuerza de trabajo –lo único de que dispone- al capitalista para subsistir. El obrero no es, pues, propiedad privada del capitalista ni le interesa a éste que lo sea. Y vende al capitalista su única propiedad –su fuerza de trabajo- como único recurso de sobrevivencia.

Fuerza de trabajo es una potencialidad, la capacidad de realizar un trabajo. Por su lado, trabajo es la ejecución de esa potencialidad.

> "... el vendedor de la fuerza de trabajo, al igual que el de cualquier otra mercancía, realiza su valor de cambio y enajena su valor de uso. No

---

[96] EC, T. I, p. 122

puede obtener el primero sin desprenderse del segundo. El valor de uso de la fuerza de trabajo, o sea, el trabajo mismo, deja de pertenecer al vendedor, ni más ni menos que al aceitero deja de pertenecerle el valor de uso del aceite que vende El poseedor del dinero paga el valor de un día de fuerza de trabajo: le pertenece, por tanto, el uso de esta fuerza de trabajo durante un día, el trabajo de una jornada. El hecho de que la diaria conservación de la fuerza de trabajo no suponga más costo que el de media jornada de trabajo, a pesar de poder funcionar, trabajar, durante un día entero; es decir, el hecho de que el valor creado por su uso durante un día sea el doble del valor diario que encierra, es una suerte bastante grande para el comprador, pero no supone, ni mucho menos, ningún atropello que se cometa contra el vendedor."

Cuando es contratado por el capitalista, el obrero recibe en dinerario justo el valor de la fuerza de trabajo, ni un centavo menos. A cambio entrega su valor de uso. El valor de uso de la fuerza de trabajo es superior a su valor de cambio, he aquí el origen de la plusvalía. El valor de la fuerza de trabajo es el valor de la canasta de subsistencia, cinco horas en nuestro ejemplo anterior. Su valor de uso es diez horas, la suma del trabajo necesario y el trabajo excedente. La diferencia, la plusvalía, se la queda el capitalista sin haber violado ninguna de las leyes de la economía burguesa. Compra la fuerza de trabajo por su valor, como compra cualquier otra mercancía. Los obreros también compran sus medios de vida a su valor. Y dispone de su valor de uso como cualquier otra mercancía. Los obreros también hacen lo mismo con sus medios de vida. Es decir, en la transacción de compra y venta de fuerza de trabajo se intercambian valores iguales y no valores de uso para el que vende, que recibe a cambio un valor de uso para sí. La fuerza de trabajo es una mercancía como cualquier otra.

4.2. Capital constante y capital variable

Para poner en operación a la fuerza de trabajo, el capitalista necesita disponer de medios de producción, justamente los que no tiene el trabajador. Los compra en el mercado como compra cualquier mercancía, como también compra la fuerza de trabajo. Los medios de producción son los elementos objetivos de la producción: materia prima, materiales y máquinas. Objetos heterogéneos, la principal diferencia entre ellos es la duración y la parcialidad en la incorporación al producto: las máquinas son relativamente duraderas respecto a los demás elementos objetivos. La materia prima es absorbida en su totalidad en el producto, los materiales son colaboradores en la producción, mientras una máquina puede durar muchos años. Estos elementos constituyen el capital constante, constante porque en sí mismo no es capaz de aumentar el montante de su valor:

> "... la parte del capital que se invierte en medios de producción, es decir, materias primas, materias auxiliares e instrumentos de trabajo, no cambia de magnitud de valor en el proceso de producción. Teniendo esto en cuenta, le doy el

> nombre de parte constante del capital, o más concisamente, capital constante."[97]

A la inversa, sólo el trabajo genera valor, por lo que sólo el trabajo puede generar plusvalor. Y exactamente plusvalor es lo que el capitalista desea, razón por la que incorpora el elemento subjetivo a su sistema de producción y extracción de ganancia. Traerá, pues, a su fábrica tantos trabajadores como sea conveniente a éste su propósito. El valor que adelanta en la forma de salario es su capital variable, variable por cuanto el trabajador repone el valor de la fuerza de trabajo a la vez que le aporta un plus, la plusvalía:

> "En cambio, la parte de capital que se invierte en fuerza de trabajo cambia de valor en el proceso de producción. Además de reproducir su propia equivalencia, crea un remanente, la plusvalía, que puede también variar, siendo más grande o más pequeño. Esta parte del capital se convierte constantemente de magnitud constante en variable. Por eso le doy el nombre de parte variable del capital, o más concisamente, capital variable. Las mismas partes integrante del capital que desde el punto de vista del proceso de trabajo distinguíamos como factores objetivos y subjetivos, medios de producción y fuerza de trabajo, son las que desde el punto de vista del proceso de valorización se distinguen en capital constante y variable."[98]

---

[97] EC, I, p. 158

[98] Ibíd.

Todo capitalista necesita máquinas y trabajadores, por lo que su capital tendrá una parte constante y otra variable. Cómo se divide el capital entre uno y otro es crítico a efectos de su propósito: obtener la mayor ganancia. Si la fuente de la ganancia es el trabajo impago, pues tendrá un fuerte incentivo para contratar la mayor cantidad de obreros posibles. Sin embargo, los trabajadores son también un coste, de manera que luce más conveniente contratar tantos obreros como sea estrictamente necesario al menor salario.

Los medios de producción, que confieren al capitalista el derecho de propiedad sobre el producto, no añaden valor en la producción pero son esenciales desde la perspectiva del valor de uso. Es decir, la producción como colección de valores de uso es el resultado de la aplicación del trabajo a los medios objetivos. Una mesa no es otra cosa que madera dispuesta en una forma útil mediante el trabajo concreto del carpintero, ya lo vimos. Parecería, pues, que mientras menos medios de producción utilicemos, mientras menor sea el montante del capital constante, mejor a efectos de la rentabilidad del capital. Y así es. Sin embargo, el deseo del capitalista de ganar cada vez más lo obliga a desvalorizar su producto para ganar mercado, y esta desvalorización se consigue justamente aumentando la cantidad de capital utilizado.

Tenemos, pues, fuerzas que van, una en dirección a aumentar el capital variable, otra en dirección opuesta. Lo mismo con el capital constante. La resultante de esta confluencia de fuerzas será la que defina los movimientos en la ganancia que obtiene el capitalista, la variable guía de todo el sistema.

4.3. Plusvalía absoluta y plusvalía relativa

El capitalista persigue obtener la máxima ganancia, denominada ésta en valor, es decir, en tiempo de trabajo social. Busca extraer y apropiarse de tiempo de trabajo social fundamentalmente para acumularlo, es decir, reinvertirlo. Particularmente no le interesa el aspecto de valor de uso de su producto o su inversión, sólo desea valorizar su capital permanentemente, a una escala ampliada. Posee, entonces, tiempo de trabajo social que persigue aumentar adicionándose mayor cantidad de tiempo de trabajo social mediante la extracción de plusvalía.

Para lograr su propósito tiene dos alternativas, que no son excluyentes: a) aumentar la prolongación de la jornada de trabajo (o su intensidad), el que Marx denomina mecanismo de la plusvalía absoluta, y b) disminuir el valor de la fuerza de trabajo –el mecanismo de la plusvalía relativa- mediante el aumento de la productividad en la industria de los bienes salario. Veamos ambos mecanismos por turno.

Ya dijimos que la extensión de la jornada laboral choca con el límite absoluto e infranqueable de la duración natural del día. También que, de hecho, no puede superar un cierto número de horas al día bajo el riesgo de que la fuerza de trabajo se deteriore y no se recupere, dejando de servir a los propósitos del capital. Al capitalista no le interesa, entonces, llevarla hasta tal grado de extenuación. No más allá, pero tampoco menos pues lo que persigue es exactamente quedarse con la mayor cantidad de trabajo obrero posible.

No obstante esto, la historia de la clase obrera hasta bien entrado el siglo XX fue la lucha por la reducción de la jornada de trabajo. En los albores del capitalismo no eran raras las jornadas de dieciocho y veinte horas diarias. Los trabajadores, entre ellos niños de hasta seis años, apenas se les daba tiempo para ir al baño y asearse. Comían y dormían sobre y bajo las máquinas[99]. A la jornada de trabajo de cuarenta y cuatro horas se le denomina semana inglesa pues fue en Inglaterra donde se libraron las batallas más encarnizadas con este objetivo.

Una forma alternativa de aumentar la jornada laboral es aumentando la intensidad del trabajo, lo que exige del obrero mayor atención y concentración, que lo tensa y angustia[100]. Sin embargo, al igual que sucede con la extensión simple y llana, este recurso choca con un máximo a partir del cual daña el valor de uso de la fuerza de trabajo. El verdadero límite es, pues, la conservación del valor de uso de la fuerza de trabajo, la prolongación o intensificación de la jornada de trabajo no pueden rebasar este umbral pues no sirve a los intereses del capitalista.

Por fortuna para el capitalista, la desvalorización de la fuerza de trabajo no tiene límites identificables a priori. Si el desarrollo de las fuerzas productivas es suficientemente acelerado, el trabajo necesario puede llegar a constituir una fracción pequeña de la jornada obrera. Reproduzcamos el esquema que utilizamos antes.

---

[99] Engels, Friedrich Historia de la clase obrera en Inglaterra

[100] Durand, Claude El trabajo encadenado Blume (1978)

0 --- 1 --- 2 --- 3 --- 4 --- 5 --- 6 --- 7 --- 8 --- 9 --- 10
(horas)
← Tiempo necesario →← Tiempo excedente →

En un primer momento la jornada diaria del obrero es de 10 horas, de las cuales cinco constituyen el trabajo necesario, valor que reproduce la fuerza de trabajo y que es compensado mediante el salario. Las restantes cinco horas constituyen el tiempo de trabajo excedente, la plusvalía. Claramente la plusvalía por obrero aumenta: a) si extendemos la jornada laboral a más de 10 horas diarias. b) Si aumentamos la intensidad del trabajo. Sin embargo, por simple conveniencia analítica partimos de la premisa de que ambas alternativas se encuentran en su máximo, el mecanismo de la plusvalía absoluta está agotado. Cualquiera de estas avenidas deteriora el valor de uso del trabajo, lo que es contrario al interés del capitalista. Por ello éste no insistirá en estas opciones. Nos queda una opción: c) lograr que el salario, en vez de absorber cinco horas de trabajo, absorba menos, digamos cuatro. Con esto la plusvalía aumenta a seis horas diarias por trabajador, de cinco que era antes. Como se logra disminuir el salario a cuatro horas se logra reducirlo a tres, a dos, y así sucesivamente. Con esto el grueso de la jornada laboral consiste en plusvalía, este es el mecanismo de la plusvalía relativa que siempre está disponible al servicio del capitalista.

¿Cómo se logra reducir el tiempo de trabajo necesario? Mediante la desvalorización de la canasta de sobrevivencia, haciendo que ésta represente menor cantidad de trabajo social. Todo esto mediante el aumento de la productividad en las industrias de bienes salario.

Veamos ahora dos relaciones de valor que serán claves más adelante. Una, la composición orgánica del capital –O- es la relación en términos de valor del capital constante –C- al capital variable –V-:

$$O = C / V$$

La composición orgánica del capital refleja, aunque no de manera mecánica, la composición *técnica* del capital, la relación del capital constante al capital variable en término de valores de uso. Decimos que no de manera mecánica debido a que una variación en la composición técnica del capital no necesariamente se constituye en una variación proporcional en la composición orgánica debido a las diferencias de productividad entre industrias.

Otra razón clave es la tasa de explotación (tasa de plusvalía en el capitalismo) –E-, la relación de la plusvalía al capital variable:

$$E = P / V$$

La composición orgánica del capital aumenta cuando aumenta el capital constante –el valor invertido por el capitalista en medios de producción- respecto al capital variable –el valor invertido en salarios-. Por su parte la tasa de explotación aumenta cuando la plusvalía es mayor por cada unidad de valor dedicada a salarios.

"La tasa de ganancia disminuye no porque se explote menos al obrero, sino porque en general se emplea menos trabajo en relación con el capital empleado."

Carlos Marx[101]

---

101 EC, III, p. 87

CAP. 5. LA LEY DE LA TENDENCIA DESCENDENTE DE LA TASA DE GANANCIA

En el capítulo anterior expusimos el secreto de la plusvalía: el obrero recibe el valor de cambio de la fuerza de trabajo y a cambio entrega su valor de uso. Este, medido en tiempo de trabajo, es mucho mayor que el primero. La diferencia entre uno y otro es la plusvalía de la que se apropia el capitalista en virtud de ser el propietario de los medios de producción.

El capitalista está enfermo de codicia, siempre quiere más plusvalía. Acumula la que recibe sacando para sí apenas lo indispensable con tal de obtener mayor cantidad más adelante. Aumenta la plusvalía que recibe prolongando la jornada de trabajo, o su intensidad –el mecanismo de la plusvalía absoluta-, fórmula que, sin embargo, rápidamente encuentra un máximo. A la inversa, la posibilidad de desvalorizar la fuerza de trabajo mediante el abaratamiento de los bienes salario no tiene límite evidente, siempre está abierta. Este último es el mecanismo de la plusvalía relativa. Así las cosas, podríamos pensar que el capitalista va a proseguir sin grandes dificultades, extrayendo plusvalía de sus obreros e invirtiéndola en mayor cantidad de medios productivos de mejor rendimiento. Sin embargo hay una dificultad clave: tanto para desvalorizar su producto -y con ello ganar mercado-, como para desvalorizar la fuerza de trabajo, el capitalista tiene que reinvertir su plusvalía en una proporción creciente en medios de producción respecto de lo que invierte en fuerza de trabajo. Su reinversión va, pues, en dirección opuesta a la fuente de valor y plusvalía, la fuerza de trabajo. Quiere más pero puede salir con menos, este aparente callejón sin salida sería la forma sintética de la contradicción entre el desarrollo de las fuerzas productivas y las relaciones sociales de producción, el resorte que hará caer el capitalismo.

5.1. La formulación de la Ley por Marx

La similitud con la idea del estado estacionario, de Ricardo, es evidente. Según este autor, la tasa de ganancia se irá reduciendo paulatinamente hasta el punto en que no será atractivo para ningún capitalista acometer la inversión. Esto es causado por el rendimiento decreciente de la tierra marginal, que hace aumentar los salarios a medida que aumenta la producción.

Para exponer la teoría de Marx, empecemos por la definición. La tasa de ganancia - t_g - se escribe:

$$t_g = P / C + V$$

donde: P: plusvalía, C: capital constante y V: capital variable.

Una observación de método muy importante: P, C y V se refieren a la plusvalía total, es decir, social, el total del capital constante y el total del capital variable, respectivamente. Si, y sólo si, la plusvalía recibida por cada capitalista fuera proporcional al capital invertido, pudiéramos tomar el caso de un capitalista particular cualquiera como unidad representativa de la producción total. Pero este no es necesariamente el caso. La importancia del tema la veremos en el capítulo siguiente sobre la transformación de la plusvalía en ganancia y los valores en precios. De manera, pues, que nos referimos a los agregados sociales, como si la economía nacional fuera una única gran empresa.

Algebraicamente, a partir de un nivel determinado la tasa de ganancia aumentará si el aumento en la plusvalía es mayor que el aumento en el capital invertido, y disminuirá en caso contrario. Pero hay un vínculo entre los movimientos de la plusvalía y los del capital invertido. Partiendo de la premisa de una jornada de trabajo fija, no extensible, el capitalista sólo puede aumentar su plusvalía desvalorizando la fuerza de trabajo, es decir, mediante el mecanismo de la plusvalía relativa. Esto implica la tecnificación de la producción, la inversión en medios productivos más eficientes lo que, en términos de valor, se traduce en un aumento en la composición orgánica del capital. Es decir, la reinversión sucesiva de las ganancias del capitalista se inclinará progresivamente hacia la parte constante del capital. Por último esto significa que el valor invertido en la fuente original de la plusvalía, el trabajo, pierde importancia. En síntesis, la acción iniciada con el propósito de obtener mayor plusvalía puede terminar con el resultado de una menor tasa de ganancia.

El resultado final relevante es la tasa de ganancia. Si el capitalista reinvierte su plusvalía, el período siguiente obtendrá sin duda una plusvalía mayor en valor. Lo que se cuestiona es este resultado referido al capital invertido, es decir, el efecto del aumento en la composición orgánica sobre la tasa de ganancia.

Una forma alternativa de mirar el asunto es la siguiente. Reformulamos la tasa de ganancia como:

$$t_g = (P/V) / (C + V)/V = E / (O + 1)$$

La tasa de ganancia es la razón de la tasa de plusvalía a la composición orgánica del capital (más uno). Si la tasa de explotación aumenta más que la composición orgánica, la tasa de ganancia aumenta, y disminuye en caso contrario.

En realidad esta perspectiva no mejora la comprensión del tema respecto de la anterior, más simple. La clave está en el efecto contradictorio del aumento en la composición orgánica: por un lado desvaloriza la fuerza de trabajo, es decir, aumenta la plusvalía; por otro, aumenta la parte constante del capital respecto de la variable, es decir, disminuye relativamente la plusvalía. Claramente el resultado final sobre la tasa de ganancia dependerá de cuál es más grande de estos dos efectos contrarios. Por supuesto, Marx plantea que eventualmente la tasa de ganancia va a disminuir, lo que implica que el aumento en la composición orgánica no podrá ser compensado por el aumento en la plusvalía:

> “La masa de medios de producción con que un obrero opera crece al crecer la productividad de

su trabajo. Los medios de producción desempeñan aquí un doble papel. El incremento de unos es efecto, el de otros, condición determinante de la creciente productividad del trabajo... Pero, sea condición o efecto, el volumen creciente de los medios de producción comparado con la fuerza de trabajo que absorben expresa siempre la productividad creciente del trabajo... Este cambio operado en la composición técnica del capital, este incremento de la masa de medios de producción, comparada con la masa de la fuerza de trabajo que la pone en movimiento, *se refleja a su vez en su composición de valor, en el aumento del capital constante a costa del capital variable.*"[102]

Coletti plantea el tema en los siguientes términos:

"... para aumentar el plusvalor y, por ende, la ganancia, el capital debe aumentar la productividad del trabajo, esto es introducir innovaciones técnicas; pero la introducción de estas nuevas técnicas (maquinarias más perfeccionadas, etc.) aumenta la 'composición orgánica' del capital (o sea el porcentaje del capital constante con respecto a todo el capital invertido), vale decir acrecienta un factor que deprime la tasa de ganancia en más de lo que puede elevarla el aumento de la tasa de explotación. Como se ve, todo el proceso es el de un motor que se deteriora en virtud de los mismos mecanismos que lo hacen funcionar, sin

[102] EC, T. I, p. 525-6. Subrayado nuestro.

> que la lucha de clases o la misma conciencia de los protagonistas influyan en modo alguno sobre él."[103]

La Ley de la tendencia decreciente de la tasa de ganancia se debe cumplir "con férrea necesidad", como todas las leyes de la historia.

5.2. Causas contrarrestantes

No obstante, Marx plantea varios elementos que van en dirección contraria al cumplimiento de la Ley, causas contrarrestantes:

> "Deben actuar influencias contrarrestantes que interfieren la acción de la ley general y la anulan, dándole solamente el carácter de una tendencia, razón por la cual también hemos calificado a la baja de la tasa general de ganancia de baja tendencial. De estas causas, las más generalizadas son las siguientes: 1. Elevación del grado de explotación del trabajo. 2. Reducción del salario por debajo de su valor. 3. Abaratamiento de los elementos del capital constante. 4. La sobrepoblación relativa. 5. El comercio exterior. 6. El aumento del capital accionario."[104]

---

[103] Coletti, Lucio El marxismo y el "derrumbre" del capitalismo S. XXI (1978), p. 37
[104] EC, III, p. 232 ss.

De aquí que la Ley sea tendencial, es decir, se cumplirá con altas y bajas. No podemos trazar una línea recta descendente para representar la disminución en la tasa de ganancia, será una línea dentada a ambos lados de esa recta descendente. Aún de manera tendencial, si la Ley es válida debe cumplirse en un plazo razonable, ser perceptible. Plantear otra cosa, por ejemplo, que el tiempo de cumplimiento es tan largo que no es registrable contablemente, es caer en el terreno de la pura especulación o la fantasía histórica.

Varios marxistas posteriores argumentarán que justamente algunas de las causas contrarrestantes que menciona Marx son la explicación de que la tasa de ganancia no haya caído en los hechos, en particular la sobreexplotación del trabajo en el capitalismo periférico. Puesto que en el capitalismo desarrollado la jornada laboral está legalmente muy bien definida y limitada, no es extensible, el capital se desplaza de distintas maneras a las regiones subdesarrolladas donde hay abundante mano de obra, mucho desempleo y las disposiciones legales en materia laboral son muy flojas. El valor de la fuerza de trabajo es aquí inferior al de los países centrales, además de que se puede pagar por debajo de su valor, los trabajadores del subdesarrollo son desechables. Con esto se aumenta la plusvalía extraída por los capitalistas del centro[105].

Ciertamente a partir de la segunda mitad del siglo XX y más aún actualmente ha habido una relocalización importante de la producción en el mundo atizada en lo

---

105 Ver: Luxemburgo, Rosa La acumulación de capital Aguilar (1913) y Enmanuel, Arghiri El intercambio desigual s. XXI (1972)

fundamental por los bajos salarios en las regiones subdesarrolladas. No obstante hay un efecto hándicap en este movimiento provocado por la menor productividad de la fuerza de trabajo debido a la menor educación y cultura laboral. De manera que es relocalizada la producción más genérica que requiere mano de obra sin calificación, o las actividades productivas que pueden ser realizadas por ésta. El resto de la producción y funciones, todavía muy el grueso, se queda en el desarrollo.

En cualquier caso, a partir de un momento las diferencias salariales no son incentivo para la relocalización industrial puesto que el valor de la fuerza de trabajo en la periferia aumenta a medida que ingresan capitales. Si se agotan las ventajas en un lugar, el capital seguirá a otro. Si se pierden las ventajas en un lugar, buscará otro. Si bien esta debe ser una causa para la morigeración en la caída de la tasa de ganancia, está claro que tiene un límite, como lo tiene la extensión de la jornada laboral.

Por el contrario, el mecanismo de la plusvalía relativa no tiene límite a priori. El aumento en la composición orgánica del capital puede inducir sistemáticamente una desvalorización de la fuerza de trabajo superior al aumento proporcional en el capital constante, con lo cual la tasa de ganancia aumenta. En otros términos, no hay una razón de fuerza para que la tasa de ganancia disminuya:

> "Si el progreso tecnológico da lugar a la producción de medios de producción y materias primas más baratos y, simultáneamente, a un aumento de la productividad del trabajo, una

> cantidad igual de capital gastada en salarios podrá movilizar una mayor proporción de valor incorporado en forma de trabajo vivo, mientras que la misma cantidad de capital invertida en trabajo muerto representaría un menor valor si se midiera por el tiempo de trabajo necesario para producir los medios de producción y las materias primas. Así pues, el aumento de la productividad no tendría como consecuencia la elevación de la composición orgánica del capital sino, por el contrario, su descenso."[106]

Con esto la "ley" de la tendencia decreciente de la tasa de ganancia queda en entredicho. En términos lógicos no se puede determinar cuál de las fuerzas es preponderante, la que Marx denomina tendencia o las que denomina contratendencias, el resultado neto –si hay alguno- queda indeterminado:

> "En la teoría de Marx no hay ninguna parte esencial que prediga explícitamente si a lo largo del tiempo pesan más la tendencia o las contratendencias." [107]

5.3. Críticas a la Ley

> "Si se supone que tanto la composición orgánica del capital como la tasa de plusvalor son variables, como creemos que debiera hacerse, entonces, la dirección en que la tasa de la

[106] Castells, p. 31
[107] Castells, p. 25

> ganancia cambiará se hace indeterminada. Si los actos de los capitalistas tendrán éxito en la restauración de la tasa de ganancia o si actuarán solamente para apresurar su descenso, es una conclusión que no se puede apoyar en razones teóricas generales."
>
> Paul Sweezy[108]

Un recorrido inmensamente largo para arribar a una conclusión dudosa, discutible. Hasta aquí el análisis se desarrolló aplicando una lógica estricta. Sólo el trabajo es fuente de valor, la plusvalía es trabajo obrero apropiado por los capitalistas en razón de ser los propietarios de los medios de producción. El valor, forma primigenia de los precios, se decide enteramente en la esfera productiva, por lo mismo la distribución. El mercado no hace más que refrendar las condiciones de la producción, es decir, la productividad del trabajo. La plusvalía es la diferencia entre el valor de uso y el valor de la fuerza de trabajo. Los capitalistas padecen un hambre enferma de plusvalía, no es que quieren más plusvalía sino que quieren más exponencialmente.

Este sistema es a todas luces injusto y explotador, injusto porque el productor del excedente no es su propietario, explotador porque los propietarios viven a costillas de los no propietarios. Desarrollará sus propias contradicciones hasta que no pueda continuar, hasta que éstas estallen, las contradicciones entre el desarrollo de las fuerzas

---

[108] Sweezy, Paul M. Teoría del desarrollo capitalista FCE (1945), p. 14-5

productivas –la productividad, en la jerga económica convencional- y las relaciones sociales de producción –la distribución-. Ponerlo en estos términos, sin embargo, parece más bien keynesiano, es decir, la producción tiende a crecer sin restricciones mientras la capacidad de absorción tiende a mantenerse por detrás refrenando a la primera. Es decir, el problema del capitalismo sería de realización, no de producción y rentabilidad. Como posteriormente demostró Keynes, aunque complicada, siempre se puede lograr una cierta consistencia entre producción y consumo mediante la intervención del Estado.

Una conclusión de este tipo no podría ser aceptada por Marx para quien las contradicciones del sistema se desarrollan hasta hacerlo colapsar, es la aplicación concreta del materialismo dialéctico. Otra cosa es plantear que ciertamente existen problemas de realización –de ahí el aumento en el ejército industrial de reserva-, pero el problema esencial es de rentabilidad. Aún expulsando obreros al paro y la marginalidad, el sistema no logra sostener la rentabilidad de la inversión, prosigue sin control ni remedio al precipicio. Es por esto que la "ley" es tan importante, porque es la máxima concreción de la dialéctica materialista e histórica. Otra cosa significa dejar el desarrollo social histórico sin rumbo definido, girando sin un principio rector:

> "La ley de la baja tendencial de la tasa de ganancia es asociada por Marx a su tesis de la declinación y del derrumbe inevitable del capitalismo. Si no existiese esa radical tendencia descendente de la tasa de ganancia del sistema, con todas las consecuencias que le atribuye

> Marx, sería difícil imaginar el desarrollo de conflictos que dentro de la clase capitalista y entre ésta y la clase obrera se convirtiesen en una amenaza contra la existencia del sistema. En los hechos, también éste como todos los organismos vivos, sería afectado por los males del crecimiento y del desarrollo. Pero tales males podrían considerarse como dolores pasajeros que se originarían en causas eliminables y no sentarían las premisas de su derrumbe final. Por lo tanto, los marxistas asocian en general la ley de la baja tendencial del tasa de ganancia a su concepción del destino final del capitalismo en cuanto que sistema de producción social."[109]

Finalmente los marxistas posteriores no tuvieron otra alternativa que reconocer que la "ley" de la tendencia decreciente de la tasa de ganancia es apenas una hipótesis, de hecho una hipótesis poco plausible. Fácilmente se pueden demostrar las condiciones bajo las cuales pierde toda validez. Por otro lado, perfectamente se puede postular que las denominadas contratendencias son fuerzas cuando menos igual de poderosas y eficientes que las tendencias, con lo que se pierde toda expectativa de cumplimiento. Con esto se cae el concepto convencional de ley científica, que no puede ser un principio de cumplimiento casual o aleatorio.

Un argumento que han esgrimido los marxistas ortodoxos es que los volúmenes II y III de *El Capital*

---

[109] Gillman, Joseph. Il saggio di profitto. Roma (1961). Tomado de : Coletti, Lucio El marxismo y el "derrumbre" del capitalismo, pp. 29-34

son ediciones póstumas, Marx no estuvo para revisar estos trabajos. No obstante, son sus manuscritos. ¿Escribió o no el capítulo trece del tercer tomo? Si hubiera tenido la oportunidad de revisarlo, difícilmente hubiera planteado algo esencialmente diferente de lo que ahí se puede leer, justo por la razón que acabamos de esgrimir: el capitalismo se debe hacer inviable en la producción, donde se genera y distribuye el valor. La tasa de ganancia en caída es la síntesis de la contradicción de las fuerzas productivas y las relaciones de producción. ¿Cómo plantear entonces que no hay en Marx una hipótesis de la caída tendencial en la tasa de ganancia?

> "Suponiendo que una 'teoría del derrumbe' es una teoría que quiere demostrar científicamente las razones por las cuales el sistema está ineluctablemente –vale decir por causas bien determinadas y ciertas- destinado a terminar, se plantea esta pregunta: en Marx, ¿hay o no hay una teoría del derrumbe?... Para algunos, negar que la obra de Marx contiene una 'teoría del derrumbe' significa traicionar su pensamiento, edulcorarlo, privarlo de todo nervio; para otros es una traición de los intérpretes –aunque se la perpetre de buena fe- atribuirle una." [110]

Como comentamos al principio, el marxismo no es únicamente una filosofía, un método histórico, una teoría económica. Es también un programa político, una ideología para tomar y mantener el poder político. Marx se ocupó de presentar su teoría como de

[110] Coletti, p 35

cumplimiento obligado, la racionalización del desarrollo inevitable de las fuerzas inmanentes del hombre y la sociedad en el tiempo. Fundó el socialismo que Engels denominó "científico", los socialistas anteriores eran "utópicos". Los que veían las cosas diferentes eran fariseos, ideólogos de la burguesía. Ciencia es el marxismo, todo lo demás es ideología burguesa. En este contexto surge una pregunta importante: ¿por qué no habrá caído el capitalismo en Inglaterra, el país de mayor desarrollo capitalista? Por el contrario, se inaugura en la Unión Soviética, un país semifeudal de campesinos analfabetos en un vastísimo territorio sin industria.

El socialismo soviético fue resultado, por supuesto, del activismo de Lenin, Trotsky y demás líderes bolcheviques, un salto adelante, un atajo en la transformación de los modos de producción. Ahora bien, si del feudalismo podemos brincar al socialismo sin pasar por el capitalismo, tanto mejor, más rápido llegamos a la utopía. El problema es que los países capitalistas no parecían aproximarse por ningún lugar al socialismo, la teoría de Marx no encontraba sustento en los hechos. Ciertamente el capitalismo sufrió una gran crisis al final de la década de los veinte y nunca ha mostrado un crecimiento lineal y suave. Más bien al contrario, está plagado de sobresaltos, estrecheces y estiramientos repentinos, picos y caídas pronunciadas, desempleo y crisis. Pero no da visos de rendirse. Al revés, al final de cada descenso parece surgir una corriente termal, un viento ascendente que le da nuevo impulso y bríos.

¿Qué hacer entonces con la "ley" de la tendencia decreciente de la tasa de ganancia? Se abre un debate en que algunos llegan a plantear que no hay en Marx tal cosa, que esta hipótesis no es más que un ejercicio especulativo pero no la teoría verdadera del derrumbe[111]. Aún más, la demostración por parte de Keynes de que, a pesar de todas las dificultades que ello comporta, la producción y el consumo se pueden conciliar, en el litoral marxista recibió la denominación de regulacionismo. Esto es, en el capitalismo monopolista de Estado las contradicciones sistémicas se pueden arbitrar y articular por lo que no hay que esperar un estallido revolucionario. Sabiéndolo administrar, el capitalismo se puede mantener por siempre. Por supuesto, una conclusión como ésta es inaceptable para un marxista ortodoxo. Es plantear que la lucha de clases se puede regular, en otras palabras, que no existe[112].

5.4. Supuestos para la validez

Nada mejor para la comprensión que un ejemplo numérico, nos ayudará a ilustrar la discusión en lo que llevamos de capítulo. Puesto que en el panorama se puede mover todo simultáneamente, será conveniente hacer un par de supuestos muy elementales que en nada modifican los resultados e ir un paso a la vez.

Partimos de la siguiente ecuación, la composición del valor de un cierto número de valores de uso para un capitalista particular:

---

[111] Ibíd.

[112] Aglietta, Michel, et. al. Rupturas de un sistema económico Blume (1981)

c	v	p	=	w
50	40	10	=	100

En este primer momento su tasa de ganancia es t_g = 10 / (50 + 40) = 11.11%. Observamos que la composición orgánica del capital es O = 50 / 40 = 1.25, y la tasa de explotación E = 10 / 40 = 0.25.

El capitalista obtiene una plusvalía de 10 horas de trabajo social, ¿qué hace con ella? Por simple facilidad suponemos que la reinvierte toda en medios de producción. Es decir, no aparta nada para su consumo personal ni reinvierte en fuerza de trabajo adicional. El propósito de este supuesto es observar con claridad el efecto de las reinversiones sucesivas que realiza. En cualquier caso va en dirección del planteamiento de Marx: los capitalistas restringen su consumo personal por cuanto constituye un uso improductivo de la plusvalía y reinvierten ésta principalmente en bienes de producción persiguiendo la desvalorización de las mercancías.

De forma, pues, que en el segundo período el capital constante será de 50 + 10 = 60 horas de trabajo, según la ecuación:

c	v	p	=	w
60	40	10	=	110

La tasa de explotación se mantiene igual, no se ha empleado fuerza de trabajo adicional ni se ha modificado la jornada laboral. Lo que el capitalista ha hecho se resume en comprar y poner en funcionamiento mayor cantidad de máquinas, digámoslo así, dejando todo lo demás como antes. Téngase en cuenta que todavía no hablamos del rendimiento de esas máquinas.

En este segundo ejercicio, la tasa de ganancia se ha reducido a t_g = 10 / (60 + 40) = 10.00%. Si en un tercer período el capitalista reinvierte toda su plusvalía en medios de producción, su tasa de ganancia se reduce a t_g = 10 / (70 + 40) = 9.09% y así sucesivamente: en la medida en que aumenta la composición orgánica del capital con una tasa de explotación constante, la tasa de ganancia disminuye progresivamente.

Examinemos ahora un supuesto que parece ser crítico para obtener este resultado: la reinversión únicamente en medios productivos. Cambiemos el supuesto, pongamos por caso que el capitalista invierte tanto en medios productivos como en fuerza de trabajo según la razón inicial de capital constante a capital variable.

Partimos, como antes, de la ecuación del valor:

c	v	p	=	w
50	40	10	=	100

Ahora el capitalista reinvierte su plusvalía recursivamente 5/9 en medios productivos y y 4/9 en nueva fuerza de trabajo, es decir, según la participación de cada tipo de capital en el total del capital inicial. Por supuesto, esto hará que la composición orgánica del capital se mantenga constante a medida que avanza la acumulación.

De 10 horas de trabajo social en que consiste la plusvalía, 5/9 x 10 = 5.56 se reinvierten en medios productivos y 4/9 x 10 = 4.44 se reinvierten en fuerza de trabajo adicional. La nueva ecuación del valor es:

c	v	p =	w
55.56	44.44	11.11=	111.11

Hemos mantenido el supuesto de la misma tasa de explotación: E = 11.11 / 44.44 = 0.25, ahora el capitalista emplea fuerza de trabajo adicional. La tasa de ganancia en esta nueva situación es t_g = 11.11 / (55.56 + 44.44) = 11.11%, la misma de que partimos. Es decir, manteniendo fija la tasa de explotación y reinvirtiendo la plusvalía reiterativamente según la composición inicial del capital -lo que hace que la composición orgánica del capital también se mantenga fija-, la tasa de ganancia se mantiene igual, no disminuye. Esta alternativa se aprecia fácilmente en la expresión de la tasa de ganancia como razón de la tasa de explotación a composición orgánica del capital. Si estas dos últimas no cambian, tampoco cambia la primera.

Obviamente, esto no es lo que Marx plantea. Piensa que por alguna razón poderosa la reinversión se tiene que hacer preponderantemente en medios de producción en detrimento de nueva fuerza de trabajo. La razón es que no le basta con ganar más en términos absolutos como en este último caso, quiere ganar más en términos relativos. Quiere disminuir al máximo el valor de la fuerza de trabajo pues con ello aumenta la parte de la jornada de que se apropia como plusvalía. Veamos ahora este caso.

Partimos como antes de la misma ecuación del valor:

c	v	p	=	w
50	40	10	=	100

En este caso el capitalista invierte su plusvalía en una mayor proporción en medios productivos que en fuerza de trabajo adicional. Dicho en otros términos, la composición orgánica del capital aumenta progresivamente. Como antes, mantenemos la tasa de explotación fija en 0.25. En un segundo ejercicio la ecuación del valor se convierte en:

c	v	p	=	w
56.94	43.06	10.76	=	110.76

La tasa de ganancia disminuye a t_g = 10.76 / (56.94 + 43.06) = 10.76%. Desde el otro ángulo, si la composición orgánica del capital aumenta mientras la tasa de explotación se mantiene la misma, la tasa de ganancia tiene que disminuir.

Crear el contra ejemplo no es difícil, aumentar la tasa de explotación que contrarreste el aumento en la composición del capital de manera que la tasa de ganancia se mantenga igual. Como siempre partimos de la ecuación:

c	v	p	=	w
50	40	10	=	100

Aquí la composición orgánica del capital es O = 50.00 / 40.00 = 125.00 y la tasa de explotación E = 10.00 /

40.00 = 25.00. La tasa de ganancia es t_g = 10 / (50 + 40) = 11.11%. Pasamos ahora a la ecuación:

c	v	p	=	w
56.94	43.06	11.11	=	111.11

Ahora la composición orgánica del capital es O = 56.94 / 43.06 = 132.26 y la tasa de explotación E = 11.11 / 43.06 = 25.81. La tasa de ganancia es t_g = 11.11 / (56.94 + 43.06) = 11.11%, de manera que el aumento en la composición orgánica del capital es exactamente compensado por el aumento en la tasa de explotación con el resultado de una tasa de ganancia sin variación. Por supuesto, si el aumento en la tasa de explotación es todavía mayor al planteado o el aumento en la composición del capital menor, o ambas cosas a la vez, la tasa de ganancia aumentará en vez de disminuir.

En síntesis, Marx plantea que, llegados a un punto, el aumento en la composición orgánica del capital –es decir, el aumento en la productividad del trabajo- no logrará inducir un aumento en la tasa de explotación – es decir, una disminución en el salario- que logre compensar la caída en la tasa de ganancia. Eventualmente ésta empezará a caer. ¿Por qué este último efecto? Por el rendimiento decreciente de la acumulación, la reinversión sucesiva de la plusvalía induce desvalorizaciones de las mercancías sucesivamente menores. Llegados a un punto, la disminución en el valor de la fuerza de trabajo no compensa el aumento en valor de la inversión.

Observemos que en este proceso el bienestar de los obreros no disminuye, se mantiene al nivel de subsistencia. No están mejor, pero no están peor. La disminución del valor de la fuerza de trabajo significa que en menos tiempo el obrero repone su propio valor dejando a la plusvalía mayor proporción de la jornada, es decir, del valor creado.

Un punto importante es que la productividad del trabajo –la única productividad con sentido en el esquema de Marx puesto que el capital o la tierra por sí mismos son improductivos- depende de las características de los medios de producción, es decir, de su capacidad de producir valores de uso. Productividad del trabajo es la capacidad que tiene un obrero de producir una cantidad de valores de uso por unidad de tiempo –el número de camisas por hora, digamos-, que depende de las características objetivas del equipo de capital. Para ponerlo de forma gráfica, con una máquina de primera generación, un obrero produce 5 camisas por hora de trabajo. Con una máquina de segunda generación produce 15 camisas por hora de trabajo, con una de tercera generación, 35, etc. La capacidad del obrero de producir valores de uso por unidad de tiempo depende del conocimiento incorporado en los medios productivos, de las características objetivas del capital constante.

Desde el punto de vista del obrero, una hora de trabajo es una hora de trabajo, independientemente de que produzca 5, 15 o 35 camisas, para él es lo mismo. De igual manera, la plusvalía es de 5 o 6 horas diarias por obrero, independientemente de la traducción de este tiempo de trabajo en valores de uso. Al capitalista, desde la perspectiva de Marx, lo que le interesa es extraer trabajo, no valores de uso.

De forma, pues, que hay implícito un supuesto clave en la hipótesis de la tasa de ganancia en caída: la productividad decreciente del trabajo a medida que avanza la acumulación. Si este supuesto se cumple, la tasa de ganancia disminuye. Por el contrario, si no se verifica, no hay razón para este resultado. Ahora bien, no hay ninguna razón evidente para plantear que esto tiene que ser necesariamente así, que la productividad es decreciente. Todavía más, la capacidad de los medios de producción es un asunto estrictamente técnico que depende del conocimiento incorporado en ellos. Una máquina no es más o menos productiva -en términos de valores de uso- por sí misma. Es más productiva porque la han hecho así, tiene mayor conocimiento incorporado. Sin embargo, conocimiento ¿de quién? Marx plantea que sólo el trabajo directo crea valor por lo que el conocimiento aplicado a la producción no debía tener efectos sobre las relaciones de valor. Volveremos sobre esta dificultad más adelante.

Con esto tenemos una buena explicación de por qué la tasa de ganancia no tiene necesariamente que disminuir a medida que aumenta la acumulación por lo que la "ley" de Marx queda simplemente como una hipótesis poco plausible. Con mayor probabilidad la productividad del trabajo va a aumentar que a disminuir debido a la incorporación de conocimiento en los bienes de capital que multiplica la relación de valores de uso producidos por hora de trabajo obrero. Así, pues, la síntesis de la dialéctica materialista en la producción social e histórica queda sin arraigo, indefinida.

Hay más: Marx supone al capitalista un enfermo de codicia cuyo único pensamiento e interés es acumular más, potenciar su capacidad de ganar. Es decir, no ganar para gastar ni para tener sino ganar para ganar más, un obseso. Queda entrampado en un laberinto en que por cualquier salida pierde: si avanza en la acumulación se le cae la tasa de ganancia, si no avanza es expulsado del mercado. Si toma un camino es eliminado, si toma el contrario también. Una forma teatral y trágica de representar su drama, una venganza por causar tantos pesares a los desposeídos, pero no parece tener mucha lógica. ¿Cómo penetró hasta el centro de la disyuntiva? Es decir, el capitalista tuvo que avanzar en la acumulación hasta cierto punto donde se percató de su dilema. ¿Hasta ese punto no había contradicción? No hay porqué pensar que los capitalistas son menos inteligentes y hábiles que los obreros. Si acaso lo contrario puesto que -fuera el elemento moral- son los propietarios de los medios de producción, condición a la que llegaron no mediante el uso de la sola fuerza. Entonces, ¿la oposición empieza a operar a partir de un cierto grado en el proceso de acumulación, o desde el principio mismo?

Marx arranca de un capitalismo competitivo. En este escenario los capitalistas se disputan la ganancia mediante su participación en el mercado, su cuota de mercado. A mayor cuota de mercado, mayor ganancia. A la vez, se obtiene mayor cuota de mercado mediante las mejoras sucesivas de productividad. Con esto se desplaza a los competidores y se ganan compradores para sí.

Sin embargo, lo que hace uno lo hace el otro. Por este camino –la guerra de precios, la competencia predatoria- pueden llegar a perder todos, en conjunto. No parece una estrategia muy inteligente. Claro que existen los monopolios, de hecho, la principal pulsión de la competencia es hacia el monopolio [113]. Sin embargo, un capitalista tiene que contar con recursos sobrados para desplazar a todos sus competidores del mercado y quedarse con éste para sí solo, no parece ser tan fácil. La mejor prueba de esto la aporta la simple observación: tras más de dos siglos de capitalismo, hoy día es innegable que existen monopolios y que la competencia de oligopolios es la norma más que la excepción, la competencia perfecta es una ilustración de libros de texto. No obstante, en cualquier grado de concentración, la competencia no ha desaparecido. Las empresas crecen hasta un cierto tamaño y el grado de monopolio puede ser estable durante mucho tiempo. Es decir, no hay un movimiento indetenible y forzado a que un solo capitalista controle todo el mercado en todos los mercados. Nada de esto niega la tendencia de la competencia hacia el monopolio sino que plantea que hay condiciones y restricciones fuertes que impiden en muchos casos la concentración absoluta del capital.

Los capitalistas se conocen, dialogan y llegan a acuerdos. Todavía más, prácticas como el dumping, es decir, vender por debajo de los costos de producción, quedan prohibidas por ley. Se puede competir vía precios pero quizás no sea la estrategia global más conveniente. Las diferencias de eficiencia se pueden absorber en mayores ganancias al respetar los

---

[113] Montalvo Cossío, p. 323

acuerdos de distribución de los mercados. Una guerra de precios apasionada y ciega puede dañar a todos sin que haya un ganador claro. En síntesis, la racionalidad de los capitalistas que Marx supone no es para nada plausible, lo que le resta validez a la dinámica de la acumulación que deduce.

Antes hicimos referencia al procedimiento mediante el cual se determina la producción de equilibrio según la teoría convencional. El empresario –que en este contexto no es el capitalista- persigue la ganancia máxima por lo que fija la producción en el nivel que le garantice esta última. Es decir, la producción de equilibrio es la producción de máxima ganancia. ¿Por qué no lleva su producción más allá? Justamente porque en este escenario mayor producción le significa menor ganancia.

El punto que queremos destacar es que el empresario no sufre de una obsesión compulsiva por la ganancia y la mayor ganancia. De hecho, la ganancia es la condición financiera sine qua non de toda actividad productiva, sin resultados financieros positivos ninguna actividad se sostiene en el tiempo[114]. Por supuesto que el empresario persigue la ganancia –es su objetivo y norte- y en general preferirá más a menos, pero también es cierto que tiene una cierta tasa de sustitución de ingreso por ocio –como lo pondrían los ortodoxos- que se traduce en que las ganancias deben ser suficientes para justificar el esfuerzo y el riesgo.

---

[114] Ibid, p. 112

Nadie rinde un trabajo porque sí, al azar y sin objetivo. El esfuerzo involucrado, que es un asunto subjetivo tan grande como lo piense el que lo va a hacer, requiere compensación en la forma de ingreso u otras formas de retribución relevantes. En el otro extremo, más dinero puede implicar menor bienestar general por el esfuerzo y las complicaciones a que obliga. Aunque suene extraño, los ricos también sufren[115]. De manera que el sujeto racional, y entre ellos los capitalistas, se mantendrán dentro de dos extremos: de un lado, que el esfuerzo y sacrificio sea aceptablemente recompensado en dinero, o no lo harán. Del otro, que el exceso de trabajo y stress no reditúen un dinero que era mejor no haber ganado.

Nada de esto anterior niega que el capitalismo comercialice las relaciones humanas, que promueva el hedonismo y el individualismo, y que requiera críticamente de un consumidor irracional y obsesivo. Sin embargo, sus padecimientos y males se originan justamente en que no consigue nada de esto de forma absoluta, el común de la gente se refrena antes de llegar al extremo.

Un elemento importante en este análisis es el margen extensivo en el régimen de rendimientos. La idea de los rendimientos decrecientes a escala es tan vieja como la economía política. Como comentamos atrás, Ricardo asocia los rendimientos decrecientes a la peor calidad de la tierra en la medida en que avanza la producción agrícola. Al principio, cuando la tierra es libre, se ponen en producción las de mejor calidad y rendimiento. A medida que avanza la acumulación

---

[115] Scitovsky, Tibor Frustraciones de la riqueza FCE (1986)

tienen que incorporarse tierras de peor calidad sucesivamente. La renta de la tierra absorbe las diferencias de productividad entre las tierras más productivas y la tierra marginal.

Los neoclásicos hacen la generalización del principio de los rendimientos decrecientes basados en la restricción de un insumo productivo. En general, si todos los insumos se aumentan en medida igual, la producción aumentará proporcionalmente. Sin embargo, si uno de los insumos se mantiene fijo por cualquier circunstancia aparecerán los rendimientos decrecientes a medida que la producción aumenta. La fijeza del insumo explica la obtención de rendimientos decrecientes. Así se explica, entre otras cosas, el tamaño limitado –aún sea muy grande- de las empresas.

Ahora bien, rendimientos decrecientes en una actividad no explican el régimen de rendimientos en otra actividad. Por ejemplo, la restricción de capital es una seria limitante para la producción industrial, que puede ser mucho menor en la producción agrícola. El capital aplicado en otra actividad puede ser más productivo que aplicado en la actividad inicial lo que justamente induce el movimiento de capitales, la búsqueda de mayor rentabilidad.

¿Por qué insistir en acumular en una actividad cuya rentabilidad viene demostradamente en baja? ¿Será que los capitalistas no se dan cuenta, un tema que trataremos en el siguiente capítulo? ¿Será que la tasa de ganancia denominada en dinero no se corresponde con la tasa de ganancia denominada en tiempo de trabajo? ¿No es lo más natural del mundo pasarse a otra actividad? Es lo que ha hecho el capital en todo el tiempo que tiene de vida, abandonar las actividades de menor rentabilidad y migrar a las de mayor rendimiento. Entonces, Marx, que en el *Manifiesto* explica de forma épica la transformación del mundo con la aparición del capital, parece pensar que a partir de un cierto momento éste no va a buscar o no va a encontrar actividades con una rentabilidad satisfactoria. Más importante todavía, que no va a *crear* estas actividades puesto que una de las características más eminentes del capital es su capacidad de crear nuevas mercancías.

Lógicamente, se trata de iniciar actividades nuevas que aumenten la productividad del trabajo. De aquí se transmitirá todo el movimiento hacia una tasa de ganancia mayor. Se desvalorizará la fuerza de trabajo y el mismo capital por encima del aumento en la composición orgánica, no hay razón para que la tasa de ganancia disminuya.

El capitalismo nace con la revolución industrial, a la que sigue la revolución del transporte y la vivienda. Recientemente vivimos la revolución de las comunicaciones. Es decir, a cada decaimiento en la actividad le sigue un fuerte impulso hacia delante. El capitalismo parece encontrar fuerzas en su propia debilidad, sus crisis cultivan los elementos de su resurgimiento. Así por lo menos ha sido hasta ahora.

Marx, por el contrario, parece plantear que la capacidad del capitalismo de cambiarse de ropaje, de mudar la piel sin perder el espíritu, también va a caer con el tiempo. Este sería el régimen de rendimientos decrecientes en el margen extensivo, cuando ya no quede nada nuevo por hacer, cuando ya se haya intentado todo. Una situación que no luce probable puesto que uno de los principales instintos del hombre es justamente la innovación.

La dinámica de la acumulación está guiada ciertamente por la tasa de ganancia. El capital anda permanentemente tras la mayor ganancia para lo cual aumenta la composición orgánica del capital y crea permanentemente actividades y mercancías nuevas. Desvalorizar la fuerza de trabajo aumenta proporcionalmente la plusvalía, que es decir la ganancia, pero no es lógico ni racional hacerlo para obtener un resultado diametralmente contrario. La intensificación del capital se hará teniendo esto en cuenta pero sobre todo para aprovechar las condiciones de la demanda en un mercado nuevo, algo que el análisis de Marx simplemente no tiene en cuenta. Siempre existirá competencia inter capitalista pero nunca al precio de poner en riesgo la sobrevivencia de los capitalistas como clase. La competencia puede ser regulada interiormente de muchas maneras, los capitalistas establecer procedimientos internos no necesariamente explícitos para decretar ganadores y perdedores. Con todo esto no se vislumbra un resorte o mecanismo, como la tasa de ganancia en caída gradual, que desemboque en el cataclismo pronosticado. No se puede deducir lógicamente el derrumbe del capitalismo resultado de una caída gradual e inevitable en la tasa de ganancia:

> "Si existe un punto en que la reflexión económica sobre la realidad capitalista de parte del marxismo fracasa es precisamente la

> demostración del 'derrumbe'. Por ejemplo, uno de los puntos más bajos alcanzados por el análisis económico de Marx lo constituye la falsa ley de la baja tendencial de la tasa de ganancia, que según Marx 'constituye el misterio que ha tratado de descubrir toda la economía política desde la época de A. Smith'". [116]

Con el progreso en la acumulación los bienes se hacen cada vez más intensivos en capital. No obstante, 100 horas de trabajo son siempre 100 horas de trabajo independientemente de su traducción en valores de uso, si son 100 horas incorporadas en una cierta cantidad de camisas o en tantas libras de trigo. El capitalismo multiplica exponencialmente la productividad del trabajo. Esto quiere decir que en la misma camisa hay cada vez menor cantidad de trabajo incorporado, el capitalismo desvaloriza progresivamente las mercancías. El reverso de la moneda es la ingente cantidad de mercancías que salen cada día al mercado en búsqueda de realización, es decir, de ser vendidas. La dificultad se traslada a la capacidad de absorción de mercancías por el mercado, cabe decir, a la articulación entre producción y consumo.

Más adelante Keynes demostrará que existe una fuerte tendencia del capitalismo a producir por encima de su capacidad de consumo pero que esta disparidad no es insalvable. En cualquier caso, no se trata de una caída gradual en la tasa de ganancia aunque, por supuesto, la tasa de ganancia es siempre un argumento

---

[116] Napoleoni, Claudio El enigma del valor En: Gareganni, Pierangelo y otros., citado, p. 28

principal. Ningún empresario va a producir por encima de lo que estima que puede vender puesto que esto justamente socava su rentabilidad, pero hay mecanismos para inducir o catapultar la demanda. Con esto se diluye la idea de un capitalismo condenado a una muerte prolongada y dolorosa:

> "Debido a la falta de acuerdo acerca de la influencia de las diferentes innovaciones tecnológicas sobre la producción y reparto del valor, parece que, a priori, no puede formularse ninguna ley general acerca de la relación entre la tecnología, la productividad y la distribución del valor entre los elementos del capital invertido... La mayor parte de los economistas, y de los detractores marxistas de la teoría convergen en un punto clave. Esto es, en que la experiencia histórica contradice la predicción, que no existe una tendencia histórica al aumento de la composición orgánica del capital, y que la tasa de ganancia tiene variaciones puramente cíclicas." [117]

Por último, ¿qué dice la evidencia práctica, ese supremo tribunal de la especulación científica? Durante años muchos autores marxistas se dedicaron a intentar demostrar la hipótesis de la tasa de ganancia en descenso. La tarea no era fácil por cuanto la contabilidad nacional se calcula en términos dinerarios y, como veremos en el próximo capítulo, la traducción monetaria del valor marxista es complicada. La dificultad tenía, sin embargo, una

[117] Castells, p. 33-39

conveniencia: siempre dejaba una justificación disponible a la falta de evidencia favorable.

La hipótesis de Marx se formula en valores, las estadísticas se encuentran en términos de dinero. Hay, pues, que tender un puente. Los marxistas crearon un panorama sombrío de la situación y el futuro del capitalismo, cada vez el derrumbe era inminente. Describían todos los males del sistema: desempleo, pobreza, una distribución extrema de la riqueza y el ingreso. Sobre el tema industrial, baja en las ventas, lento crecimiento, detenimiento de las inversiones, escasas innovaciones. Cada crisis parecía presagiar una mayor. El anhelo era, por supuesto, la gran crisis, aquella que haría rodar el sistema por los suelos y de la que nunca jamás se recuperaría. Sin embargo, no llegaba.

A cada crisis seguía una recuperación, que bien podía traer un auge prolongado. En cualquier caso nunca demostraron la hipótesis de manera contundente sobre evidencia incontrovertible[118]. Pasaron décadas hasta que quebró... el socialismo. Entonces cambió por completo el panorama académico. Sobre todo esto, la mejor evidencia contradictoria son las inversiones increíblemente voluminosas que se realizan año con año. ¿Sería esto posible con una rentabilidad en descenso?

---

[118] Feldstein, Martin, et. al. Is the rate of profit falling? Brooking Papers on Economic Activity, Vol. 1977, No. 1 (1977), p. 211-228. Dickinson, H. D. The falling rate of profit on marxian economics The Review of Economic Studies, Vol. 24, No. 2 (Feb., 1957), pp. 120-130

"... no hay ningún problema de transformación de los valores en precios que deba resolverse. El 'problema de la transformación' no es ningún problema, es un problema espurio que sólo puede concebirse como algo importante cuando estamos bajo la impresión errada de que la tasa de ganancia debe determinarse en términos de cantidades de trabajo. En cuanto se advierte que no hay tal necesidad, el 'problema' se desvanece."

Ian Steedman[119]

---

[119] Steedman, Ian Marx, Sraffa y el problema de la transformación FCE (1977), p. 52

CAP. 6. VALOR Y PRECIO: EL PROBLEMA DE LA TRANSFORMACIÓN

Hasta ahora el análisis de Marx se ha conducido en términos de valor: el tiempo de trabajo socialmente necesario. De aquí se deduce que en el mercado las mercancías se intercambian a su valor según el tiempo de trabajo social incorporado. Pero esto es sólo una primera aproximación, un nivel de abstracción relativamente elevado. Hay que reconocer, por ejemplo, que en las distintas industrias la composición orgánica del capital es diferente. Esto se debe en lo fundamental al desarrollo dispar de la técnica. Algunas mercancías se producen con la ayuda de muy pocos elementos objetivos –el trigo, digamos- mientras otras, por el contrario, necesitan grandes cantidades de equipo –las computadoras-. La composición técnica del capital es, pues, muy distinta por lo que también lo será la composición orgánica.

En virtud de la Ley de un solo precio, en un mismo mercado no puede prevalecer más que un precio para cada mercancía. Lo mismo sucede con la tasa de ganancia: debe ser la misma en toda la economía, para todas las aplicaciones del capital. La movilidad del capital asegura este resultado. No obstante, el intercambio según los valores implica que un mismo capital estará recibiendo rentabilidades diferentes dependiendo de su composición orgánica. Un capital de 100 horas de trabajo, por ejemplo, recibe una compensación de 25% si se distribuye: c (75) + v (25) + p (25) = w (100). Aquí t_g = p (25) / c (75) + v (25) = 25%. Suponemos una tasa de explotación E = p (25) / v (25) = 100%. A la vez, el mismo capital de 100 horas de trabajo puede recibir una compensación del 50% si se distribuye: c (50) + v (50) + p (50) = w (150). Aquí t_g = p (50) / c (50) + v (50) = 50%, lo que no tiene sentido. Capitales iguales tienen que recibir igual remuneración, un capital mayor recibirá mayor ganancia acorde a la misma tasa de ganancia. Esta es una ley del mercado capitalista.

De esto anterior se deduce que en la práctica las mercancías no se intercambian según los valores sino según los precios de producción, es decir, según el capital total invertido –el capital constante más el capital variable- multiplicado por una tasa de ganancia uniforme:

$$(c + v) \times (1 + t_g) = t$$

Los sectores de composición orgánica relativamente baja, que por lo mismo reciben una masa de plusvalía proporcionalmente alta –no perdamos de vista que la tasa de explotación es la misma en virtud de la Ley de un solo precio-, tienen que de alguna manera "transferir" plusvalía a los sectores en las condiciones opuestas: composición orgánica alta y masa de plusvalía baja. Sólo de esta manera se compatibiliza la ley marxista del valor y la explotación con la Ley de un solo precio, es decir, con la práctica comercial en el mercado capitalista.

Entonces las mercancías no se intercambian según los valores sino según los precios, hay que tender un puente desde los valores a los precios para llegar desde la plusvalía a la ganancia. Por supuesto, este planteamiento de Marx en el volumen III de El Capital irritó a sus críticos. Pareto dirá:

> "¡Por todos los dioses! ¿Por qué no nos lo advirtió antes? El día de mañana publicaré un libro en el que diré que el elefante es un pez. Se discutirá mucho a este respecto y, después de algunos años, publicaré un tercer volumen en el que el lector se dará cuenta de que le llamo elefante al atún y viceversa."[120]

La esencia de la diferencia entre valor y precio se encuentra por debajo de la apariencia del intercambio. En el mercado se cambian mercancías unas por otras por mediación al dinero. Mas en realidad ¿qué es lo que se intercambia? ¿Trabajo puro y simple? Es lo que hasta ahora ha defendido Marx, esta es la teoría del valor trabajo. ¿O trabajo y "otras cosas"? Si este es el caso, ¿qué son estas "otras cosas"? ¿Utilidad? El hecho es que pasamos del trabajo "puro y simple" al trabajo y la propiedad, cuando esta última puede exigir una retribución en función de su tamaño. Pero ¿cómo? Si esto último es correcto, toda propiedad indispensable para la producción tendrá la misma fuerza impositiva con lo que se diluye la idea de un intercambio de sólo trabajo. La distribución del valor se hará acorde a la fuerza relativa de cada una de estas propiedades privadas que, para ser

[120] Dostaler, p. 103

verdaderamente indispensables, deberán necesariamente contribuir de alguna manera al producto, así sea como coste de oportunidad. Claramente nos estamos acercando a la teoría de la distribución convencional.

El denominado problema de la transformación -transformación de valores en precios y de la plusvalía en ganancia- es un debate antológico en la economía marxista. Aunque menos conocido que la hipótesis de la tasa de ganancia en descenso, tiene mayor complejidad y direcciones. Involucra las secuencias y tiempos lógicos y el concepto de solución a un problema. Es decir la epistemología y heurística. Hay desacuerdo en la interpretación de las soluciones aportadas, que se traslada a las implicaciones teóricas y sus consecuencias de política. Al final resultan dos bandos: quienes plantean que la solución inicial de Marx es correcta desde un principio, y quienes afirman, como Steedman, que simple y llanamente no hay tal problema de transformación. Entre los dos extremos permanece mucha gente quienes piensan que el problema sí existe pero que todavía no se le ha encontrado una solución satisfactoria.

El problema es relevante por cuanto las conclusiones a que se llegaron al nivel del valor –el trabajo como única fuente de valor, la explotación capitalista y la caída progresiva en la tasa de ganancia- se deben verificar al nivel de los precios. Metodológicamente, los precios se encuentran al nivel de la realidad, el valor es un nivel de abstracción más elevado. No obstante, lo que se dice al nivel del valor se debe verificar al nivel de los precios. Todavía más, si hay que tender un puente que transporte del valor a los precios, habrá que continuarlo de los precios de producción a los precios de mercado y de éstos a los precios monetarios. Las transacciones corrientes las realiza el individuo en términos de dinero. Vende a cambio de dinero y compra con dinero. Si el análisis del valor es relevante debe experimentarse en términos de dinero, en los precios monetarios.

6.1. La solución de Marx

Como es bien conocido, Marx identifica tres sectores productivos: el sector I, productor de bienes de capital; el sector II, productor de bienes de consumo obrero; y el sector III, productor de artículos de lujo, a ser consumidos por los capitalistas. En una situación de auto reemplazamiento –reproducción *simple*, la denomina- en que toda la producción se consume pero no hay inversión *neta* (la depreciación sí se compensa) existe una interrelación específica entre los sectores productivos: el sector I debe reproducir todo el capital constante consumido por los tres sectores en el período, el sector II debe reproducir todo el capital variable y el III debe producir el equivalente de toda la plusvalía extraída.

Desde ya podemos apreciar que nos movemos en dos tiempos diferentes: reproducción y producción no son lo mismo. Se reproduce el capital previamente existente. La plusvalía, por su parte, es absorbida por una producción corriente, nueva.

En símbolos:

I	c_1	+	v_1	+	p_1	=	w_1
II	c_2	+	v_2	+	p_2	=	w_2
III	$\underline{c_3}$	+	$\underline{v_3}$	+	$\underline{p_3}$	=	$\underline{w_3}$
	C		V		P		W

La condición de equilibrio es:

w_1	=	c_1	+	c_2	+	c_3	=	C
w_2	=	v_1	+	v_2	+	v_3	=	V
w_3	=	p_1	+	p_2	+	p_3	=	P

El anterior es un esquema en valores, tenemos que transformarlo a precios:

I	$(c_1$	+	$v_1)$	x	$(1 + tg)$	=	t_1
II	$(c_2$	+	$v_2)$	x	$(1 + tg)$	=	t_2
III	$(\underline{c_3}$	+	$\underline{v_3})$	x	$(1 + tg)$	=	$\underline{t_3}$
	$(C$	+	$V)$	+	G	=	T

Las condiciones de equilibrio sectoriales se deben mantener. Ahora tenemos adicionalmente que la suma de los valores, W, debe ser igual a la suma de precios, T, y que la suma de la plusvalía, P, debe ser igual a la suma de las ganancias, G:

$$W = T, P = G$$

Este es, pues, el planteamiento del problema de la transformación. Existen tres sectores económicos, uno produciendo bienes de capital, otro bienes salariales y el tercero bienes de lujo para los capitalistas. La condición de reproducción mínima es que el primero reponga todo el capital constante consumido por los tres sectores, que el sector II reponga todo el capital constante adelantado a los obreros y que el sector III produzca el equivalente al total de la plusvalía extraída. Hasta aquí las condiciones de la reproducción mínima.

Por otro lado, las mercancías se intercambian a sus precios de producción y no a sus valores. Calculamos los precios de producción como el capital adelantado aumentado por una ganancia proporcional. Lo más importante, como el intercambio –la esfera de la circulación- no afecta en nada el montante del valor generado –la esfera de la producción-, los precios de producción no resultan otra cosa que el recálculo del valor del intercambio en función de una tasa de ganancia uniforme: el total de precios no puede ser diferente del total del valor porque la ganancia no puede ser diferente del total de la plusvalía. Otra cosa sería admitir que el mercado interviene en la determinación del valor trabajo.

Marx hace una transformación como la que ilustramos en el siguiente esquema[121]:

I	c_1 (250)	+	v_1 (75)	+	p_1 (75)	=	w_1 (400)
II	c_2 (50)	+	v_2 (75)	+	p_2 (75)	=	w_2 (200)
III	c_3 (100)	+	v_3 (50)	+	p_3 (50)	=	w_3 (200)
	C (400)	+	V (200)	+	P (200)	=	W (800)

[121] Los números están tomados de: Sweezy, Paul Teoría del desarrollo capitalista FEC (19xx)

Observemos el cumplimiento de las condiciones de la reproducción simple, como explicamos justo antes. La tasa de explotación es la misma para los tres sectores, $E = p_i / v_i = 100\%$. A la inversa, la composición orgánica del capital es diferente: $O_1 = c_1 (250) / v_1 (75) = 3.33$, $O_2 = c_2 (50) / v_2 (75) = 0.67$ y $O_3 = c_3 (100) / v_3 (50) = 2$. En principio, el sector I es más intensivo en equipo que el sector III, y éste más que el sector II.

La tasa general de ganancia es $t_g = P (200) / [(C (400) + V (200)] = 33.33\%$. Las tasas de ganancia sectoriales son diferentes: $t_{g1} = p_1 (75) / [(c_1 (250) + v_1 (75)] = 23.08\%$, $t_{g2} = p_2 (75) / [(c_2 (50) + v_2 (75)] = 60.00\%$ y $t_{g3} = p_3 (50) / [(c_3 (100) + v_3 (50)] = 33.33\%$. La tasa de ganancia es mayor en el sector de menor composición orgánica del capital, sector II, y menor donde ésta es mayor, sector I. La composición orgánica del sector III coincide con la media por lo que su tasa de ganancia coincide con la media. Este es el esquema en valores, ahora hay que transformarlo a precios.

El procedimiento de Marx es sencillo: calcula la tasa media de ganancia y la aplica al capital sectorial. Así deduce la ganancia sectorial y con ésta el precio sectorial. Veamos:

I	c_1 (250)	+ v_1 (75)	+ g_1 (108.33)	= t_1 (433.33)
II	c_2 (50)	+ v_2 (75)	+ g_2 (41.67)	= t_2 (166.67)
III	c_3 (100)	+ v_3 (50)	+ g_3 (50)	= t_3 (200)
	C (400)	+ V (200)	+ G (200)	= T (800)

En este escenario ya de precios la ganancia es proporcional al capital adelantado en función de una tasa de ganancia homogénea. Además la ganancia total es igual a la plusvalía total y los precios totales a los valores totales. Se produce, como se esperaba, una "transferencia" de plusvalía de los sectores de menor composición orgánica del capital hacia aquellos de mayor hasta hacer prevalecer la tasa de ganancia media. Aparentemente el problema está resuelto.

En términos prácticos, ¿qué puede significar este esquema de precios? Porque en la actividad comercial cotidiana no existe tal transferencia de plusvalía de unos capitalistas a otros. Pierre Salama parece dar la respuesta:

> "Las transferencia de plusvalía social –cuyo resultado es la perecuación de las tasas de ganancia- expresan estas sanciones. Estas sanciones carecen de 'materialidad' en el sentido de que no resultan ni de una entrega directa de plusvalía de una rama a otra ni de un mecanismo de mercado tal como la competencia. Estas sanciones no son más que la consecuencia del paso de un nivel de abstracción a otro."[122]

No hay transferencia efectiva de ningún tipo, ni de dinero ni de valor. Todo es cuestión de abstracción. En la práctica comercial las mercancías se intercambian a sus precios monetarios lo que implica –y esto es lo más importante- la capacidad de exacción de la propiedad. Es decir, el capital está en capacidad de imponer y exigir una rentabilidad en función de su tamaño. Desde la perspectiva del valor trabajo es una

---

[122] Salama, p. 191

doble condición: la propiedad por sí misma impone la explotación al trabajador, es capaz de apropiarse del trabajo excedente. Por otro lado, se impone a sí misma la regla de distribuir el excedente acorde al tamaño de cada capital individual. Ahora es todavía más importante establecer la conexión entre valores y precios pues no existe una conexión concreta, práctica. Si esto no se logra quedamos en el plano de lo puramente especulativo.

El lector acucioso ya se habrá dado cuenta que el sistema de precios de Marx tiene un serio problema: es inconsistente por cuanto no respeta las condiciones de de la reproducción simple. Por ejemplo, el sector de los bienes de capital produce más del capital utilizado en el ejercicio de producción y el sector de los bienes salario lo contrario.

6.2. El "error" de Marx y la solución de Borkiewicz

> "No es difícil descubrir la fuente del error de Marx. En su esquema del precio, los desembolsos de los capitalistas en capital constante y capital variable quedan exactamente como estaban en el esquema del valor; en otras palabras, el capital constante y el capital variable empleados en la producción se siguen expresando en términos de valor. Las producciones totales, por otra parte, se expresan en términos de precio. Ahora bien, es obvio que un sistema en que el cálculo del precio es general, tanto el capital empleado en la

> producción como el producto mismo deben expresarse en términos de precio."
>
> Paul Sweezy[123]

Aparentemente el problema se origina en que la transformación de Marx es *secuencial*, pasa de los valores en un momento a los precios en otro momento. Involucra, pues, el tiempo cronológico, como debe ser en una teoría general de la historia. Para Marx es importante no sólo encontrar una solución lógico formal a los problemas sino la lógica dialéctica del desarrollo del problema en el tiempo y la realidad específica:

> "El intercambio de mercancías por sus valores, o aproximadamente por sus valores, requiere un estadio muy inferior al exigido por su intercambio a precios de producción, el cual necesita un determinado nivel de desarrollo capitalista... Aparte del dominio de los precios y de su movimiento por la ley del valor, es perfectamente correcto considerar los valores de las mercancías como un *prius* no sólo teórico sino también histórico, respecto de los precios de producción."[124]

Pero la transformación secuencial choca con el problema que ya mencionamos, los supuestos de la reproducción simple. Hay que destacar que no se trata de incapacidad matemática. El sistema de

---

[123] Sweezy, Paul La transformación de los valores en precios En: Montalvo, Enrique Valor Edicol, S. A. (1977), p. 158

[124] EC, III, p. 174

transformación como lo plantea Marx simple y llanamente está sobredeterminado: la restricción de la tasa de ganancia igual contradice la restricción de la reproducción simple, y viceversa. Entonces no es cuestión de más o mejor álgebra, la contradicción siempre va a emerger.

Puede ser, eso sí, un problema de planteamiento. Posiblemente un sistema secuencial más amplio y detallado arrojara una solución satisfactoria, pero ya la "corrección" había saltado a un planteamiento sincrónico, paralelo, en un mismo tiempo. La dificultad es teóricamente trascendente puesto que parece oponer el sistema de precios al sistema de valores, si uno, no el otro. Aún más, puesto que el sistema de precios tiene solución y parece modelar bastante bien la realidad capitalista, el sistema de valores queda relegado a pura especulación sin conexión con los hechos, una abstracción incapaz de emerger en la realidad concreta:

> "O bien los productos acaban verdaderamente, con el tiempo, por cambiarse en la relación de las cantidades de trabajo correspondientes, y la magnitud de la renta obtenida en un modo de producción se mide realmente por la cantidad de trabajo que se proporciona; pero entonces la nivelación de la ganancia del capital es imposible. O bien la nivelación se realiza y entonces se vuelve imposible: primero, que los productos se cambien de manera continua en proporción con el trabajo que contienen; y luego, que la cantidad de trabajo que se proporciona

> determine exclusivamente la magnitud de la renta obtenible."[125]

Al salto a un sistema sincrónico contribuyeron los comentarios de Marx sobre la dispersión de los precios respecto de sus valores. Es decir, los precios se pensaban como oscilantes en torno a los valores, la transformación no era lineal y exacta sino aproximativa. De aquí se dedujo que se había percatado de su "error" pero que no había tenido tiempo de corregirlo. Por supuesto, la enmienda del error consistía en un sistema de determinación simultánea al solo nivel de los precios de producción. Es decir, había que tomar los insumos en precios desde el principio.

Finalmente Bortkiewicz logra una transformación de los valores en precios considerada satisfactoria por los marxistas. Subsiste, sin embargo, una doble dificultad: para que la plusvalía sea igual a la ganancia, la mercancía que produce el sector III de bienes de lujo para los capitalistas tiene que ser oro, el dinero, el medio de intercambio. Por otro lado, para que los valores totales sean iguales a los precios totales la composición orgánica del capital en la industria del oro tiene que ser la composición orgánica media. Es decir, el sector III produce únicamente oro con la composición orgánica promedio:

> "La suma de los beneficios es diferente de la suma de las plusvalías, salvo en el caso concreto de que se escoja el precio (Pm) como unidad de

---

[125] Dostaler, p. 43

> medida... La suma de los precios es diferente de la suma de los valores salvo en el caso de que la composición orgánica del capital en el sector que produce la mercancía cuyo precio es la unidad de medida, sea igual a la composición orgánica media (en nuestro caso, si $c_3/v_3=C/V$)... Estas dos igualdades, suma de beneficios = suma de plusvalías y suma de los precios = suma de los valores, sólo se verifican simultáneamente en el caso particular de que la mercancía cuyo precio se fija como unidad de medida se produzca en un sector concreto y de que la composición orgánica de este sector sea igual a la composición orgánica media."[126]

Existe, pues, una solución lógico formal, el problema es de interpretación. Si el sector III produce únicamente oro, ¿qué consumen entonces los capitalistas? Podría monetizarse el sistema incluyendo un sector productor de oro, aparte del productor de artículos de lujo, pero un procedimiento de este tipo se aleja de la perspectiva fundamental del valor trabajo, que debe ser suficiente en sí misma. Todavía cabe diferenciar el dinero como unidad de cuenta del dinero como medio de intercambio. Plantear que el producto del sector III es la unidad de cuenta parece no tener mayor problema, es asunto de pura normalización. No así la restricción de la composición orgánica puesto que desde la perspectiva de la economía marxista el dinero debe ser en principio una mercancía como cualquier otra, luego –y sólo luego- equivalente general. Es decir, el oro debe producirse como

---

[126] Benetti, Carlo Valor y distribución Saltés (1975), p. 188

cualquier otra mercancía, con la composición orgánica que en cada momento determina el desarrollo de las fuerzas productivas. En síntesis, el problema con la solución de Bortkiewicz es que no se ajusta a la perspectiva general del valor trabajo.

> "Según el método económico general de Marx, la derivación de los precios a partir de los valores se tiene que entender también como un proceso histórico, no sólo como un proceso lógico. Al 'derivar precios a partir de valores' reproducidos en realidad mentalmente, en forma lógica y simplificada un proceso que de hecho ha ocurrido en la historia."[127]

6.3. Sraffa y "la problemática ricardiana"

> "... se demuestra en diversas formas y niveles de generalidad que ninguna magnitud de valor desempeña algún papel esencial en la determinación de la tasa de ganancia... (por lo) que debe abandonarse el razonamiento de Marx basado en magnitudes de valor por parte de quienes se esfuerzan por desarrollar la explicación materialista de la economía capitalista."
>
> Ian Steedman[128]

---

127 Meek, Ronald Una interpretación histórica de la transformación En: Montalvo, Enrique. Citado, p. 201

128 Steedman, p. 25

La mejor descripción del sistema de Sraffa es el título del libro: *producción de mercancías por medio de mercancías.* Es un sistema de determinación simultánea en que cada producto es simultáneamente insumo y producto. Es insumo de sí mismo y de los demás productos, a la vez que los demás productos son insumos de él. Aquí todo depende de todo. Las condiciones para la reposición mínima de las mercancías, es decir, para lo que Marx llama la reproducción simple, se deben respetar tanto al nivel del valor de uso –de las mercancías en su aspecto físico- como del valor, en este caso el valor comercial[129]. Si no se cumplen en el aspecto técnico –por ejemplo, se produce menos madera que la que se utiliza- el sistema se hace inviable por agotamiento de los insumos. Si no se cumplen en términos de valor, el sistema se hace inviable por imposibilidad financiera, las empresas quebrarían sucesivamente.

Los datos son los coeficientes de producción y las incógnitas los precios. Incluye las variables de distribución –salario y ganancia- y opera con un grado de libertad. Igualando el producto neto a la unidad el sistema queda totalmente determinado, es decir, todas las incógnitas se pueden calcular a partir de los datos. Obtenemos, pues, una solución lógico formal que, adicionalmente, tiene una interpretación bastante directa y muy plausible. En este sistema: a) ante un aumento diferenciado de precios, aumenta más el precio de las mercancías que más utilizan los insumos que más han aumentado de precios. b) Existe conflicto

---

[129] Samuelson, Paul Understanding the marxian notion of exploitation Journal of Economic Literature, Vol. 9, No. 2 (Junio, 1971)

distributivo, es decir, fijados los coeficientes de producción, un aumento en los salarios constituye una disminución igual en las ganancias, y viceversa. c) Se puede determinar una medida invariable de los precios con la restricción de que sea producida con la relación capital trabajo media, y que todos sus insumos sean producidos con la misma restricción.

Lo más importante, es un sistema perfectamente determinado en que los datos son los coeficientes de producción, es decir, información técnica, de ingeniería. El tema del valor no aparece por ningún lado, por lo menos no es evidente. Aparentemente se puede prescindir de él, como plantea Steedman. Entonces Marx parte de los valores y plantea que debemos llegar a los precios por medio de una transformación: valores → precios. No se logró de una manera satisfactoria. Paradójicamente ahora nos encontramos en una situación de alguna manera inversa: tenemos un sistema de precios consistente pero que no necesita de una teoría del valor particular, se puede sustentar con ambas versiones, con la teoría del valor trabajo o con la del valor subjetivo. Es decir, podemos postular: precios → valores como un caso particular.

La situación es complicada para la teoría marxista del valor, que es, a final de cuentas el principio que hay que defender a toda costa:

> "... los valores no tienen otro papel en este esquema que el de ser un modo de expresión de las cantidades físicas de mercancías. Así pues, el estatuto del trabajo se halla enteramente definido por su función de medida de dichas

> cantidades... Si en el esquema de transformación de los valores en precios los valores resultan ser completamente inesenciales y se pueden sustituir, por tanto, por las cantidades físicas de las mercancías, venimos una vez más a parar al sistema de precios de producción... Pero entonces los precios y la tasa de beneficio se determinan independientemente de los valores y, en consecuencia, el problema de la transformación queda eliminado... cuando se elabora correctamente el esquema de transformación de los valores en precios no proporciona ninguna indicación significativa sobre el origen del beneficio."[130]

Steedman plantea otra cosa:

> "Una hipótesis es que se temen estas soluciones coherentes porque se teme que si la ganancia total puede diferir de la plusvalía total se allana el camino a las teorías que atribuyen la existencia de ganancias a los procesos de circulación, a las 'aportaciones' hechas por los capitalistas, etc. Este temor es completamente injustificado. Puede demostrarse sin dificultad, dentro de estas soluciones alternativas que las ganancias serán positivas si y sólo si hay plusvalía, es decir, explotación capitalista. "[131]

Pero no es como dice. Que exista un excedente como un exceso de productos por sobre los insumos

---

[130] Benetti, p. 194

[131] Steedman, p. 34

utilizados no es lo mismo a que exista un excedente como trabajo no pagado, como plusvalía. Esta última es estrictamente la perspectiva marxista. La primera puede justificarse mediante la teoría convencional de la distribución. Por eso es que algunos marxistas advierten que aceptar una solución por vía de un modelo como el de Sraffa es caer en el terreno del adversario, aceptar una "problemática ricardiana". Todavía de lo que se trata es de distribuir la plusvalía acorde a una tasa de ganancia igual, lo que no se ha logrado de manera consistente.

6.4. Vuelta a Marx

> "La transición del tomo I al III no es una transición de valores-trabajo a precios; es una transición de precios totales a precios individuales. Así, Marx 'no dejó de transformar los insumos' de valores a precios. Según el método de Marx, no hay tal transformación que hacer."
>
> Fred Moseley[132]

Para los marxistas, la doble igualdad plusvalía total = ganancia total, valor total = precio total no es un asunto meramente heurístico sino la principal prueba de fuego del valor trabajo, el dominio de la esencia del valor sobre la apariencia del mercado. Está en juego la teoría del valor trabajo -nada menos- por lo que hay

[132] Moseley, Fred El método lógico y el "problema de la transformación En: Marx's method in Capital: a reexamination Humanities Press (1993)

que defenderla a capa y espada. Sin embargo, los obstáculos que se ciernen parecen enormes, sobre todo cuando no se comprende bien de qué se trata.
La plusvalía total tiene que ser igual a la ganancia total por el hecho simple de que la ganancia no es más que la plusvalía redistribuida. Siendo así, el total de precios no puede ser diferente del total del valor. ¿Cómo quedamos, entonces, con las condiciones de la reproducción simple? Algunos plantean una salida bastante fácil y directa: compensar las diferencias en la composición orgánica con diferencias proporcionales en la tasa de explotación[133]. Con esto se puede lograr una tasa de ganancia igual manteniéndonos en el plano del valor, ya lo vimos en los ejemplos.

Antes observamos que valores y precios se mueven en tiempos diferentes. Hasta ahora "el problema de la transformación" consiste en encontrar un vector de coeficientes único que asocie los valores de uso denominados en valor a los valores de uso denominados en precio. Pero hay una dificultad de fondo: los valores son en sí mismos un espacio, una métrica, y los precios otra diferente. Entonces, cuando se hace la conversión necesariamente se cae en la nueva medida[134], cuando parece tenerse una solución de inmediato se descubre que entra en contradicción con el planteamiento inicial. Por decir, la transformación no es pasar de pulgadas a centímetros -lo que originalmente se pensaba- sino pasar de pulgadas a libras, es decir, pasar de una a otra

[133] Bellod Redondo, J. El irritante error de Marx: Una breve nota En Contribuciones a la Economía (Octubre 2007)
[134] Kliman, Andrew Reclaiming Marx's Capital: A Refutation of the Myth of Inconsistency Lexington Books

métrica esencialmente distinta. Esta "transformación" es simplemente imposible.

Técnicamente, el tema puede llegar a ser irritante pues se ha pensado que aumentando la sofisticación matemática se puede vencer una imposibilidad de principio. Por otro lado, en términos prácticos de lo que se trata es de confirmar o rechazar la hipótesis de la tasa de ganancia en descenso con evidencia concluyente. Si esto pudiera lograrse podríamos pensar que el principio se cumple aunque tengamos de él una comprensión apenas parcial.

En resumidas cuentas, se puede racionalizar la decisión de mantener el análisis del valor y el precio en el plano del solo valor. Por supuesto, esto significa que los precios de producción de Marx son los precios individuales –como los denomina Moseley-, y no los precios de producción como los entendemos corrientemente, como el vector solución de un sistema insumo-producto de determinación simultánea.

En un sistema como el de Sraffa todo sucede en el mismo tiempo. El concepto de Marx es diferente, al valor existente en la forma del capital adelantado los trabajadores añaden la plusvalía. Hay, pues, una sucesión de eventos en el tiempo, un crecimiento por generaciones. A final de cuentas resultará cierto que las tasas de explotación son diferentes por cuanto los capitalistas de menor composición orgánica aceptarán una distribución de la plusvalía proporcional al tamaño del capital y no del capital variable, específicamente. Las proporciones se establecen en el plano del valor pero se efectivizan en el del precio.

Desde esta perspectiva, para Marx no existe el plano de los precios de producción tal como los acabamos de definir, sólo existe el espacio del valor donde en la práctica la plusvalía total se distribuye proporcionalmente al tamaño del capital adelantado total. El paso del valor a los precios es el paso del valor total al precio de las mercancías individuales. La expresión práctica de la hipótesis de la tasa de ganancia en descenso se debe buscar en los precios monetarios directamente, sin atravesar por los precios de producción sraffianos. Desde esta perspectiva no hay problema de transformación puesto que no hay oposición entre un plano del valor y otro de los precios. Sólo existe el valor, el valor trabajo.

"La proposición de que el obrero sólo requiere de una parte de su jornada de trabajo para producir su subsistencia y que la otra parte (la que sea) le ha sido arrebatada a la fuerza por el patrón, que no le paga, es una afirmación que no se apoya en nada, si acaso en el odio que Marx le profesa al burgués... (Adam Smith) sólo buscaba una medida infalible y permanente del valor, mejor que los metales preciosos y con este fin no propone más que el trabajo y el trigo, mientras que Marx sólo buscaba un arma contra la burguesía."

Maurice Block[135]

[135] Block, Maurice El progreso de la ciencia económica después de Adam Smith (1890). Tomado de: Dostaler, Gilles; citado, p. 23

CAP. 7. CRÍTICA A LA TEORÍA DEL VALOR TRABAJO

Criticar la teoría del valor trabajo es difícil, pero por la razón menos sospechada. La hipótesis de la tasa de ganancia en descenso tiene muchos incrédulos y detractores que utilizan una lógica bastante convincente. Al menos por este motivo no hay que esperar que el capitalismo se desplome sobre sus cimientos. El problema de la transformación, aún quedándonos del solo lado del valor, no dejándonos seducir al problema de Ricardo, deja un sabor a cortedad, insuficiencia. ¿Cómo explicar entonces este mundo que ven los ojos? ¿Cómo explicar los precios y los movimientos en las inversiones? Queda la sensación de conocer un espíritu sin expresión terrena, una sustancia sin concreción. Es decir, mera especulación.

Aún así el concepto del valor trabajo se obtiene mediante una deducción limpia: si de la mercancía abstraemos su materialidad nos queda como resultado del solo trabajo humano. Aunque podemos utilizar el silogismo a la inversa: si hacemos abstracción del trabajo humano sólo nos queda su materialidad. Obviamente, la clave es reducir la economía al solo trabajo humano. Pero esto tiene cantidad de calificaciones, al punto de disminuir el principio a una primera condición y nada más. Es decir, es innegable que si de las mercancías abstraemos su materialidad sólo nos queda el trabajo. Esto es cierto por definición, de lo que no se sigue en ningún sentido que sólo con trabajo se pueden hacer las cosas. Para Marx y Engels el hombre es un animal que trabaja utilizando instrumentos, y lo que distingue unas épocas económicas de otras no es lo que se hace sino cómo se hace. Pero al decir instrumentos, medios objetivos de producción, pasamos por alto muchas cosas.

Por ejemplo, los medios de producción no son únicamente objetos, mercancías en su aspecto de valor de uso, sino que como tales objetos tienen características propias y distintivas. Una pala, que sirve para despejar arena y tierra, tiene una forma específica para servir a su propósito, diferente a la del pico, que sirve para cavar. Entonces, los medios productivos tienen forma material acorde a su propósito y función productiva. La inteligencia del hombre es la que les da esa forma.

Lo que sucede con esta pala y pico sucede con todas las máquinas, materia prima y materiales: el hombre las fabrica con características materiales específicas. No hay, pues, en estas mercancías únicamente trabajo, trabajo como la actividad productiva del hombre medio, sino trabajo inteligente, trabajo *complejo*. En la producción, gran parte de la inteligencia del hombre se encuentra incorporada a la capacidad de los medios de producción. No es inteligencia abstracta -capacidad de abstracción- sino inteligencia y conocimiento aplicados a la producción material. Y este trabajo no es el del obrero.

El trabajo del carpintero es trabajo concreto, distinto al trabajo del alfarero. La sustancia común a ambos, el trabajo abstracto, es el principio generador del valor. Por supuesto, el carpintero es mejor carpintero que el alfarero y, a la inversa, el alfarero es mejor alfarero que el carpintero. La especialización -la división del trabajo- permite el aprovechamiento de los talentos y experiencia individuales que resultan en mayor productividad. Esto en el plano del valor de uso. Es decir, la división del trabajo y especialización permiten obtener mayor cantidad de valores de uso por hora social de trabajo rendida. Ahora bien, es claro que un mejor ebanista luchará por tener mayor participación en el producto que los ebanistas promedio. Y lo mismo harán los mejores alfareros, albañiles, costureras, etc. Si hay una diferencia de rendimiento -en el nivel del valor de uso-, el individuo poseedor o propietario de la causa de esa diferencia querrá apropiarse de dicha diferencia. El medio para imponer su exigencia es simple: siempre puede retirar la causa de la diferencia de rendimiento, es decir, disminuir la productividad al nivel medio.

El origen de la diferencia en productividad puede ser el talento personal del trabajador –el mejor carpintero, alfarero, etc.- o la cualidad de un objeto propiedad de un sujeto particular:

> "¿Se ocupa la economía de los bienes que han costado trabajo, sólo en la medida en que el trabajo completa la obra de la naturaleza? Si así fuera, los hombres deberían considerar como absolutamente equivalentes desde el punto de vista económico una botella del mejor vino del Rin y una botella de vino del país hecho con

> cuidado, pero de calidad ordinaria, porque tanto para uno como para el otro, ha sido necesaria la misma cantidad de trabajo humano aproximadamente. Sin embargo el vino del Rin se estima con frecuencia diez veces más que el otro, y en ello radica una contradicción flagrante que la vida opone al teorema de Rodbertus."[136]

El mejor ebanista impone un mayor salario como el propietario de la tierra impone la renta. El propietario de una tierra de una cualidad particular impondrá una renta acorde a la mayor de productividad que aquélla induce. Con esto, ¿ha dejado de ser cierto que si hacemos abstracción de su materialidad la mercancía no es otra cosa que trabajo humano? No, pero saca a colación que el trabajo humano es trabajo de distintas características, con efectos diferenciados sobre la utilidad de las mercancías.

Visto el asunto desde otro ángulo, ¿pueden ser las teorías del valor trabajo y del valor subjetivo compatibles? Nuestra respuesta es que sí. Tradicionalmente se han tenido como rivales irreconciliables, una como en sí misma negación de la otra, cuando no es así. Claro que la yuxtaposición de inicio no dice nada sobre la oposición de sistemas que resulta al final. De la teoría del valor subjetivo se llega al Óptimo de Pareto, un sistema de máxima utilidad social bajo una libertad individual irrestricta. Por supuesto, se trata de una idealización y una ideologización de las virtudes del mercado capitalista. La teoría de Keynes, en lo específico, desmiente el

[136] Bohn Bawerk, Eugene. Ver: Dostaler, p. 41

resultado de equilibrio generalizado que supone el sistema neoclásico[137]. Por su lado, la teoría del valor trabajo conduce a la necesidad de la planificación central de toda la actividad económica, que empieza con la determinación de los bienes a ser producidos. Es decir, si oposición no existe al principio, sin dudas existe al final. Habrá que investigar por qué líneas que eran antes paralelas ahora se cruzan en el camino.

Decir que las mercancías son, abstrayendo su condición material, resultado del trabajo no contradice la idea de que su precio se determina según las funciones de oferta y demanda. Una caracterización importante en la economía convencional es la que se elabora sobre el tiempo: corto plazo es el período en que el factor capital, o cualquier otro, está fijo. En el largo plazo todos los insumos son variables por lo se pueden introducir todos los ajustes que se deseen. El largo plazo da tiempo para todo, por eso se considera el horizonte final, definitivo. Entonces, la teoría del valor trabajo se puede considerar la perspectiva del más largo plazo y sin restricciones en la disponibilidad de insumos. Los elementos objetivos de la producción –en particular el conocimiento- son suficientemente abundantes como para impedir la formación de rentas de distinto tipo. Por su parte la teoría del valor subjetivo corresponde al plazo más corto y las restricciones habituales, las del mundo real y cotidiano.

Reconocer la utilidad como una característica de las mercancías –lo que hace Marx- es reconocer la demanda –lo que no hace-. Claro que pensar la

[137] Montalvo Cossío, citado.

demanda como una función que asocia cantidad deseada o comprada con su precio es estrictamente ortodoxo. Para Marx el precio se determina en la esfera de la producción y la cantidad a producir de cada mercancía es un asunto de mercado pero que no influye en la determinación del precio. El precio monetario es una elaboración a partir del valor: el valor relativo de la mercancía denominado en oro, que es decir el tiempo social de trabajo incorporado en la mercancía como relación al trabajo incorporado en una unidad técnica de oro. El precio nominal, en papel moneda, es una elaboración todavía más extensa pues depende de la tasa de conversión de dinero *fiat* a oro.

El obrero no tiene muchas opciones a la hora de decidir su consumo. Se trata de una canasta de subsistencia determinada en su aspecto de valor de uso por la tradición del lugar y el momento de que se trata. Aquí no existe "el problema del consumidor" como lo encontramos en los libros de microeconomía. Todo se resume a su reproducción física, de menor valor que el uso de su fuerza de trabajo.

Las decisiones de consumo en función del precio por parte del capitalista son igual de intrascendentes. El capitalista persigue la mayor capitalización de su plusvalía en las formas específicas más productivas. Buscará baratura en todos los casos, que significa mayor cantidad de equipo, en el caso de la plusvalía que convierte en capital y mayor cantidad de satisfactores, en el caso de la plusvalía que utiliza para su consumo personal. Sin embargo, en todos los casos, el plano relevante es el valor frente al valor de uso.

El valor de uso es algo circunstancial, accidental, intrascendente. Cambiará de un lugar a otro y de una época a otra. Una sociedad puede producir en una misma unidad de tiempo cantidades muy diferentes de valores de uso. El desarrollo de las fuerzas productivas consiste precisamente en esto, en la elevación de la productividad del trabajo, que en la misma hora de trabajo se puedan producir mucho más objetos que antes. Pero una hora de trabajo es una hora de trabajo ahora y siempre, en cualquier lugar. *El tiempo de trabajo es una medida absoluta y eterna.*

Para Marx, lo que suceda en el plano del valor de uso no tiene mayor importancia. El problema de fondo es el valor y la extracción de plusvalía, cuánto tiempo de trabajo excedente el capitalista puede arrebatar a los obreros. Por eso no tiene un análisis del mercado en los términos convencionales, justo porque lo considera secundario. No obstante, siempre está presente la posibilidad de una crisis de *realización*:

> "Nadie puede vender si no hay quien compre. Pero no es necesario comprar inmediatamente de haber vendido. Lo que hace que la circulación derribe las barreras temporales, locales e individuales del intercambio de productos es precisamente el hecho de desdoblar la identidad inmediata que existe entre el intercambio del producto del trabajo propio por el producto del trabajo ajeno mediante la antítesis de compra y venta. Al decir que estos procesos, independientes el uno del otro, forman una unidad interna, decimos también que esta unidad interna reviste al exterior la forma de una antítesis. Cuando cosas que por dentro

> forman una unidad, puesto que se completan recíprocamente, revisten al exterior una forma de independencia, y ésta se agudiza hasta llegar a un cierto grado, la unidad se abre paso violentamente por medio de una crisis. La antítesis, que lleva implícita la mercancía, de valor de uso y valor, de trabajo privado, que se ve al mismo tiempo obligado a funcionar como trabajo directamente social; de trabajo determinado y concreto, cotizada a la par como trabajo general abstracto; de personificación de las cosas y materialización de las personas, esta contradicción inmanente asume sus formas dinámicas más completas en los antagonismos de la metamorfosis de la mercancías. Por eso estas formas entrañan la posibilidad, aunque sólo la posibilidad, de crisis."[138]

La crisis de realización siempre es una posibilidad pero no es la crisis estructural del capitalismo. Esta es la pérdida gradual de rentabilidad a medida que avanza la acumulación, la baja tendencial en la tasa de ganancia. La ruptura del proceso de circulación del capital puede tener muchas causas, una de ella la falta de correspondencia entre producción y consumo al nivel del valor de uso, bien al nivel del capital variable. Puede suceder que momentáneamente el salario obrero sea insuficiente para absorber el valor de la producción de los bienes salario. Pero esto son desproporciones que se corrigen rápidamente, contrario a lo que sucede con la rentabilidad del capital.

---

[138] EC, I, p. 73

Vistas como restricciones, para Marx la pérdida de rentabilidad es una restricción orgánica, lo que no es el problema de realización. En otros términos, el valor es sustancial en relación al valor de uso. Lógicamente podemos poner el asunto a la inversa, que la realización –el valor de uso- sea una restricción más corta que la rentabilidad –el valor-. En un momento determinado, una restricción es más estricta por lo que es dominante y operativa. Mientras tanto la restricción más larga es pasiva y queda latente. En cualquier caso, cada perspectiva se mantiene sobre sus premisas originales sin sufrir contaminación de la teoría alternativa.

La verdadera dificultad al criticar la teoría del valor trabajo no reside en su lógica, en identificar los aspectos descuidados que la hacen abstracta e ideal, infuncional. La dificultad consiste en que se trata de atacar la única teoría que en lógica y pasión defiende a los débiles y desposeídos. La teoría neoclásica se ha utilizado fundamentalmente para racionalizar un capitalismo de competencia monopolista en aras de la libertad personal y la democracia formal. Hoy nadie habla, de hecho nunca se ha hablado mucho del capitalismo competitivo [139]. Se considera gimnasia mental, una ilustración de libro de texto, no algo que pueda suceder o que se pueda implementar en la práctica. Tampoco se analizan mucho las consecuencias de la concentración industrial al nivel justamente de la libertad individual y la democracia política. La actitud general es que, por alguna razón, el

---

[139] Koutsoyiannis, Anne Modern Microeconomics Macmillan (1979), p. 202 ss.

capitalismo de competencia no es practicable en los hechos y que contra la tendencia del sistema a la concentración no hay mucho que hacer, se impone por encima de todas las regulaciones.
El principal diagnóstico de Keynes es que el capitalismo padece de una tendencia crónica a la subocupación y a estabilizarse a un nivel de ingreso inferior al potencial. Sólo la permanente intervención del Estado puede contrarrestar esta tendencia empujando en dirección contraria, hacia el empleo pleno y el ingreso potencial. Particularmente, su preocupación no es el nivel salarial o la relación entre salario y producto marginal del trabajo, sino la preservación del sistema:

> "... mientras el ensanchamiento de las funciones de gobierno que supone la tarea de ajustar la propensión a consumir con el aliciente para invertir parecería a un publicista del siglo XIX o a un financiero norteamericano contemporáneo una limitación espantosa al individualismo, yo las defiendo, por el contrario, tanto porque son el único medio practicable de evitar la destrucción total de las formas económicas existentes, como por ser condición del funcionamiento afortunado de la iniciativa individual."[140]

En dos palabras, Keynes identifica la intervención del Estado como la única fórmula de evitar una recesión catastrófica que hunda definitivamente el capitalismo.

---

140 TG, p. 335

Sólo Marx se queda declaradamente con los pobres y desamparados. Presenta sus ideas como *ciencia*, es decir, exentas de juicios de valor o pasión aunque a la distancia se ve inmensa su aspiración de redención, de diseñar la perfecta sociedad solidaria. Innegablemente toma partido por el obrero en contra del capitalista y demás propietarios. Rescata su valor e importancia al punto de hacerlo como clase el protagonista de la historia. En Marx parecen juntarse las eternas aspiraciones de justicia social con un destino obligado de igualdad colectivista. Por esto y no por otra cosa es difícil criticar la teoría del valor trabajo.

Sin embargo, como dice el refrán, de buenas intenciones está empedrado el camino al infierno. Muy probablemente la sociedad colectivista se estabilice en un nivel general de utilidad inferior al de un capitalismo con un cierto nivel de competencia. Hoy por hoy, puestos a elegir, la mayor parte de la población del mundo prefiere vivir en el capitalismo, aún en uno relativamente subdesarrollado, que en un país comunista. Y esto no es fortuito.

7.1. Bienes reproducibles y no reproducibles

> "Un objeto puede ser valor de uso sin ser valor. Así acontece cuando la utilidad que ese objeto encierra para el hombre no se debe al trabajo. Es el caso del aire, de la tierra virgen, de las praderas naturales, de los bosques silvestres, etc."
>
> Carlos Marx[141]

---

[141] EC, p. 8

Un objeto puede ser valor de uso sin ser valor, cuando no es resultado del trabajo humano, como el aire, por ejemplo. La utilidad del aire es bastante obvia, sin aire que respirar no podemos vivir. Sin embargo, en la producción de aire no interviene el deseo ni la mano humana. Es, pues, un valor de uso sin ser valor, no es una mercancía. Lo cual no quiere decir, como advierte Marx, que no se venda y se compre. Un sistema de producción y consumo de mercancías como el capitalismo generaliza la mercantilización de todos los valores de uso, aquí todo se compra y se vende, hasta la entrada al cielo. Esto nos plantea una primera pregunta: ¿cómo se determina entonces el precio de los bienes no reproducibles?

Obviamente estamos introduciendo una clasificación general de los bienes entre los reproducibles y los no reproducibles. El capitalismo es un sistema de producción de mercancías, es decir, de bienes reproducibles. Todavía más, la producción de mercancías a escala ampliada implica una producción cada vez más fácil y expedita, la producción en masa impone la estandarización, la homogeneidad y equivalencia del producto. La valorización del capital tiende a borrar las diferencias entre los valores de uso. Por supuesto, las mercancías son reproducibles por decisión y acción humana en la producción.

En principio, el aire no puede ser replicado, como lo puede ser una camisa o un tornillo. Hay una segunda característica del aire a tener en cuenta: es tan abundante que no puede ser privatizado, bien por imposibilidad técnica, bien porque no resulta financieramente ventajoso. Otra cosa sucede con la tierra, por ejemplo: no es reproducible pero sí se ha privatizado. Lo que nos conduce a una tercera condición: interviene en la producción. De aquí lo que puede ser un principio de economía política: *si un bien no reproducible interviene en la producción, genera una renta.*

Antes explicamos la teoría de la renta de Ricardo. Hemos de precisar que:

> "... renta es aquella parte del producto de la tierra que se paga al terrateniente por el uso de las energías originales e indestructibles del suelo."

Renta es el pago al terrateniente por el uso de una tierra a la que no se le han hecho *mejoras*, por la capacidad productiva natural de la tierra. La renta diferencial emerge como resultado de las diferencias *naturales* en la productividad de las distintas parcelas. No se contempla, pues, las diferencias en productividad resultado de las mejoras introducidas por el hombre.

La tierra *libre* -la de menor productividad- no paga renta, las tierras *privadas* –las de mayor productividad- sí la pagan. En la teoría de Ricardo la renta absorbe las diferencias positivas de productividad de las tierras privadas respecto de la tierra libre a favor de los terratenientes. Los terratenientes pueden imponer el pago de renta como condición para la utilización de sus tierras justamente porque éstas son su propiedad privada. Si los empresarios no están dispuestos a pagar la renta que ellos exigen pues simplemente los desalojan de sus tierras.

Si unas tierras específicas ejercen un efecto positivo particular en la calidad de un producto –pensamos en vino del Rin al que se refiere Bohm Bawerk-, la diferencia de precio paga la renta de esas tierras, esto es una aplicación simple de la renta diferencial de Ricardo.

Volvamos a Marx. Para Marx la única distribución relevante es la que reparte el nuevo valor creado -es decir, la jornada de trabajo- entre el trabajador y el capitalista. Ya sabemos que mientras menor el valor de la fuerza de trabajo tanto mayor la plusvalía. Cómo se repartan los propietarios –el capitalista, el terrateniente y el banquero- la plusvalía no tiene mayor importancia por una razón simple: siempre será el reparto de la plusvalía producida. Que sea el capitalista quien se quede con la mayor tajada, o el terrateniente, o bien el banquero, son divisiones diferentes de lo mismo. La distribución de la plusvalía entre los propietarios no altera la magnitud de la plusvalía repartida.

Un principio de distribución de la plusvalía –no del total del nuevo valor creado, entiéndase bien- puede ser el producto marginal como generalización de la teoría de la renta de Ricardo. Cada propietario impone el pago del producto que se perdería si se retira su propiedad. ¿Cómo determinar este valor? Por la correspondencia que siempre existe entre valor y valor de uso.

El mismo fenómeno sucede con el capital. Cuando estudiamos el problema de la transformación vimos que la igualación de la tasa de ganancia implica que los capitalistas con baja composición orgánica del capital de alguna manera ceden parte de su plusvalía a los capitalistas con alta composición. Esto significa que el tamaño del capital impone la regla de distribución, el capital más grande es capaz de exigir una transferencia de valor al más pequeño. Recordamos igualmente que esta transferencia no tiene realidad, es un simple recurso analítico. La tasa de ganancia es la misma en todas partes y rige la Ley de un solo precio. Si una misma mercancía se elabora con composiciones orgánicas diferentes, los capitalistas de menor composición se quedan con menos plusvalía de la que han extraído, exactamente lo contrario que les sucede a los capitalistas de mayor composición. En términos de precio todos reciben una ganancia acorde al tamaño del capital, en términos de valor los pequeños ceden a los grandes parte de la plusvalía que han extraído a sus obreros. Esto que sucede en el plano del valor no se ve en el plano de los precios, se deduce fenomenológicamente. La disminución en la tasa de ganancia denominada en valor debe expresarse en una caída en la tasa de ganancia monetaria.

En síntesis, para Marx la distribución es exactamente la explotación, es decir, la división de la jornada de trabajo entre una parte pagada y otra no pagada, entre salario y plusvalía. Luego de producida -y sólo entonces- la plusvalía tiene que ser repartida entre los propietarios según un principio como el del producto marginal. Esto no quiere decir que los propietarios producen valor. De hecho, de ellos sólo el capitalista se encuentra en la esfera de la producción. Lo que sí indica es que están en capacidad de exigirle al capitalista parte de su plusvalía, como el capitalista está en capacidad de extraer del obrero parte del valor que ha creado. Y sólo puede exigir quien está en capacidad de impedir lo que para el otro es indispensable. El capitalista puede exigirle al obrero porque éste no tiene medios de vida propios, y los demás propietarios pueden exigirle al capitalista porque pueden restringir o impedir su producción. También los capitalistas grandes están en capacidad de exigir a los más pequeños.

El análisis de la dinámica de la acumulación que hace Marx descuida el plano del valor de uso y la importancia de las diferencias en este aspecto. Desde que la heterogeneidad material de los valores de uso desaparece en la homogeneidad del valor trabajo, el mundo concreto de los valores de uso se hace igualmente indiferenciado y ya no parece tener relevancia. Se convierte en un mundo de cosas diferentes pero iguales, igualmente irrelevantes. Importante es el valor trabajo, no cómo, con qué y en qué en concreto se convierte ese trabajo. Los capitalistas sólo desean extraer trabajo, acumular trabajo, y los obreros sólo disminuir la tasa de plusvalía. Es un mundo de solo trabajo abstracto que no parece corresponderse con el mundo concreto de mercancías diferentes desigualmente deseadas.

Entonces cada quien que tenga un recurso productivo necesario para la elaboración de una mercancía exigirá un pago por la disposición o uso de su propiedad, como los vinicultores del Rin en la ilustración de Bohm Bawerk. Existen valores de uso que por naturaleza o por sus características particulares no son mercancía. Las obras de arte no son la mercancía habitual pero aún así se compran y se venden. Las mercancías propias del mercado capitalista son homogéneas e indiferenciadas y pueden reproducirse indefinidamente, como los tornillos. Un capitalismo de bienes exclusivos o personalizados no es concebible, su tendencia va en la dirección opuesta. No quiere esto decir que para la producción de mercancías homogéneas e indiferenciadas vamos a utilizar medios de producción igualmente homogéneos e indiferenciados. Más bien al contrario, la incorporación de innovaciones y desarrollos tecnológicos a los medios productivos es uno de los recursos más utilizados por los capitalistas para garantizar su cuota de mercado.

Cuando Marx refiere el aumento en la composición orgánica del capital resultado de un aumento en su composición técnica parece decir que a las máquinas actualmente en operación se añaden otras máquinas. Es decir, el proceso es añadir nuevas máquinas a las ya existentes para aumentar la capacidad productiva. Pero el proceso no es así, en la realidad se trata de sustituir máquinas antiguas por otras nuevas más modernas, lo que aumenta la productividad, es decir la producción por hora de trabajo. No solamente se persigue aumentar la escala de la producción sino la productividad y esto sólo se logra con capital de nueva generación. Esto implica que el nuevo equipo trae incorporado mayor cantidad de conocimiento que el anterior, trabajo complejo como explicamos antes.

A los capitalistas les interesa capturar la mayor cuota de mercado posible para su producto, lo que logran mediante las mejoras en productividad. Si el secreto de su productividad se socializa pierden de inmediato su ventaja competitiva. Por ello mantendrán con celo el secreto sobre las capacidades de su equipo productivo y tratarán de conocer los secretos de los demás. El espionaje industrial puede decidir la empresa dominante en toda una industria. Entonces las mercancías homogéneas e indiferenciadas no son producidas por mercancías equivalentes sino por un equipo de capital resultado de un desarrollo tecnológico continuo y de capacidades mantenidas en secreto.

La visión de Marx es un proceso de acumulación en el que sólo el capitalista domina en base a su propiedad de los medios de producción, medios de producción en tanto que instrumentos. Los obreros no pueden tener medios de producción por razones ya analizadas, pero la lucha entre los propietarios va a ser tenaz. Si el conocimiento es el principal componente de la productividad, nada le garantiza al capitalista tradicional el mantenimiento de su cuota de mercado. El conocimiento mismo es una mercancía que se produce y se vende. La sola posesión de una cantidad de equipo de una capacidad productiva dada no le asegura mucho, tiene que entrar en la batalla del desarrollo de la ciencia y la tecnología y sus aplicaciones productivas. Así puede construir o rehacer imperios.

El predominio del valor por sobre el valor de uso se invierte. Marx pensaba que la dinámica de la acumulación tenía como único obstáculo la disminución en la rentabilidad. Las mercancías se iban a producir y amontonar sin restricciones en el plano del valor de uso. El suministro de materias primas sería continuo sin reportar escaseces, la tecnología sería un bien público. El capitalista dueño de las máquinas domina la escena por sobre los demás propietarios.

Sin embargo, el desarrollo real de la acumulación es distinto. Los diferentes propietarios de medios productivos rentabilizan su importancia. La tecnología elimina métodos y hace cambiar de manos industrias enteras. El conocimiento se hace cada vez más importante en la capacidad productiva del equipo de capital, el conocimiento se produce como la mercancía que es. El mercado se hace todo un juego de ajedrez en que no se puede decidir de antemano un ganador. Los propietarios se disputan la plusvalía en calidad de iguales. Una sola pieza de conocimiento –una fórmula- puede ser la llave para el control de la industria. Es decir, en el plano del valor de uso –la producción material de las mercancías- se decide la viabilidad de la valorización. *El valor de uso se constituye en la restricción operativa del capital.*

7.2. Trabajo simple y trabajo complejo

> "El trabajo complejo no es más que el trabajo simple potenciado o, mejor dicho, multiplicado: por donde una pequeña cantidad de trabajo complejo puede equivaler a una cantidad grande de trabajo simple. Y la experiencia demuestra que esta reducción de trabajo complejo a trabajo simple es un fenómeno que se da todos los días y a todas horas. Por muy complejo que sea el

> trabajo a que debe su existencia una mercancía, el valor la equipara en seguida al producto del trabajo simple, y como tal valor sólo representa, por tanto, una determinada cantidad de trabajo simple.“
>
> Carlos Marx[142]

Dice Adam Smith:

> “En el estado primitivo y rudo de la sociedad *que precede a la acumulación de capital y a la apropiación de la tierra*, la única circunstancia que puede servir de norma para el cambio recíproco de diferentes objetos parece ser la proporción entre las distintas clases de trabajo que se necesitan para adquirirlos. Si en una nación de cazadores, por ejemplo cuesta usualmente doble trabajo matar un castor que un ciervo, el castor, naturalmente, se cambiará por o valdrá dos ciervos. Es natural que una cosa que generalmente es producto del trabajo de dos días o de dos horas valga el doble que la que es consecuencia de un día o de una hora... Si una clase de trabajo es más penoso que otra, será también natural que se haga una cierta asignación a ese superior esfuerzo, y el producto de una hora de trabajo, en un caso, se cambiará frecuentemente por el producto de dos horas en otro. Del mismo modo, si una especie de trabajo requiere un grado extraordinario de destreza e ingenio, *la estimación que los hombres hagan de esas aptitudes* dará al producto un valor

---

[142] EC, I, p. 12

superior al que corresponde al trabajo en él empleado."[143]

En los términos que hemos utilizado antes 1 castor = 2 ciervos porque 8 horas de trabajo del cazador de castores = 8 horas de trabajo del cazador de ciervos, es decir 8 horas = 8 horas. Esta ecuación se encuentra perfectamente en línea con la teoría del valor trabajo de Marx. Subrayemos que Adam Smith restringe el intercambio en función del solo trabajo al estado primitivo y rudo de la sociedad que precede la acumulación de capital y la apropiación de la tierra, es decir, la privatización de los medios productivos. Más adelante volveremos sobre este punto.

Si un cazador particularmente hábil y talentoso atrapa 2 castores en vez de uno en ocho horas, no es cierto que cambiará 1 castor = 1 ciervo. La media del cambio seguirá siendo la anterior, 1 castor = 2 ciervos, pero el trabajador más hábil, hábilmente se quedará con la diferencia como un bono de productividad.

Visto a la inversa, 8 horas de trabajo = 8 horas de trabajo siempre, el tiempo es una medida absoluta y eterna, ya lo dijimos antes. Sin embargo, lo que dos individuos diferentes producen en ese período es distinto. Uno produce 1 castor, la media o casi la media. Otro produce 2 castores, que cambiará por cuatro ciervos de los cuales dos son su bono de productividad.

De inmediato sentimos la tentación de promediar, de establecer la relación de cambio como las tasas de

143 Smith, p. 47. Subrayado nuestro.

producción promedio de castores contra ciervos, es decir, absorber el diferencial positivo de productividad del segundo cazador de castores dentro de la media. Esto también va en línea con la teoría del valor trabajo. Pero en este caso las diferencias de productividad no son aquellas pequeñas y aleatorias debidas a circunstancias fortuitas, de la naturaleza, por ejemplo. Un trabajador puede ser más productivo que los demás un día y lo contrario el día siguiente de manera que las diferencias individuales se cancelan en el total. En el caso que ilustramos la superioridad en productividad la tiene sistemáticamente un solo trabajador, que tratará de aprovechar su particular talento y habilidad. La relación de cambio se mantendrá la social, a excepción de este trabajador quien se apropiará de la diferencia a título de bono o renta.

El hecho es que en el mismo tiempo de trabajo y bajo las mismas circunstancias individuos distintos producen cantidades diferentes de la misma mercancía. El distinto rendimiento no puede atribuirse a las circunstancias –a la utilización de mejores medios productivos, por ejemplo, u otras condiciones ventajosas- sino a la diferencia en pericia y habilidad.

Cuando comparamos productos distintos que se obtienen con el mismo empleo de trabajo la diferencia no es tan clara, por lo mismo. Productos distintos por lo general significan dificultades y habilidades diferentes. A la inversa, si analizamos la producción de la misma mercancía, bajo circunstancias iguales, por individuos distintos, la diferencia es clara.

Si se han utilizado ocho horas para producir, un individuo, 1 castor, y otro, 2 ciervos, y lo que produce cualquier cazador de castores es un castor en ocho horas, y cualquier cazador de ciervos dos ciervos en ocho horas, es claro que la ecuación es expresión exacta de que capturar un castor es doblemente difícil que atrapar un ciervo. Nada tiene que ver con el talento ni las habilidades naturales de los trabajadores, todas las diferencias se deben a las dificultades en las tareas que ejecutan unos y otros. A la inversa, si se mantienen iguales todas las circunstancias y dos individuos producen sistemáticamente cantidades distintas de lo mismo, la diferencia de rendimiento se debe sin duda al mayor talento y habilidad de uno sobre el otro.

Para Marx, trabajo complejo es lo primero, la dificultad intrínseca de realizar un trabajo comparado con otro más sencillo. Esto no implica diferencias de talento por ningún lado, el trabajo complejo lo puede ejecutar cualquier individuo debidamente entrenado. Es decir, todos los cazadores de castores consiguen un castor por cada ocho horas, o muy aproximadamente, y todos los cazadores de ciervos obtienen dos ciervos cada ocho horas, o algo muy cerca de esto. Por supuesto, teniendo en cuenta que los que sienten preferencia por un oficio se irán a ejercer ese oficio, lo mismo con todos los oficios. En síntesis, no hay habilidad o pericia individual a tener en cuenta, lo que no se sabe siempre se puede aprender. *Al final, todos los trabajadores son esencialmente igualmente diestros.*

Otra cosa es plantear, como hacemos aquí, que existen diferencias de talento y habilidades entre individuos, y que cada uno tratará de rentabilizar su particular destreza. Lo interesante de estas características es justamente que no son replicables, son naturalmente únicas en cada quien, aunque seguramente muchas se parecen en uno y otro individuo. Puede tratarse de fuerza, de habilidad manual, de habilidad para confecciones finas y delicadas. Bien inventiva, capacidad para la innovación, para la organización, para asumir los riesgos del futuro. La inteligencia, la habilidad para incorporar el conocimiento en los medios de producción, la gerencia financiera, el ángel para las ventas, y así podríamos hacer una lista extensa de habilidades que tienen unos y que no tienen otros y a las que todos buscan sacarle provecho personal.

La perspectiva de Marx es de hombres fundamentalmente iguales, en capacidad y actitud frente al trabajo. Sin embargo, contrario a lo que plantea, al mercado capitalista le interesa muchísimo más las características técnicas de las mercancías –es decir, su aspecto de valor de uso-, su capacidad de satisfacer un gusto o deseo, su funcionamiento, durabilidad, el nivel social que proyecta, que su contenido en trabajo. De hecho, esto puede importarle muy poco, o nada. Todavía más, podría llegar a ser un estigma por la presunción de falta de calidad a que la mayor intervención de la mano humana puede dar a lugar. A medida que el capitalismo se desarrolla el aspecto valor de uso de las mercancías se hace progresivamente preponderante sobre el aspecto de valor, y no a la inversa como pensaba Marx.

Las ventajas en productividad individuales pueden emerger de aptitudes y talentos especiales, es decir de la sola capacidad productiva del sujeto, ser una habilidad natural. A la vez puede ese talento encontrarse como las características de un objeto o el individuo llevarla a tal cosa porque así le resulta más redituable.

Siguiendo a Bohm Bawerk, el conocimiento y la cultura vitivinícola aconseja a un productor comprar tierras fértiles en la rivera del Rin. Sabe que su vino se venderá mejor que otros, que con el mismo tiempo de trabajo obtendrá un producto de mejor calidad, es decir, obtendrá el equivalente a un trabajo complejo. Por su lado, un científico llevará su inteligencia y conocimiento a medios productivos más eficientes con el propósito de obtener igual beneficio. Y un empresario capaz de concitar el deseo e interés de otros trabajadores también, sin él muy probablemente no se realice ninguna producción. En resumen, todos los individuos tratan de sacar provecho de sus talentos personales en diferentes formas, bien mediante el trabajo directo, bien mediante su incorporación en los medios productivos. Esto arroja un resultado equivalente a la realización de un trabajo complejo, es decir, a la obtención de un producto individual de mayor valor.

Como vimos al revisar el tema del valor, en las mercancías, las diferencias cualitativas en cuanto valores de uso desaparecen en la igualdad cuantitativa en cuanto a valores. Así es como se establece el valor en cambio. Dos bienes diferentes, un castor y dos ciervos, son equivalentes a ocho horas de trabajo iguales. Ahora el trabajo complejo incorpora una segunda heterogeneidad, una heterogeneidad en el plano del valor por cuanto no puede ser resuelta a este mismo nivel. ¿Cómo se resuelve ésta? Retornando al plano del valor de uso, mediante la apreciación subjetiva de utilidad que hacen los individuos de las mercancías o del esfuerzo que significa su producción. Pongamos por caso que un castor se intercambia por dos ciervos pero que se consigue en cuatro horas, igual que un ciervo. Lo que sucede es simplemente que atrapar un castor es doblemente complicado que atrapar un ciervo, por esto es que 1 castor = 2 ciervos. El trabajo del cazador de castores es complejo respecto del trabajo del cazador de ciervos.

La equivalencia se establece al nivel del valor de uso, como debe ser, teniendo al trabajo simple como referencia. Desaparecen, pues, las diferencias cualitativas entre los valores de uso y de complejidad entre los trabajos concretos. Para esto último, sin embargo, el cazador de ciervos tiene que aceptar la sanción del cazador de castores, es decir, que el trabajo de éste es doblemente complicado que el del primero por cuanto exigirá el doble de producto por hora del otro a cambio del producto horario propio. Lo que decimos atrás: la igualdad se establece sobre la base de la apreciación subjetiva de la complejidad relativa de los trabajos concretos. Si esto es así, como sin duda lo es, la determinación del valor ya no es estrictamente objetiva sino que en ella interviene la valuación subjetiva de los comerciantes. Se abre una brecha para la subjetividad en la teoría del valor trabajo en lo referente al trabajo complejo.

La razón para no dilucidar el tema es bastante obvia, la subjetividad contamina el valor trabajo, abre su determinación desde la sola esfera de la producción y el trabajo directo a la subjetividad de los comerciantes, se podría decir que hasta la especulación y la espiritualidad. Para los marxistas este desarrollo es políticamente inaceptable, como otros que veremos a seguidas.

7.3. Trabajo productivo e improductivo

> "Existe una especie de trabajo que añade valor al objeto a que se incorpora, y otra que no produce aquel efecto. Al primero, por el hecho de producir valor, se le llama productivo; al segundo, improductivo."
>
> Adam Smith[144]

Los fisiócratas pensaban que sólo el trabajo agrícola es productivo, añade valor. Marx observa que esta idea se basa en el hecho de que sólo en la agricultura el trabajo resulta en un producto *material* mayor, agrandado. Es decir, cuando sembramos los granos que tiene una mazorca de maíz, obtenemos muchas, cientos de mazorcas: el producto físico, material se multiplica. En la manufactura es diferente, aquí los insumos sólo se transforman en el producto, no hay materia adicional. En los servicios menos puesto que no hay tan siquiera materialidad.

Por esto pensaban los fisiócratas que sólo el trabajo agrícola es productivo. Aún así el producto de la agricultura se intercambia por el de la industria –el intercambio comercial habitual-, a la vez que el Estado –el monarca y sus ministros, el ejército, las iglesias,

[144] Smith, A., citado, p. 299

etc.- reciben parte del producto agrícola para su sostenimiento. Esto último en base a una sanción política: los impuestos son en último grado una exigencia unilateral y discrecional fundamentada en la fuerza, diferente al intercambio entre agricultura e industria. En términos más generales: el intercambio se lleva a cabo en virtud a la libertad formal o a la fuerza. El primero es el intercambio capitalista, el segundo la contribución impositiva. Los impuestos, justificados o no, razonables o no, en último término se cobran a la fuerza. Si fuesen optativos o voluntarios las recaudaciones serían bastante bajas.

¿Por qué cambiarían los agricultores –los que producen el valor económico- su producto por el de los industriales, que no tiene ningún valor? Obviamente porque lo necesitan, les rinde una utilidad. Entonces la idea fisiocrática de productividad del trabajo es muy particular, se refiere a una característica que sólo tiene el trabajo agrícola. De aquí que para explicar el comercio tengamos que escindir dos elementos de una misma mercancía: que sea o no una nueva creación material, por otro lado que reporte utilidad. Los productos agrícolas poseen ambos elementos, los industriales sólo este último. El intercambio se realiza en base a la utilidad por lo que los industriales reciben un valor –una materia de nueva creación- que no producen. Para los fisiócratas valor se refiere a creación material, no necesariamente a la utilidad.

Un ejemplo más de que debemos andar con cuidado a la hora de utilizar términos de uso común puesto que con ellos se denominan conceptos diferentes[145]. En

[145] Montalvo Cossío, p. 42

este caso, el mismo término –productividad- significa cosas distintas para autores y escuelas diferentes. Lo más interesante del asunto es que este tema tiene una importancia insuperable en la moderna interpretación del modelo de Keynes, la diferencia entre el gasto público productivo y el improductivo, como lo veremos en el capítulo siguiente.

Continúa Adam Smith:

> "... el trabajo de un artesano en una manufactura agrega, generalmente, valor a los materiales que trabaja... El de un criado doméstico, por el contrario, no añade valor alguno... La labor del obrero empleado en las manufacturas se concreta y realiza en algún objeto especial o mercancía vendible que dura, por lo menos, algún tiempo después de terminado el trabajo. Viene a ser como si en aquella mercancía se incorporase o almacenase una cierta cantidad de trabajo, que se puede emplear, si es necesario, en otra ocasión... El trabajo de algunas de las clases más respetables de la sociedad, al igual de lo que ocurre con los servidores domésticos, no produce valor alguno, y no se concreta o realiza en un objeto permanente o mercancía vendible, que dure después de realizado el trabajo, ni da origen a valor que permitiera conseguir más tarde igual cantidad de trabajo. El soberano, por ejemplo, con todos los funcionarios o ministros de justicia que sirven bajo su mando... son en aquel sentido trabajadores improductivos. Sirven al público y se les mantiene con una parte del producto anual de los afanes de las demás

> clases del pueblo. Los servicios que estos prestan, por honorables que sean, por útiles que se consideren, nada producen en el sentido de poder adquirir igual cantidad de otro servicio."[146]

Ahora el concepto de trabajo productivo involucra, cuando menos, los siguientes criterios: a) si genera o no un producto material nuevo, adicional. b) si se ejerce en la esfera de la producción o en el servicio personal. c) si genera un producto de utilidad, en contraste con los servicios. d) si constituyen servicios públicos, en contraste con los servicios privados.

Para Adam Smith el trabajo productivo, generador de utilidad y nuevo valor, es aquel que se ejerce en la esfera de la producción y se constituye en mercancías materiales. No tiene que dar lugar a nueva materia, a diferencia de los fisiócratas, pero excluye los servicios, cualesquiera que estos sean.

Para los marxistas la historia es distinta. Trabajo productivo en el capitalismo es aquel que rinde plusvalía:

> "... todo trabajo que, dentro del sistema de producción burgués, permite el mantenimiento o acrecentamiento de su base, el capital, puede ser llamado productivo, mientras que todo trabajo que no es necesario en el marco del sistema de producción burgués puede ser llamado improductivo."[147]

---

[146] Ibíd., p. 299-300

[147] Alvater, E. y Freerkhuisen Sobre el trabajo productivo e improductivo Críticas de la economía política (1978), p. 6-7

El valor de uso –la utilidad- es precondición del valor, por definición no hay mercancía inútil. La existencia dual de la mercancía implica una doble definición de la productividad del trabajo en que, como antes, una es precondición de la otra. En el plano del valor de uso, trabajo productivo es aquel que añade utilidad al objeto de trabajo. Como siempre, el capitalista se encargará de reducir el desperdicio y el uso inadecuado del equipo, así como de tapar las porosidades de la jornada laboral. Al final, como estudiamos antes, el valor será una sanción social en que las diferencias de productividad individuales se cancelan aleatoriamente.

Pero al capitalista no le interesa el valor de uso por sí mismo sino como receptáculo del valor y la plusvalía. No le interesa, pues, en sí mismo el trabajo generador de utilidad que puedan hacer los obreros –u otros capitalistas, para el caso- con fines diferentes al mercado, para el autoconsumo o como entretenimiento. La productividad definida en el plano del valor restringe la productividad definida en el plano del valor de uso.

Dice Ernest Mandel:

> "Al producir balas, opio o novelas pornográficas los obreros crean nuevos valores puesto que estas mercancías, al encontrar compradores en el mercado, poseen un valor de uso que les permite realizar su valor de cambio. Pero desde el punto de vista de *los intereses generales de la sociedad humana* estos obreros han

proporcionado un trabajo absolutamente inútil e incluso nocivo."[148]

Producirán lo que estiman que pueden vender independientemente de las características físicas de la mercancía y el efecto de su consumo sobre las personas. La demanda puede ser más o menos espontánea, natural, consecuencia de la tradición, en la alimentación, por ejemplo. Bien puede ser una demanda calculadamente creada, no importa, sigue siendo demanda. El producto puede ser nocivo a la salud física o mental, no importa. Está demostrado por encima de cualquier duda que la nicotina es altamente adictiva, como que el consumo de cigarrillos provoca enfisema y es causa de cáncer de pulmón y otros tipos de cáncer. Conduce, pues a una muerte dolorosa y segura. Aún así la gente compra cigarrillos. Sobre las guerras y otras formas destructivas y dispendiosas de absorber el excedente hablaremos en el próximo capítulo.

No podemos pasar por alto la idea mandeliana de "los intereses generales de la sociedad humana". Pareciera plantear la existencia de una condición natural de bienestar de la sociedad, ahistórica, relativamente fija en el tiempo y entre lugares. Un edén de la utilidad al que se aspira desde ambos lados: las sociedades más pobres aumentando el consumo y bienestar de su población, las más ricas, erradicando el consumo nocivo y aumentando el provechoso. Todo hasta lograr

---

[148] Tomado de: Goug, Ian La teoría del trabajo productivo e improductivo en Marx Críticas de la economía política (1978), p. 91. Subrayado nuestro.

un nivel general de satisfacción en que los excesos han sido erradicados o despojados de sus efectos nocivos.

Sin embargo, en el capitalismo los intereses generales de la sociedad humana son los intereses de la clase capitalista, y el interés de ésta la extracción de plusvalía. Plantear otra cosa es desviarse del fundamento de la teoría del valor trabajo. Eso hace Paul Baran cuando plantea:

> "Se puede decir en general que la parte improductiva de la actividad económica total de la sociedad abarca todo el trabajo dado a la producción de bienes y servicios cuya demanda es el efecto de condiciones y relaciones específicas del sistema capitalista, que no sería necesaria en una sociedad racionalmente organizada."[149]

Es como si el socialismo –"la sociedad racionalmente organizada"- estuviera incluida, fuera un subconjunto del capitalismo. Improductivo es el conjunto de la diferencia, lo que tiene el capitalismo pero no necesita el socialismo, una perspectiva cuadrada del asunto.

El capitalismo "es lo que es", es decir, produce mercancías y la urgencia por estas mercancías en función de su naturaleza y objetivos, que sólo en la línea del valor de uso vinculan al socialismo y todos los demás modos de producción. El socialismo también "es lo que es" por lo que termina inevitablemente en una estructura productiva

[149] Baran, Paul, citado por Alvater, E. y Freerkhuisen, citado, p. 10

burocratizada lenta y pesada. El poder del dinero es sustituido por el poder político, la democracia burguesa por la dirección central. No desaparecen las clases sociales -eso siempre fue una especulación metafísica- sino que se sustituye su fundamento, pero todo esto lo trataremos más adelante.

Volvamos a Marx, quien dice:

> "Dentro del capitalismo, sólo es productivo el obrero que produce plusvalía para el capitalista o que trabaja por hacer rentable el capital."[150]

Hasta aquí todo parece estar claro, pero es sólo porque no hemos abordado las zonas de conflicto. Trabajo productivo es aquel generador de plusvalía, lo que presupone un trabajo productivo en el plano del valor. Hay cuando menos las siguientes dificultades: a) Dentro del trabajo específicamente manufacturero, hay actividades que no modifican las características físicas de la mercancía –ejemplo: el empaque-, ¿es trabajo productivo? b) Más importante, hay trabajos que se realizan estrictamente en la esfera de la circulación – ejemplo: el comercio-, ¿es trabajo productivo? c) El trabajo rendido en los servicios, ¿es productivo? d) Finalmente, si algunos trabajadores rinden un trabajo pero improductivo –no aportan a la plusvalía-, entonces ¿viven de ésta como los mismos capitalistas? ¿Esto aunque sean explotados?

Antes vimos que para Adam Smith la provisión de servicios, sean estos privados o públicos, no es trabajo

---

[150] EC, I, p. 426

productivo pues no da lugar a una mercancía vendible. La materialidad de la mercancía, receptáculo del trabajo, aparece como condición de la productividad. Esta perspectiva es compartida por Marx, con mayor razón desde el momento en que piensa que el trabajo se hará progresivamente menos diferenciado, más homogéneo y genérico. Es la ley del valor trabajo en el capitalismo. El desarrollo de los servicios no puede ser el instrumento del capitalismo pues corre en la dirección contraria, sino la producción de mercancías, muchas, iguales, baratas.

La materialidad le permite a la mercancía transitar en el tiempo, una mercancía nace un día y perece otro cuando es consumida. Transita a lo largo de ese período en virtud de su existencia material. Esto no sucede con los servicios. Sin embargo, no es lo mismo una mercancía en un lugar que en otro, aquí que allá. El empaque y la transportación contribuyen a su valor:

> "La masa de productos no aumenta por su transporte. Aunque éste modifica a veces sus propiedades naturales, es necesario ver en ello, no un efecto útil querido sino un mal inevitable. Sin embargo, el valor de uso de los objetos sólo se realiza tras su consumo y éste puede hacer necesario su desplazamiento, que es el proceso productivo adicional de la industria de transporte... Su existencia espacial (la de las mercancías) es modificada, y ello implica un cambio en su valor de uso desde el mismo

momento en que el emplazamiento de este valor de uso es modificado."[151]

Un principio que se encuentra completamente fuera de discusión es que el valor se decide en la producción por el tiempo social de trabajo necesario para producir una mercancía. Una vez fijada la magnitud de valor en la esfera de la producción, éste se puede distribuir y consumir de distintas maneras. La distribución en nada modifica la magnitud de valor. Si el sistema se reproduce, como lo hace, una parte debe reponer el valor de la fuerza de trabajo empleada. Por su parte, la plusvalía se reparte de diferentes formas entre los propietarios en función al control relativo que ejerce cada uno en la producción. En cualquier caso, el punto importante es que:

> "... las funciones puras del capital en la esfera de la circulación no producen ni valor ni plusvalía."[152]

El trabajo realizado en la circulación –el comercio, digamos- no genera valor ni plusvalía por cuanto es improductivo, como el trabajo que compran los capitalistas con la plusvalía como renta, el trabajo de sus sirvientes, por ejemplo. El trabajo circulatorio es, pues, improductivo. Pudiera facilitar la operación del capital productivo, pero en sí mismo es improductivo. En una economía racionalmente pensada y centralizada se presume que no hay necesidad de

---

[151] Goug, Ian La teoría del trabajo productivo e improductivo en Marx Críticas de la economía política (1978), p. 86
[152] Ibíd., p. 87

comercio, las empresas venden directamente. Puesto que no existe el desperdicio y la especulación capitalistas, el juego de tentar y provocar para luego vender, y de este lado el de trabajar, producir y especular para hacerse con un ingreso, no hay porqué tener mercancías en los escaparates esperando por compradores.

Ahora la paradoja: el trabajo realizado en la circulación es formalmente igual al realizado en la producción, es decir, bajo la tutela del capitalista. Al trabajador en el comercio éste igual le retribuye su valor y le exige su valor de uso. Para compatibilizar estas ideas hay que escindir plusvalía y producto excedente, lo mismo que hizo Adam Smith con la creación material y la utilidad:

> "Este carácter común al trabajador productivo y al trabajador improductivo, que es crear plusvalía, es decir, trabajar gratuitamente una parte de su jornada de trabajo para el capitalista, viene subrayada por la forma idéntica de sus salarios. La diferencia entre el obrero productivo y el obrero improductivo está en que el trabajo excedente del obrero productivo se concretiza en producto excedente, lo que significa en las condiciones capitalistas, en plusvalía, mientras que el trabajo excedente del obrero improductivo sólo disminuye los necesarios costos improductivos (falsos gastos) y en consecuencia libera capital para el empleo productivo." [153]

[153] Alvater, E. y Freerkhuisen, p. 25

La alternativa es separar explotación y plusvalía. Plantear, por ejemplo, que los trabajadores en la esfera de la circulación son explotados pero no producen plusvalía, en cualquiera de los dos casos una inconsistencia con la teoría del valor trabajo. La conclusión política importante es que los trabajadores improductivos son dúctiles a los propietarios, contrario a lo que sucede con los trabajadores productivos cuyos intereses son orgánicamente opuestos a los de estos. Los trabajadores productivos y los capitalistas –y demás propietarios- son opuestos radicales e irreconciliables, los trabajadores improductivos y los capitalistas son opuestos formales pero tienen intereses afines. No hay que perder de vista que, en último término, lo que sostiene el sistema, el valor y la plusvalía son generados sólo por los trabajadores productivos. Mientras más los improductivos y los propietarios, y menos los productivos, mayor el conflicto de distribución.

Mandel resume el tema de la siguiente manera:

> "... el trabajo productivo es el trabajo cambiado contra capital para producir plusvalía. Como una condición necesaria debe ser trabajo útil, debe producir o modificar un valor de uso –aumentarlo cuando es colectivo-. Dicho esto, debe ser empleado en el proceso de producción. El trabajo en el proceso de circulación pura no produce valor de uso, por lo tanto no puede añadir valor o plusvalía. No añade nada a la producción de valores de uso porque nace con la producción mercantil a partir de los problemas de realización del valor de las mercancías. Al lado de este grupo de trabajadores

> improductivos se encuentran todos los que son directamente remunerados sobre la renta, ya se trate de criadas o de empleados del Estado. Este grupo difiere de los trabajadores de la esfera de circulación en que producen o bien valores de uso –todos los enseñantes públicos, los médicos, etc., podrían ser incluidos en la actualidad en este categoría."[154]

La importancia práctica y política del asunto es que sólo el trabajo productivo genera valor, consecuentemente plusvalía. A los obreros se les retribuye su valor y el excedente se reparte entre los propietarios a los que ahora se añaden los trabajadores improductivos. Las dificultades de realización conducen al aumento de los trabajadores improductivos, más que el consumo suntuoso de los capitalistas, que siempre mantendrán restringido por su compulsión a la acumulación. De forma que las dificultades de realización, el aumento en los trabajadores improductivos, se añade a las fuerzas que empujan la caída en la tasa de ganancia[155].

Resulta por demás interesante que Marx considera que las funciones de dirección y supervisión en la esfera de la producción como articulación y armonización de los distintos trabajos concretos es, a su vez, trabajo productivo:

---

[154] Goug, Ian, p. 92

[155] Salama, Pierre Desarrollo de un tipo de trabajo improductivo y baja tendencial de la tasa de beneficio, en Críticas de la economía política (1978)

> "El trabajo de supervisión y de dirección aparece necesariamente siempre que el proceso de producción inmediato tome la forma de un proceso socialmente combinado y que no sea el trabajo aislado de los productores independientes. Pero tiene una doble naturaleza. Por una parte, en todos los trabajos para los que colaboran muchos individuos la conexión general y la unidad del proceso se expresa necesariamente en una voluntad directriz... se trata aquí de un trabajo productivo que debe ser realizado en todo sistema combinado de producción... Una parte del trabajo de dirección proviene simplemente de la contradicción antagónica entre el capital y el trabajo, del carácter antagónico de la producción capitalista, y ocasiona falsos gastos de la producción de la misma forma que las nueve décimas partes del trabajo ocasionado por el proceso de circulación. "[156]

El trabajo colectivo tiene que ser pensado, primero, luego dirigido y supervisado. La figura resultante es el director de empresa que, por supuesto, no es el capitalista sino bajo el capitalismo. Emerge la distinción que hace Marx del trabajo como necesidad y condición natural de vida independiente del régimen social del trabajo en que se realice. De igual manera, gerencia y administración son y serán siempre necesarios para el trabajo colectivo independientemente del modo de producción. Otra cosa es el control y dominio del trabajo que ejerce el

---

[156] Marx, Karl, citado en: Goug, I., p. 89-90

capitalista en el capitalismo. La administración técnica del trabajo en la esfera de la producción es trabajo productivo, las funciones y actividades del capitalista como tal capitalista no lo son.

Entonces el concepto de productividad del trabajo en Marx está gobernado por la generación de plusvalía, es decir, de valor no pagado a los obreros. El gasto de plusvalía como renta, el trabajo que el capitalista puede comprar para su servicio personal, no es productivo. Como no lo el trabajo, cualquiera que sea, rendido en la esfera de la circulación. El trabajo de dirección en la producción, que distingue del trabajo de control y dominio, es productivo. El trabajo complejo de innovación y desarrollo tecnológico debía ser productivo pero es algo que no queda bien especificado.

En otro lugar distinguimos entre actividad y propiedad [157] . La renta corresponde a la sola propiedad, sin que haya actividad contemporánea, al momento de la producción. Marx siempre vio al capitalista como un rentista del capital, pasivo, estéril, ocioso. Aparentemente su único interés y función es concitar y explotar a los trabajadores, todo lo demás en el área gerencial y administrativa lo resuelven sus empleados. Parece más bien un vicepresidente de vigilancia y seguridad que un hombre de empresa.

Sin embargo, la empresa capitalista tiene muchas, muchísimas actividades que tienen que ser asumidas de forma coordinada, entre las cuales se destacan las de planeamiento y presupuesto. Es decir, no todo

[157] Montalvo Cossío, p. 323

consiste en fijar los ojos en el objeto de trabajo y realizar un trabajo concreto. Por ejemplo, crear un mercado nuevo es toda una aventura, comporta riesgos importantes a lo que sólo se atreven unos pocos. Pensar que lo que hace el empresario lo hará cómodamente el Estado, puesto que es éste la racionalidad y organización mientras a aquel sólo lo mueve un deseo enfermo de dinero es, cuando menos, ingenuo. Finalmente, si para Marx lo que define la productividad –en el capitalismo- es la plusvalía, para los neoclásicos posteriores será la sola utilidad. Se hace más importante que nunca la dualidad valor de uso-valor. De hecho, el principal defecto del modelo de Keynes -como demostraremos adelante- es que propone como correctivo a la tendencia del sistema a la recesión y el desempleo el gasto público específicamente improductivo.

7.4. Dialéctica valor de uso-valor

> "El trabajo se hace cada vez más abstracto e indiferente, y la actividad del obrero cada vez más mecánica y por lo tanto indiferente a su propia forma. La actividad es puramente formal o... puramente sustancial, indiferente a su forma, actividad en general."
>
> Carlos Marx[158]

La relación, en realidad la oposición entre valor de uso y valor no puede ser la misma en el tiempo. En las

[158] Marx, Carlos Fundamentos..., I, p. 244 Tomado de: Alvater, p. 31

sociedades precapitalistas el trabajo se centra en el valor de uso, en la producción de bienes cuando todavía no aparece la mercancía. Esto aún cuando se trata de sociedades en que una clase explota a otra, en que los propietarios explotan a los no propietarios, el común denominador de los sistemas productivos conocidos. Igual sucede con la producción artesanal o de autoconsumo: no son por sí mismas mercancías, no se producen con el propósito del mercado. Consecuentemente el único aspecto relevante es el valor de uso.

Con el advenimiento del capitalismo se invierten los términos, el término del valor empieza a dominar sobre el valor de uso. El dominio es cada vez mayor hasta hacer el valor de uso irrelevante. Al capitalista le interesa única y exclusivamente la obtención de plusvalía, trabajo no pagado definido en el plano del valor. El valor de uso se restringe a una condición necesaria, de una importancia específica cada vez menor.

Con la pérdida de importancia del valor de uso frente al valor, pierde importancia el trabajo concreto frente al abstracto, la fuente de aquellas expresiones específicas. En la medida en que el capitalismo se desarrolla, las mercancías se hacen progresivamente menos diferenciadas, más homogéneas y genéricas. La producción se hace cada vez más grande, masiva. Más, cada vez mucho más de lo mismo.

Dice Marx:

> "Una araña ejecuta operaciones que semejan a las manipulaciones del tejedor, y la construcción

> de los panales de las abejas podría avergonzar, por su perfección, a más de un maestro de obras. Pero hay algo en que el peor maestro de obras aventaja, desde luego, a la mejor abeja, y es el hecho de que, antes de ejecutar la construcción, la proyecta en su cerebro. Al final del proceso de trabajo brota un resultado que antes de comenzar el proceso ya existía en la mente del obrero, es decir, un resultado que tenía ya existencia ideal. "[159]

El trabajador concreto –subrayamos este aspecto- debe pensar su trabajo antes de hacerlo, como debe prestar atención mientras lo realiza a efectos de que resulte según el plan. Los animales trabajan por instinto, a diferencia del hombre que planea y planifica. En la medida en que el valor de uso pierde importancia, que es decir que el trabajo concreto pierde importancia, el trabajo se hace repetitivo y mecánico, carente de propósito, alienante:

> "El trabajo mecánico fatiga de una manera extremada el sistema nervioso, suprime el juego variado de los músculos y confisca toda libre actividad física e intelectual. Hasta la mayor facilidad del trabajo se convierte en un medio de tortura puesto que la máquina no dispensa al obrero del trabajo pero le priva de todo su interés. Toda producción capitalista... tiene esto de particular: el obrero no domina las

[159] EC, I, p. 130

condiciones de trabajo, está dominado por ellas..."[160]

Por supuesto, tenemos en mente al obrero inserto en la cadena de montaje en la producción de tornillos que satirizó Charles Chaplin. Trabajo parcelado en extremo, una minucia o detalle que debe realizar repetitivamente hasta el embobamiento, rápido, sin pifias, por ocho o más largas horas. Este es el trabajo del capitalismo desarrollado que Marx tuvo en mente y que fue así indudablemente hasta mediados del siglo XX aproximadamente. Ahora cabe preguntarnos: ¿es este todo el trabajo en el capitalismo? ¿Ha sido siempre así, seguirá así indefinidamente?

El primer hecho a destacar es la constante lucha que resulta el mantenimiento del empleo en el capitalismo, más en la medida en que se desarrolla. Esta es la paradoja de la pobreza en medio de la abundancia que refiere Keynes, la que comentaremos con mayor detalle en el próximo capítulo. El capitalista busca sistemáticamente sustituir trabajo por capital, trabajo vivo por trabajo muerto, en los términos de Marx, por un asunto elemental de costo. Los bienes de capital no generan derechos laborales y prácticamente no cometen errores. Aún más, hay productos que hoy por hoy es imposible elaborarlos manualmente por elementales y básicos que puedan parecer, como un vaso plástico desechable. Cantidad de procesos productivos que podían parecer obligados a un proceso productivo artesanal, fundamentalmente manual, han

---

[160] EC, I, p. 349. Ver: Gorz, André Crítica de la división del trabajo Laia (1977) y Durand, Claude El trabajo encadenado Blume (1978)

sido mecanizados a tal punto que la intervención humana se resume a la supervisión. Otro aspecto en que los hechos no se han conducido según la teoría y los pronósticos de Marx.

En el capitalismo el trabajo parece sobrar, la oferta de trabajo es estructuralmente superior a la demanda. En el fondo de la crisis surge una sobreoferta enorme de gente que no encuentra ocupación. Por ningún lado se ve al capitalista frenéticamente reclutando obreros para exprimirlos en su empresa. Más bien al contrario, los capitalistas desaparecen, quiebran en serie en el efecto dominó de la crisis profunda. El empleo de mano de obra parece restringirse a aquellos procesos difíciles o imposibles de ser mecanizados, o en que el bajo nivel salarial no induce la sustitución de trabajo por capital. Por supuesto, el capital tiene una gran movilidad entre países a la hora de contratar trabajo a los más bajos salarios.

El hecho es que se esperaría -si es que los capitalistas persiguen la ganancia denominada en valor, es decir, en tiempo de trabajo social- que progresivamente incorporaran mayor cantidad de mano de obra a la producción, con mayor razón en tiempos de crisis. Pero sucede justo lo contrario: emplean el mínimo de trabajadores y no pierden oportunidad de reducir la plantilla, lo que no parece disminuir su tasa de ganancia sino más bien lo contrario. Por supuesto, Marx analizó la formación de lo que denominó el ejército industrial de reserva:

> "Cuanto mayores son la riqueza social, el capital en funciones, el volumen y la intensidad de su crecimiento y mayores también, por tanto, la

> magnitud absoluta del proletariado y la capacidad productiva de su trabajo, tanto mayor es el ejército industrial de reserva. La fuerza de trabajo disponible se desarrolla por las mismas causas que la fuerza expansiva del capital. La magnitud relativa del ejército industrial de reserva crece, por consiguiente, a medida que crecen las potencias de la riqueza. Y cuanto mayor es este ejército de reserva en proporción al ejército obrero en activo, más se extiende la masa de la superpoblación consolidada, cuya miseria se halla en razón inversa a los tormentos de su trabajo. Y finalmente, cuanto más crecen la miseria dentro de la clase obrera y el ejército industrial de reserva, más crece también el pauperismo oficial. Tal es la ley general, absoluta, de la acumulación capitalista."

La pregunta es, como antes, cuando vimos la hipótesis de la tendencia decreciente de la tasa de ganancia: ¿cuál es más fuerte y sistemática, por lo cual se impone, la tendencia o la contratendencia? Hay una fuerza que lleva a los capitalistas a contratar fuerza de trabajo, la necesidad de plusvalía. Por otro lado hay una fuerza en dirección contraria que los induce a despedir y prescindir de los obreros. ¿Cuál de las dos se impone? La evidencia es concluyente en cuanto a que la tendencia dominante del capitalismo es hacia la recesión y, por vía de consecuencia, el desempleo, pero nunca al punto de abatir la tasa de ganancia o poner en riesgo la supervivencia del modo de producción. No parece ser el trabajo abstracto, entonces, la sangre o savia que lleva energía y vitalidad a todas y cada una de las células del organismo económico, la respuesta no parece hallarse en el plano del valor trabajo, por lo menos en la conceptualización de Marx.

La tendencia a la recesión se origina en la tendencia al subconsumo, es decir, a que el agente económico típico consume sólo una parte de su ingreso corriente, menor a medida que este último aumenta. De aquí la necesidad de impulsar las ventas, estimular a los consumidores a que compren y consuman en lo que se utilizan todas las técnicas y ardides mercadológicos imaginables. Con este propósito es de la mayor importancia el desarrollo de productos nuevos y la diferenciación de los existentes pues la baja propensión al consumo se debe a la saturación y el hartazgo, a que la gente ya tiene mucho de todo. Por tanto la salida es crear deseos continuamente nuevos y mayores, un consumidor crecientemente insatisfecho es la condición sine qua non de un capitalismo energético y saludable.

Todo esto anterior tiene lugar en el solo plano del valor de uso, los productos nuevos, muchos, diversos, siempre más y distintos. El consumidor se cuestiona poco sobre la utilidad adicional que le reporta el nuevo consumo, cae en una espiral de consumir por hacer algo. El consumo sosegado y calculado no es compatible con un capitalismo en expansión, a la vez que un capitalismo estático es un absurdo. De manera, pues, que un consumidor neurótico es condición indispensable de un capitalismo saludable, por paradójico que parezca.

A este consumidor no le interesa para nada la cantidad de trabajo con que se hayan elaborado las mercancías objeto de su consumo. Le interesan, sí, las características físicas, materiales de éstas en la medida en que son fuente de su utilidad. Pero si el trabajo disminuye la calidad de las mercancías, mejor producirlas con menor cantidad de trabajo. El consumidor tiende a ser poco solidario, hasta con las fuentes de su propio ingreso.

Igual sucede con la ganancia capitalista. Al final, el capital se tiene en la forma de objetos tangibles, bienes de capital o activos. Hasta el dinero tiene que tener obligadamente características físicas específicas, por ideal que pueda ser un momento determinado, en otro tiene que ser tan concreto como una silla [161]. Si denominada en activos la riqueza del capitalista es cada vez mayor, ¿qué le puede interesar su contenido en trabajo? Observamos que todavía sigue siendo cierto que, prescindiendo de su aspecto material, la mercancía sólo es trabajo humano cristalizado.

En la visión de Marx hay dos cabos que no se unen en la realidad. La desvalorización del capital debía empujar al capitalista y el sistema por una pendiente de autodestrucción. La disminución del valor de las mercancías debía de alguna manera derrotar su proliferación. El valor de uso no puede desligarse del valor al grado de que éste no represente restricción sobre el primero, como sucede en la práctica. Desde otro ángulo, la caída de la tasa de ganancia denominada en valor debía disminuir la riqueza capitalista, su disponibilidad de valores de uso, que no es el caso.

---

[161] EC, T. I, p. 57 ss.

Teóricamente se abren varias posibilidades. La primera, desechar de una vez y por todas la teoría del valor trabajo por carecer de operatividad, luego de relevancia[162]. Esta postura radical no parece adecuada puesto que, como acabamos de mencionar, todavía, prescindiendo de su materialidad, las mercancías no son sino trabajo humano. Este axioma, por simple que pueda parecer, tiene gran importancia en la ingeniería de una sociedad económica. Segunda, reformular la teoría del valor trabajo. Con este propósito hay que desarrollar el concepto del trabajo complejo y la incorporación del conocimiento a los bienes, en particular a los bienes de capital. Por supuesto que esta alternativa tiene importantes implicaciones políticas. Para los marxistas ha sido de principal importancia restringir el valor al trabajo directo, al trabajo manual del obrero manufacturero, el que produce mercancías homogéneas y genéricas. Todo otro trabajo, en particular el del capitalista y sus colaboradores es improductivo, por ende innecesario. Una sociedad racional puede perfectamente prescindir de estos últimos.

La lección de la historia ha sido, sin embargo, que sin organización no hay producción de ningún tipo. A su vez, organización es capacidad, talento, inteligencia, conocimiento, perseverancia, cualidades que ninguna entra en la definición de valor trabajo. Muchas se quedan en el mundo del trabajo concreto sin elevarse a la esencia del valor. Cuando se trata de hacer las cosas en este mundo material, sin embargo, el mismo mundo material de siempre, desde cuando el hombre es hombre, no se puede hacer sin ellas. El supuesto de

---

162 Steedman, citado.

utilidad de las mercancías en la teoría del valor trabajo es muy amplio y genérico. En la práctica, la utilidad supone condiciones específicas, concretas, de la realidad. Un ejemplo rápido: no hay producción sin organización, y los organizadores –si han de ser tales con cierta efectividad- deben tener autoridad sobre los trabajadores. La capacidad de organizar es un recurso personal que seguramente exigirá una compensación diferenciada, mayor que la de los trabajadores directos.

En síntesis, el valor de uso impone restricciones importantes al valor como lo conceptualiza Marx. En el mundo de los valores de uso, los bienes –no necesariamente mercancías- se compran y se venden, se ofrecen y demandan. El mercado establece un precio comparando la disponibilidad por naturaleza o por producción con el deseo social por su consumo. Estos bienes: capacidades particulares de la tierra, talentos personales, inteligencia, conocimientos desarrollados y adquiridos, entran a su vez en la producción de mercancías influyendo sobre la cantidad de trabajo humano contenido. El aspecto de valor de uso –la oferta y la demanda- es dominante sobre el aspecto del valor –el valor trabajo- hasta tanto las cualidades de lo real dejen de ser operativas. A la inversa, en un mundo con tierra ilimitada, iguales talentos o vocaciones personales, igual disposición hacia el trabajo, la misma inteligencia y la misma cantidad de conocimiento, indudablemente el valor –el tiempo social de trabajo incorporado en las mercancías- gobierna los intercambios. Sería, sin embargo, pretender eliminar los accidentes que son la sustancia de la vida misma. Decir, por ejemplo, que en ausencia del aire que respiramos, la ley de gravedad se verifica con exactitud absoluta.

"... una socialización bastante completa de las inversiones será el único medio de aproximarse a la ocupación plena... Pero fuera de esto, no se aboga francamente por un sistema de socialismo de estado que abarque la mayor parte de la vida económica de la comunidad. No es la propiedad de los medios de producción la que conviene al Estado asumir. Si éste es capaz de determinar el monto global de los recursos destinados a aumentar esos medios, y la tasa básica de remuneración de quienes los poseen, habrá realizado todo lo que le corresponde."

John M. Keynes[163]

---

163 TG, p. 332-3

CAP. 8. MARX Y KEYNES

El diagnóstico y la prescripción de Keynes deben ser bien conocidos: el sistema económico –el capitalismo- no se autorregula, no es *homeostático*. Por el contrario, tiende a situarse en un *equilibrio de subempleo* –un equilibrio dentro del desequilibrio- en el que el nivel de la demanda *efectiva* determina un nivel de ingreso menor al de ocupación completa. El nivel de la demanda efectiva es menor que el ingreso de pleno empleo debido a que los empresarios no visualizan que puedan vender por encima de aquél, el ingreso de subempleo se reduce a la demanda efectiva. Sólo la intervención del Estado puede cerrar la brecha entre el nivel corriente de la demanda efectiva y el ingreso de pleno empleo[164]. Pero el Estado ¿quién?, el Estado ¿cómo, en qué? La prescripción de Keynes es ambigua. En el mismo pasaje anterior manda primero a socializar las inversiones para líneas abajo decir que no conviene la propiedad estatal de los medios de producción. ¿En qué quedamos?

En la *Crítica...* decimos:

> "La primera y más contundente conclusión de Keynes es bien conocida: el gasto público, principalmente el gasto corriente (puesto que no

[164] Montalvo Cossío, citado.

deseaba la socialización de las inversiones) debe cerrar la brecha del ahorro, es decir, la distancia entre el ahorro de pleno empleo y la inversión autónoma a ese nivel de ingreso. En otras palabras, mediante el gasto público se puede alcanzar el pleno empleo..."[165]

El hecho es que el gasto público deficitario pareció funcionar como recurso de recuperación del ingreso y de regulación lo que validó y dio reconocimiento a la teoría de Keynes. Luego el mecanismo no se desempeñó igual de bien pero ha persistido la idea de que lograr el pleno empleo es un compromiso ineludible del Estado y –más importante- que tiene capacidad para lograrlo. Por su parte, en circunstancias de información imperfecta –es decir, escasa o contradictoria- el gasto público deficitario parece empujar al alza las expectativas empresariales de ventas o, lo que viene a ser lo mismo, la demanda efectiva. Como suele suceder, la misma causa no tiene siempre el mismo efecto, el mismo gasto deficitario no tiene siempre la misma influencia sobre la demanda efectiva.

En síntesis, Keynes dice que el Estado, de alguna manera –y esta indefinición es clave- resolverá el problema del equilibrio de desocupación, a lo que con los años se ha añadido la idea de la obligación de éste a dicho propósito. El objetivo del empresario[166] es la

---

[165] Ibid., p. 52

[166] Hacemos la transición del capitalista al empresario, que se explica en los términos convencionales: el capitalista es el inversionista. Empresario es el que convoca, organiza y dirige la producción. La ganancia es un residuo luego de cubrir costos,

ganancia, lo que es natural y conveniente en las líneas de Adam Smith y la economía clásica. Sin embargo, hay actividades o situaciones en las que no interviene porque no le resulta atractivo desde el punto de vista financiero. Aquí entra en escena el Estado. Es decir, lo que no hace el empresario porque no quiere o no puede lo debe resolver el Estado. En lo específico, al empresario no le preocupa demasiado el desempleo, contrario a lo que debe suceder con el Estado, o la salud, la educación pública, los bienes públicos. Entonces es conveniente que el Estado complemente la inversión privada en aras de lograr el mayor nivel de utilidad social posible. Este planteamiento, sin embargo, contradice la idea clásica de que el libre juego de los intereses privados nos conduce al nirvana económico. Finalmente la experiencia ha demostrado que esto último no es cierto, como tampoco lo es que cualquier involucramiento del Estado en la economía es por sí mismo beneficioso.

En términos gráficos, Keynes concluye en el Estado y Marx también. Tienen esto en común por lo que parecería que dicen lo mismo cuando no es así para nada. Keynes era completamente refractario de Marx y los marxistas de Keynes. Ciertamente, la semejanza es más formal que sustantiva, una coincidencia de términos.

---

que se queda el empresario. El capitalista recibe un rendimiento que puede ser variable, de la misma naturaleza que la tasa de interés.

8.1. La Teoría General

> "Aquí está el secreto de la *Teoría general.* Es un libro mal escrito, muy mal organizado; cualquier lego que, guiado por la reputación previa del autor, compró el libro, gastó mal sus cinco chelines. No es adecuado para usarse como libro de texto. Es orgulloso, malhumorado, polémico y no muy generoso en sus reconocimientos. Abunda en confusiones o partes muy complejas.... En él el sistema keynesiano se presenta indistintamente, como si el autor apenas lo percibiera o conociera sus propiedades; y ciertamente su peor parte es cuando expone sus relaciones con sus predecesores. Ocasionales relámpagos de perspectiva e intuición se presentan alternativamente con un álgebra tediosa. Una definición defectuosa da lugar repentinamente a una exposición inolvidable. Cuando al fin se domina, se encuentra que el análisis es obvio y al mismo tiempo nuevo. En resumen, es la obra de un genio."
>
> Paul Samuelson[167]

La *Teoría General* es un libro difícil pero a la dificultad han contribuido los seguidores de Keynes quienes, en vez de aclarar las ideas del maestro a partir de un

[167] Samuelson, Paul La Teoría General En Leckachman, Robert Teoría General de Keynes, Informes de tres Décadas FCE (1974), p. 349-9

modelo básico y sencillo, se dedicaron a buscar matices cuando lo primero todavía no estaba resuelto. La síntesis neoclásica-keynesiana ahonda la confusión pues no queda clara la frontera entre escuelas y si, después de todo, es posible una articulación consistente. Más adelante Leijohufvud tiene que distinguir entre la economía de Keynes y la de sus seguidores keynesianos[168].

En la *Crítica...* hacemos una exposición bastante detallada de la *Teoría General* por lo que aquí procede sólo un resumen. Como acabamos de comentar, Keynes concluye en la necesidad de la intervención estatal pero sólo en la medida exacta como para absorber el exceso de ahorro al nivel del ingreso de pleno empleo, es decir, para obtener el pleno empleo. Por ello decimos que, para Keynes, el Estado es el perfecto subsidiario de la iniciativa privada. No tiene objetivos propios sino complementar en el grado preciso la incapacidad del libre mercado para lograr el ingreso de pleno empleo.

Cómo hacerlo no lo dice con precisión. Habla de socializar las inversiones pero de inmediato dice que las inversiones públicas no son convenientes. No es, pues, fortuito que de sus notas finales se hayan derivado recomendaciones de todos los colores, hasta francamente opuestas y contradictorias.

Está claro que la intervención del Estado es un mal menor necesario, que si se pudiese debía evitarse. Por ello la subsidiaridad, si el Estado interviene más allá de la medida exacta muy probablemente los resultados

---

168 Leijohufvud, Axel On Keynesian Economics and the Economics of Keynes Oxford University Press, 1968.

sean peores que si se hubiese mantenido al margen. La colectivización no es conveniente porque justamente reduce el espacio para el individualismo:

> "Detengámonos por un momento a recordar cuáles son estas ventajas. En parte lo son de eficacia –la de la descentralización y del juego del interés personal-... el individualismo es la mejor salvaguarda de la libertad personal si puede ser purgado de sus defectos y abusos, en el sentido de que, comparado con cualquier otro sistema, amplía considerablemente el campo en que puede manifestarse la facultad de elección personal. También es la mejor protección de la vida variada, que brota precisamente de este extendido campo de la facultad de elección, cuya pérdida es la mayor de las desgracias del estado homogéneo o totalitario; porque esta variedad preserva las tradiciones que encierran lo que de más seguro y venturoso escogieron las generaciones pasadas, colorea el presente con las diversificaciones de su fantasía y, siendo subordinada inseparable de la experiencia, así como de la tradición y la imaginación, es el instrumento más poderoso para mejorar el futuro."[169]

En este punto encontramos una diferencia radical de visión con Marx. Para Keynes el sistema económico debe basarse en el individualismo siguiendo la vieja tradición liberal del siglo XVIII. El individuo debe gozar de absoluta libertad en la medida en que la suya no

---

169 TG, p. 334

disminuya la libertad de los demás. Esto garantiza su expansión, la posibilidad de perseguir y aprovechar todas sus aptitudes y facultades, naturales y adquiridas. En particular, el Estado no debe restringir la libertad del ciudadano. Por su parte, la libertad implica responsabilidad, el individuo debe asumirse a sí mismo, no puede esperar dirección ni subsidio, ni garantías ante el riesgo y la incertidumbre. Suscribe el contrato social por un asunto de pura conveniencia, el universo de su desarrollo es interior.

En el otro polo Marx ve al hombre como un animal evolucionado, el sujeto que brotó del mono producto de un salto dialéctico. Predomina el todo, las partes no son nada individualmente, son prescindibles, dispensables. Cualquier parte puede ser sustituida por otra igual o equivalente. La vida interior de cada sujeto no es trascendente a efectos de la vida social, es un universo de percepciones, ideas y sensaciones que vive, disfruta y padece cada persona íntimamente. En la sociedad impera la ley de la dialéctica materialista, la sociedad camina según el desarrollo de las fuerzas productivas en comparación con el desarrollo de las relaciones de producción. Los individuos acaban asimilando personalmente, es decir, de muy distintas maneras, este condicionamiento insalvable.

Dos perspectivas diametralmente opuestas del lugar del sujeto en la sociedad: para los liberales, el centro es el individuo y su felicidad, que se debe expresar en el conglomerado. Primero el sujeto, y luego organizar la sociedad para que unos no se dañen a otros. Para Marx es lo contrario, el centro es la sociedad, que se logre el mejor resultado colectivo en lo que es fundamental la igualdad y homogeneidad. El individuo como tal, como célula social, es intrascendente. Por eso la comparación es complicada, porque Marx y Keynes no veían igual el mundo ni eran los mismos sus propósitos.

Todavía más, para Keynes es un avatar conveniente que el hombre tenga que dedicar tantos sacrificios a la obtención de un ingreso. Si fuese de otra manera, si de alguna manera tuviera su subsistencia asegurada, no sabría qué hacer con su tiempo lo que traerías grandes conflictos entre unos y otros:

> "Hay valiosas actividades humanas cuyo desarrollo exige la existencia del estímulo de hacer dinero y la atmósfera de la propiedad privada de riqueza. Además, ciertas inclinaciones humanas peligrosas pueden orientarse por cauces comparativamente inofensivos con la existencia de oportunidades para hacer dinero y tener riqueza privada que, de no ser posible satisfacerse de este modo, pueden encontrar un desahogo en la crueldad, en temeraria ambición de poder y autoridad y otras formas de engrandecimiento personal. Es preferible que un hombre tiranice su saldo en el banco que a sus conciudadanos..."[170]

El consumismo, el consumo conspicuo sin utilidad ni propósito es el vicio a que obliga el desarrollo firme y decidido del capitalismo. La alternativa es la desocupación y la miseria, no hay nada en el medio. O uno u otro. Todo mundo ha levantado la mano por lo

---

[170] TG, p. 329

primero aunque cada quien quiere un turno para denunciar el exceso y aportar la idea de una regulación posible. Pero funcione ésta o no, nos quedamos enfermos pero ricos, es el consenso general, a veces disfrazado en una retórica solemne vacía de contenido. No hay felicidad completa, el mercado capitalista arrastra cantidad de problemas y dificultades pero todas las alternativas son peores. Marx, por su parte, nunca dijo cómo, en concreto, se implementaría aquello de "de cada quien según sus capacidades, a cada quien según sus necesidades", que parece una frase bíblica. ¿Cuál es el móvil, el motivo del sujeto cuando no lo es el interés material?

> "He estado convencido durante muchos años que la gran aportación de la General Theory de Keynes fue la formulación clara y concreta de la función de consumo. Esta aportación al arsenal de instrumentos de análisis económico marca un hito comparable al descubrimiento de la función de demanda por parte de Marshall y, quizás, un hito aún más importante."
>
> Alvin Hansen[171]

Al final todo se trata del consumo. El ahorro, la inversión, los activos financieros, las innovaciones, todo a la postre converge al consumo. Aún las actitudes y decisiones que parecen negarlo, lo

---

[171] Hansen, Alvin La función de consumo como contribución a la teoría económica En: Harris, Seymour The new economics A. Knopf (1947)

confirman. El mantenimiento de saldos precautorios o la riqueza en forma convertible no son sino formas de garantizar el consumo en circunstancias adversas. El consumo es el centro y propósito de todas las acciones y actividad económica, el consumo es el objetivo y lo demás sus circunstancias.

En esto se puede trazar un paralelismo con el concepto marxista de valor de uso y el trabajo concreto como condición ineludible de vida. De forma más bien directa, sin consumo la vida no es viable, el consumo se articula al instinto de conservación. Hay, por supuesto, circunstancias en torno al mismo acto, no es lo mismo comer la misma cosa en una fonda de la calle que en un restaurante de lujo. Son consumos diferenciados pero al final consumo. Es decir, la comodidad, el prestigio, son también artículos de consumo. El hecho es que todo lo que hacemos en economía lo hacemos para el consumo, de forma efectiva o potencial, directa o indirectamente. En negativo, si no hay consumo no hay nada.

El empresario va a producir lo que espera vender. Dos observaciones muy importantes: en el modelo de Keynes el tiempo, es decir, la simultaneidad y coordinación de las acciones es crítico, contrario a lo que acontece en el sistema clásico en que todas las diferencias y dificultades se disuelven al instante resultado del libre juego de la oferta y la demanda. El otro punto es que el empresario espera vender con una rentabilidad adecuada. Llegados a un punto, reducir su rentabilidad puede ser equivalente a no producir, no merece la pena. En recesión, ciertamente puede aceptar disminuir el rendimiento pero a partir de cierto nivel esto significa que prepara su salida de la industria. Es decir, no hay una curva suave ascendente que asocia rentabilidad con oferta sino una curva que nace con una rentabilidad cercana a la normal y más bien plana. El empresario espera ganar del volumen de negocios, no de la circunstancia de precios. Para Keynes el sistema de precios no hace lo que los clásicos pensaban. Ciertamente es un sistema de racionamiento, pero más bien secundario luego que la demanda efectiva determina el nivel de actividad. Este último es el verdadero principio regulador.

Producción excedente por encima de las ventas son pérdidas reales, producción menor a la de las ventas potenciales un costo de oportunidad. El empresario conservador y prudente se acercará a las ventas potenciales por debajo, disminuyendo el riesgo de pérdidas.

El agente económico típico, de su ingreso consume una parte y la restante la ahorra. En la medida en que aumenta su ingreso, la parte consumida es proporcionalmente menor y la ahorrada mayor, esta es la función consumo keynesiana. Si agregamos todo el consumo y ahorro de la sociedad logramos la función de consumo agregada junto con la función de ahorro.

> "Siempre es agradable descubrir un punto fijo en medio del oleaje del empleo divergente de los términos. Que yo sepa, todo el mundo está de acuerdo en que ahorro significa el excedente del ingreso sobre los gastos de consumo."
>
> John M. Keynes[172]

---

172 TG, p. 62

La ecuación del ingreso que iguala ahorro e inversión -es decir, oferta y demanda de bienes de capital- sin decirlo iguala la oferta y la demanda de bienes de consumo: ahorro = inversión es la condición de equilibrio del ingreso. Ahora lo más importante, debe prevalecer en el tiempo, es decir, ahorro = inversión hoy, mañana, pasado mañana, etc. En cada momento el ahorro debe ser absorbido por un nivel de inversión equivalente, que es lo que dice la condición de equilibrio.

Lo que no dice, sin embargo, es que la inversión es consumo potenciado, cada peso de inversión producirá una oferta adicional de bienes de muchas veces ese peso. Y es justamente de lo que se trata, la inversión se realiza para producir más y mejor. De forma que si el consumo se mantiene sistemáticamente por debajo del ingreso y a cada paso a una mayor distancia, la inversión necesaria para absorber el ahorro de manera que se mantenga el empleo pleno se hace progresivamente mayor. Esta es la paradoja de la pobreza en medio de la abundancia, como la llama Keynes[173]. Marx llamaría a esto contradicción entre el desarrollo de las fuerzas productivas y las relaciones sociales de producción.

En términos convencionales, existe una inconsistencia entre el nivel de ingreso y su distribución, la

---

173 "Este análisis nos proporciona una explicación de la paradoja de la pobreza en medio de la abundancia; porque la simple existencia de una demanda efectiva insuficiente puede, y a menudo hará, que el aumento de ocupación se detenga antes que haya sido alcanzado el nivel de ocupación plena." TG, p. 38

concentración del ingreso no permite el crecimiento y, por vía de consecuencia, el aumento en el empleo. Observemos que la crítica al grado de concentración no es un asunto moral, de justicia distributiva y social, sino que la concentración del ingreso abate el consumo y con ello la demanda efectiva. La concentración de capital es en gran medida conveniente, como es inevitable. Sin la acumulación de capital en bloques enormes no podríamos producir tan siquiera un vaso plástico desechable, como hemos comentado antes. Por el otro lado disminuye la demanda efectiva por cuanto a niveles elevados de ingreso el consumo es proporcionalmente menor.

El dilema debe ser claro: a medida que aumenta el ingreso, la inversión necesaria para absorber el ahorro manteniendo el pleno empleo es progresivamente mayor. A la vez, una inversión mayor causa un aumento potenciado en el ingreso por lo que la solución al problema en un momento agranda el problema a resolver en el futuro:

> "... cuanto más rica sea la comunidad, mayor tenderá a ser la distancia que separa su producción real de la potencial y, por tanto, más obvios y atroces los defectos del sistema económico; porque una comunidad pobre estará propensa a consumir la mayor parte de su producción, de manera que una inversión modesta será suficiente para lograr la ocupación completa; en tanto que una comunidad rica tendrá que descubrir oportunidades de inversión mucho más amplias para que la propensión a ahorrar de sus miembros más opulentos sea

compatibles con la ocupación de los más pobres."[174]

Si el defecto de consumo es la causa por la que no se alcanza el empleo pleno y aún así, desde cierta perspectiva, el consumo que existe se estima excesivo –consumismo-, la paradoja es bastante evidente: necesitamos más de lo que ya es mucho. Por eso decimos que el consumo en un capitalismo en expansión es voluptuoso, una orgía de consumo, no hay otra manera de hacerlo. Quienes plantean morigerarlo, reducirlo al nivel de la racionalidad y las necesidades, no dicen cómo absorber el ahorro excedente en que se convertirá el menor consumo. Tratando un problema de microeconomía no ven el efecto de conjunto. El frenesí de consumo crea toda suerte de situaciones y disyuntivas, desde las neurosis por endeudamiento hasta el suicidio por falta de significado. Sin embargo no hay otra manera de hacerlo. El capitalismo que ha masificado el uso del automóvil, la televisión y las computadoras, es el mismo que enferma a las personas con el consumo, con la carencia lo mismo que con el exceso.

Se entiende, pues, la tendencia del sistema a colocarse en un equilibrio del desequilibrio, a estabilizarse en un nivel de ingreso menor al de pleno empleo y con cierta desocupación. Los empresarios van a producir lo que esperan vender, no más, y en condiciones de laissez faire saben que no será el ingreso potencial sino menor. Aquí es donde entra en escena el Estado para cerrar la brecha del ahorro, pero ¿cómo? ¿Mediante el

---

174 TG, p. 38

gasto público deficitario? Mas ¿no significa el déficit fiscal quitarle a unos para darle a otros, y esto una transferencia de ingreso? Es decir, ¿no se anula el efecto neto del gasto deficitario sobre el consumo?

8.2. El marxismo de Keynes

> "Hay una conexión necesaria entre Marx y Keynes. Marx anticipó la crítica de Keynes a la teoría neoclásica por medio de su propia crítica a la teoría clásica; y ambos reconocieron el dilema capitalista en caso de una tasa decreciente de la formación de capital. Pero mientras que Keynes diagnosticó que la causa era la falta de incentivo para invertir, Marx analizó el dilema hasta su raíz final, hasta el carácter de la producción como producción de capital."
>
> Paul Mattick[175]

Las similitudes entre las ideas de Marx y de Keynes son aparentes lo que ha hecho inevitable la comparación. Coinciden en el postulado de que el capitalismo no es homeostático, aunque Marx plantea que es autodestructivo. Desde ya se percibe que existen áreas de coincidencia que pueden llegar a ser más formales que sustantivas. Para Keynes el sistema se estabiliza a un nivel de empleo menor al total que puede hacerse progresivamente más bajo relativamente poniendo en riesgo su viabilidad. No

---

175 Mattick, Paul Marx y Keynes Era (1969) p. 29

obstante, la situación puede corregirse mediante la intervención del Estado. Marx, por el contrario, plantea que la contradicción entre producción y distribución se hará progresiva e inevitablemente más grande por lo que la única conclusión posible es el colapso. El primero plantea que la intervención humana inteligente y eficaz es capaz de solucionar las cosas, éste que la caída del sistema es una fatalidad histórica.

Todavía más, a partir del modelo de Keynes se pueden diseñar cantidad de políticas para intentar disminuir las diferencias entre producción y consumo. En lo específico, gravar las distintas formas de concentración del ingreso y riqueza -entre esta última de los activos productivos- como forma de aumentar el consumo y la demanda efectiva. De igual manera, drenar el ahorro social a la producción de bienes públicos como alternativa a los bienes privados cuyo consumo queda siempre rezagado tal como lo estipula la función consumo.

Para Marx nada de esto es efectivo, por lo tanto importante. Nada de lo que se haga evitará el final derrumbe del capitalismo por cuanto nada revierte la tendencia de la plusvalía a aumentar en menor proporción que el capital adelantado. La intervención del Estado –un instrumento de clase- ciertamente puede reducir énfasis a la tendencia en la medida en que apoya la extracción de plusvalía y fomenta la desvalorización del capital mas, a la postre, la caída en la rentabilidad se impone.

Dice Keynes ya en las últimas páginas de la *Teoría General*:

> "... si nuestros controles centrales logran establecer un volumen global de producción correspondiente a la ocupación plena tan aproximadamente como sea posible, la teoría clásica vuelve a cobrar fuerza de aquí en adelante. Si damos por sentado el volumen de la producción, es decir, que está determinado por *fuerzas exteriores* al esquema clásico de pensamiento, no hay objeción que oponer contra su análisis de la manera en que el interés personal determinará lo que se produce, en qué proporciones se combinarán los factores de la producción con tal fin y cómo se distribuirá entre ellos el valor del producto final." [176]

Justo aquí encontramos en lo que se ha insistido en más de un lugar: Keynes era, en el fondo, un economista clásico precisado a reformular la teoría heredada para hacerla operativa. No obstante, él mismo no percibió la profundidad de su crítica: la teoría keynesiana erradica la pretendida optimalidad – el carácter de óptimo, insuperable- de la teoría clásica. No hay forma de conciliar la optimalidad neoclásica con el equilibrio de desempleo keynesiano, el mundo de Keynes es de rigideces, rezagos y racionamiento. La idea de que todo mundo hace lo que quiere dentro de lo que puede no se sostiene. En realidad, la gente hace lo que puede con lo que tiene, los deseos pasan a un segundo plano.

---

[176] TG, p. 333

El Estado debe intervenir hasta cerrar la brecha del ahorro exactamente, ni más ni menos, el perfecto subsidiario de la economía privada, como lo hemos llamado. ¿Intervenir? Pero ¿cómo? ¿Produciendo? Imposible, todo mundo concede -hasta los marxistas- que el Estado es un pésimo empresario. Mejor, gastando:

> "Según sus prescripciones (de Keynes), para obtener la ocupación completa el Estado debe aumentar el gasto público. El aumento en el gasto público debe provocar un aumento proporcional en el ingreso, y éste en la ocupación; lograda ésta, la acción del Estado debe cesar so riesgo de causar inflación. Entonces la regla parece bastante simple: aumentar el gasto público hasta tanto exista desempleo. Sin embargo, quien la interprete taxativamente levantará una ceja: las cosas no son tan simples, tan simples como gastar."[177]

Si gastar es el problema, no hay problema, se decreta rumba abierta para el baile. ¡A gozar! Por eso decimos:

> "(La idea de que)... mediante el gasto público se puede alcanzar el pleno empleo... es obviamente una invitación al dispendio y la irracionalidad. Con base en este principio se han implementado las políticas más absurdas, de gasto público sin propósito ni utilidad, siempre con el pretendido propósito de alcanzar el empleo pleno."[178]

---

[177] Montalvo Cossío, p. 320
[178] TG, p. 52

Si, por otro lado, reconocemos al Estado como responsable y ejecutor de la política social, tenemos la mutual perfecta: una fórmula para lograr la ocupación completa y un objeto del gasto público: el resarcimiento de la denominada deuda social, el establecimiento del Estado del bienestar. Más adelante veremos que estas aplicaciones prácticas del modelo keynesiano no pueden tener efectividad, las cosas no son tan simples como parecen.

De aquí que algunos piensen de Keynes como un economista "de izquierda", preocupado y abanderado de los intereses de los obreros y las masas. De Keynes que era... ¡un aristócrata!

> "¿Cómo puedo aceptar la doctrina (marxista) que establece como su Biblia, por encima y más allá de toda crítica, un libro de texto económico que sé que está no sólo equivocado científicamente, sino que además no tiene interés o aplicación en el mundo moderno? ¿Cómo puedo adoptar un credo que, prefiriendo el gusano al pescado, exalta al aburrido proletariado por encima de la burguesía e *intelligentsia* que, con todos sus defectos, son la cualidad de la vida y con seguridad llevan las semillas de todo el progreso humano. Incluso si necesitamos una religión, ¿cómo encontrarla en la turbia basura de los libros rojos? Es difícil para un hijo de la Europa occidental, educado, decente e inteligente encontrar sus ideales aquí..." [179]

[179] Keynes, John M. Essays in Persuasion Norton (1963), p. 300

Tras este pasaje hay poco que añadir a quienes piensan que tenía ideas sociales, "progresistas", "izquierdistas" o igualitarias. Ahora, no nos corramos al otro extremo, tenía las ideas sociales de cualquier economista neoclásico, es decir, las que proclaman que una economía de mercado más o menos libre tiende al Óptimo de Pareto. En este contexto, cualquier intervención del Estado debe garantizar que aporta más de lo que deduce.

Keynes, de hecho, racionaliza las diferencias sociales, a la vez que plantea que se deben mantener dentro de ciertos límites. El colectivismo frustra toda iniciativa y disloca la producción:

> "Desde fines del siglo XIX se ha logrado considerable progreso en la eliminación de las grandes diferencias de riqueza y de ingresos por medio de la imposición directa –impuesto sobre los ingresos y sobre herencias-, especialmente en la Gran Bretaña. Muchos desearían llevar este proceso mucho más lejos pero se lo impiden dos reflexiones: el temor de hacer de la evasión hábil un negocio demasiado atractivo y también de disminuir indebidamente el incentivo de correr riesgos; pero, principalmente, en mi opinión, por la creencia de que el crecimiento del capital depende del vigor de las razones que impulsan al ahorro individual y que una gran producción de ese crecimiento depende de los ahorros que hagan los ricos de lo que les sobra... Nuestro razonamiento lleva a la conclusión de que, en las condiciones contemporáneas, el crecimiento de la riqueza, lejos de depender de la abstinencia de los ricos, como generalmente

> se supone, tiene más probabilidades de encontrar en ella un impedimento."[180]

Keynes fue muy refractario a Marx. Aparentemente la Sra. Robinson intentó interesarlo y más de una vez inició su estudio para abandonarlo poco después. No es mucho lo que logró capturar como muestra el siguiente pasaje en que la lucha de clases "llega":

> "(El partido laborista) es un partido de clase, y la clase no es mi clase. Si eventualmente voy a perseguir intereses particulares, perseguiré los míos propios. *Cuando llegue la lucha de clases como tal*, mis patriotismos locales y personales, como los de cualquiera, excepto ciertos fanáticos desagradables, estarán atados a mis propias circunstancias. Puedo ser influido por lo que me parece ser Justicia y buen sentido; pero *la lucha de clases me encontrará del lado de la burguesía educada.*"[181]

Keynes, pues, prescribe la intervención del Estado como un mal inevitable para recuperar el sistema de mercado, como contra fuerza a su tendencia a la recesión. Un remedio que lamenta por lo que advierte que la dosis debe ser la mínima. Llega a esta conclusión por los mismos caminos lógicos que los neoclásicos: funciones de utilidad, búsqueda de máximos, articulación de intereses encontrados. No obstante, cambia la determinación funcional. Para Keynes el ingreso es la variable dependiente,

---

[180] TG, p. 328-9

[181] TG, p. 324. Subrayado nuestro.

determinada por la demanda efectiva, y los precios un mecanismo secundario de racionamiento. Para los neoclásicos la libre oscilación de los precios garantiza el máximo ingreso. No hay, en cualquier caso, dialéctica ni materialismo, clases ni intereses en conflicto como no sean los de los vendedores y los compradores.

Si en algo los marxistas han estado claros es justamente en esto, que para Keynes la intervención del Estado no es más que un recurso para evitar el desempleo en masa y la profundización de la crisis. No se trata de la nacionalización o la expropiación de los medios de producción. Jamás, de hecho advierte de los peligros de estas acciones. Keynes era un anticomunista impenitente, contrario a la opinión que han puesto a circular algunos derechistas extremos que ven en cualquier acción del Estado un avance decidido del comunismo internacional.

8.3. Crítica a Keynes

> "Si la Tesorería se pusiera a llenar botellas viejas con billetes de banco, las enterrara a profundidad conveniente en minas de carbón abandonadas, que luego se cubrieran con escombros de la ciudad, y dejara a la iniciativa privada, de conformidad con los bien experimentados principios de *laissez-faire*, el cuidado de desenterrar nuevamente los billetes (...) no se necesitaría que hubiera más desocupación y, con ayuda de las repercusiones,

el ingreso real de comunidad y también su riqueza de capital probablemente rebasarían en buena medida su nivel actual. Claro está que sería más sensato construir casas o algo semejante; pero si existen dificultades políticas y prácticas para realizarlo, el procedimiento anterior sería mejor que no hacer nada."

John M. Keynes[182]

Alguna razón tenía el profesor Hicks al decir que el éxito de la *Teoría General* se debe a su tono satírico porque la cita anterior es impresionante, entusiasta pero falta de toda lógica. Dice Keynes en otro lugar:

"El antiguo Egipto era doblemente afortunado y, sin duda, debió a esto su fabulosa riqueza, porque poseía dos actividades: la de construir pirámides y la de buscar metales preciosos, cuyos frutos, desde el momento que no podían ser útiles para las necesidades humanas consumiéndose, no perdían utilidad por ser abundantes. La Edad Media construyó catedrales y cantó endechas. Dos pirámides, dos misas de réquiem, son dos veces mejores que una; pero no sucede lo mismo con dos ferrocarriles de Londres a York." [183]

Obviamente el problema es el consumo, la regla práctica de que el consumo disminuye relativamente cuando aumenta el ingreso, en lo individual como en el conjunto. Esto se debe a la utilidad marginal decreciente: mientras mayor la cantidad de un objeto

[182] TG, p. 121
[183] TG, p. 122

que actualmente tenemos, menor relativamente la ganancia en utilidad que percibimos con el consumo de una unidad adicional. Es decir, la saturación, el hartazgo. La cosa es peor cuando ya tenemos mucho de todo como sucede en el capitalismo desarrollado, encontrar un objeto de deseo es mucho más difícil.

La solución es desarrollar las que hemos denominado necesidades "del espíritu", deseos inmateriales, más bien morales y narcisistas como ser importante y distinguido. La ventaja de las necesidades del espíritu es que no parecen tener límite en número ni profundidad, son fundamentalmente insaciables. Es a lo que se refiere Keynes con la construcción de pirámides y la búsqueda de metales preciosos en Egipto, a que eran apetencias que no tenían límite. En una sociedad económica así el defecto de consumo nunca será un problema.

Lo contrario sucede con las necesidades prácticas, comer o vestir, que rápidamente se sacian. Si ya tenemos un ferrocarril de Londres a York, ¿para qué otro? Tendríamos que impulsar un ferrocarril "mejor", más rápido, seguro, eficiente, moderno, porque la necesidad práctica de transportación ya está satisfecha con el primero.

En todo momento el objetivo de Keynes es no permitir que la demanda efectiva se caiga:

> "El espectáculo de los mercados de inversión modernos me ha llevado algunas veces a concluir que la compra de una inversión debe ser permanente e indisoluble, como el matrimonio, excepto por motivo de muerte o de

> otra causa grave, y esto será un remedio útil para nuestros males contemporáneos; porque tal cosa forzaría a los inversionistas a dirigir su atención solamente a las oportunidades a largo plazo."[184]

Los inversionistas productivos –aquellos quienes detentan la propiedad de los activos productivos físicos- pueden retirar sus inversiones vendiéndolas en la bolsa de valores. Si el movimiento se generaliza –si las acciones se van a la baja- se traducirá en una disminución en la demanda efectiva. De ahí el deseo de defender las inversiones productivas hasta el final. Sin embargo, un fracaso empresarial muy prolongado y costoso, por encima de lo habitual y recomendable, puede resultar peor a la larga. Si los emprendedores pierden confianza en sí mismos, y otros en ellos, nadie se atreverá a tomar la iniciativa de hacer las cosas.

La idea de enterrar dinero en minas para que los empresarios lo busquen es una parábola mala para invitar a la acción antes que a la apatía, al entusiasmo y decisión en la solución de los problemas. Pero no es cierto que escondiendo dinero se resuelve la tendencia recesiva del sistema, como no es cierto que simplemente con que el Estado gaste por encima de sus recaudaciones se recupera el pleno empleo. La intervención del Estado, para ser efectiva, es decir, para tener efecto sobre el nivel de ingreso, está sujeta a condiciones.

---

[184] TG, p. 146

De momento dejemos fuera el denominado problema del "rey economista"[185], es decir, si en el Estado hay gente que comprende la razón de la recesión y sabe qué hacer, cómo y cuándo. También que el hacedor de políticas no tiene objetivos personales, es absolutamente altruista. El Estado es un concepto amplio que en su aspecto subjetivo se resume a gente: ministros y funcionarios, burocracia. En este conjunto de personas se debe generar la comprensión y decisión de resolver el problema del desempleo, lo que de alguna manera supone que colocan este objetivo por encima de propósitos alternativos, como mantenerse en el gobierno, por ejemplo. El Estado tiene intereses opuestos y en conflicto por lo que en un momento determinado resolver el problema de la recesión puede resultar más bien secundario, por lo menos mientras no alcance la categoría de crisis.

¿Cuáles son las condiciones para la intervención efectiva del Estado? Partimos del supuesto de un Estado capaz y comprometido, dispuesto a acometer las acciones necesarias. Ahora tenemos que ver dos temas dentro de las finanzas públicas: a) las fuentes de los ingresos fiscales y b) el objeto del gasto público. Es claro que si los impuestos se restringen a quitar a unos lo que se da a otros su efecto neto es cero. Si la suma de a y b es k, una constante, cualquier aumento en a se hará mediante una disminución igual en b, y viceversa. Aún así esta política de redistribución del ingreso puede tener algún efecto sobre la demanda efectiva. La propensión al consumo en las capas sociales de menor ingreso es mayor que en las capas de mayor ingreso por cuanto la política social tipo

[185] Montalvo Cossío, p. 62

Robin Wood de quitar a los ricos para dar a los pobres debe aumentar la propensión social al consumo y, con ella, la demanda efectiva. No obstante, esto siempre tiene un límite pues la actividad privada exige una rentabilidad adecuada o mejor deja de trabajar. No podemos perder de vista que los impuestos constituyen una disminución en el ingreso disponible de la población contribuyente. Cuando la presión fiscal se hace excesiva, lejos de promover el crecimiento del ingreso empuja en la dirección contraria por la pérdida de rentabilidad entre estos. Con lo cual caemos en el tema del objeto del gasto público.

La intervención del Estado puede favorecer la concentración del ingreso y la riqueza, y no lo contrario. En sí mismo el Estado es un monopolio y los monopolios tienen muchos recursos para inmunizarse a la fiscalidad. El principal es que están en mejor capacidad que nadie para transferir a precios el aumento en los impuestos sin pérdida en ventas ni en rentabilidad. Esto no lo pueden hacer los productores en competencia ni los empleados en régimen de dependencia.

La paradoja de la pobreza en medio de la abundancia implica –ya lo vimos- que la solución al problema del defecto de consumo se resuelve agrandando el problema recursivamente. La solución de hoy implica un problema igual mañana sólo que más grande. A esto se añade que las unidades productivas grandes, inmunes a la presión fiscal, serán más y más poderosas adelante, reduciendo la capacidad de exacción del Estado, por tanto su política redistributiva. Si el Estado no puede cobrar impuestos a los ricos, ¿qué les puede dar a los pobres? Gravar a los pobres para devolverles lo cobrado no tiene sentido.

Por otro lado, siempre habrá quien sueñe con empresas públicas eficientes cuyos productos puedan competir con sus rivales privados y sus jugosas ganancias sean convertidas en subsidios para los pobres y obras de bienestar social. Como diría el clásico español: los sueños, sueños son. El Estado –en sí mismo una forma de empresa privada- es increíblemente incompetente para la actividad y para la utilidad, lo que ha conducido en todas partes a la quiebra y desaparición de estas empresas. Sólo donde no hay alternativa se mantienen, sólo en un Estado totalitario.

Si el Estado cobra impuestos para no hacer nada, es decir, para no producir nada de utilidad económica, estamos en lo mismo. Es quitar a los contribuyentes lo que se da a los burócratas, el total de bienes o, mejor, de utilidad es el mismo. Rodamos el dinero de un lado para otro pero en el total estamos igual que antes, no hay incremento en el nivel de utilidad social. No importa que en la administración pública haya ruido y movimiento –esto es parte de la *política-política-*, si la utilidad no aumenta, la política fiscal se resume a una política de redistribución del ingreso sin efecto sobre el nivel de éste.

¿Cómo lograr que el gasto público sea *productivo*, es decir inductivo de crecimiento? Sólo hay que mirar las condiciones prevalecientes en el sector privado. La inversión adicional debe constituirse en producto neto, en un valor adicional. En la terminología de Marx, este producto neto se debe realizar, es decir, debe ser vendido. El equilibrio de desocupación keynesiano supone justo esto, que el ingreso se reduce hasta igualarse con la demanda efectiva. Desde otro ángulo, la sobreproducción se elimina por vía de la disminución en el ingreso.

El producto adicional como cualquier otro se compra en su condición de bienes de consumo –aumenta la utilidad- o de bienes de inversión –aumenta el valor de la producción potencial o ingreso futuro-. Todo bien debe caer en una de estas dos categorías (hay bienes que encajan en las dos): bien de consumo o bien de capital. En la economía privada, quienes adquieren bienes de consumo lo hacen con el propósito de aumentar su utilidad, y quienes compran bienes de inversión con el de elevar sus expectativas de ingresos. El caso de los bienes públicos no es diferente. Pueden ser bienes de consumo: un parque, una orquesta sinfónica, o bienes de inversión: un muelle. Hay numerosos bienes públicos que son ambas cosas a la vez: calles, carreteras, escuelas, etc., igual que sucede con muchos bienes privados. En cualquier caso, lo que analizamos es si el gasto público resulta de hecho y comprobadamente en un bien público, o si sólo son apariencias.

En el caso de los bienes privados, la relación entre gasto y utilidad queda garantizada por el criterio utilitario que gobierna el gasto. Nadie va a gastar su dinero en lo que no necesita o en lo que le resulta menos importante. Con el gasto público no tenemos esta garantía. Puede resultar ruido y movimiento, como dijimos atrás, y no concluir en producto neto público ninguno. Resultado de esto lo que llamamos gasto público puede resultar en realidad una transferencia de ingreso de los contribuyentes a los empleados públicos, no hay valor añadido por la actividad del sector público.

Hay bienes públicos que lo son a medias, producto de la corrupción administrativa o la falta de validación del gasto público. Un parque –o un puente, una carretera, el objeto concreto no tiene importancia- construido con la mitad del presupuesto aprobado –porque la otra mitad se la quedó el contratista- no puede tener la calidad del puente planificado. El efecto de la desviación del gasto sobre la utilidad social es obvio, se tendrá la mitad o menos de la utilidad que se pensaba. En este contexto, no se piense que el concepto de utilidad es más abstracto o etéreo que en el caso privado. En ambos el resultado esperado del consumo es la utilidad.

No sólo la corrupción administrativa da lugar a bienes públicos truncos, la falta de validación del gasto público tiene igual efecto, como cuando se construye un parque donde no se necesita. Este gasto dispendioso no tiene efecto sobre la utilidad social pues no se deriva de un bien público genuino.

Finalmente caemos en la tercera posibilidad, los bienes públicos en toda la extensión de la palabra, bienes públicos verdaderos cuya utilidad es equivalente al valor del gasto. Como siempre, resultan bienes de consumo o bienes de inversión. Planteamos, pues, que el Estado produce, directa o indirectamente, por decir, zapatos, o bien sierras. Sin embargo, ¿no planteamos justo antes que el Estado es demasiado incompetente para incursionar en la producción en un ambiente competitivo? Entonces, ¿dónde quedamos?

Aparentemente no queda espacio para la producción de bienes públicos verdaderos.

Recapitulemos: la recomendación de Keynes es aumentar el gasto público hasta que absorba el exceso de ahorro al nivel de la ocupación plena. Sin embargo, no precisa cómo hacerlo, cuál debe ser su financiamiento ni cuál el objeto del gasto. Parecería plantear que ni una cosa ni la otra son relevantes, que aumentar el gasto público hasta lograr el pleno empleo se puede lograr sin dificultades. No obstante, la experiencia con las políticas económicas en los últimos cincuenta y más años apuntan en otra dirección, a que la intervención efectiva del Estado en la economía tiene condiciones. La principal, que el gasto público se tiene que constituir en bienes públicos genuinos, es decir, que eleven la utilidad social directamente o aumenten la capacidad productiva social. Esta calificación es necesaria por cuanto existen numerosas apariencias de bienes públicos, ruido y movimiento en el sector público que no se traducen en producto neto adicional.

Debía ser claro que si el Estado no es capaz de producir nada, su intervención no hará sino redistribuir el ingreso sin efecto sobre su nivel. Aún así, falta una precisión sobre la condición de los bienes públicos: deberán pertenecer a la esfera o escala donde el sector privado no alcanza a operar. De otra manera no se justifica la presencia del Estado: por definición, la economía privada es más eficiente que la pública. *Entonces, bienes públicos genuinos que no puedan ser producidos por el sector privado, esta es la condición de efectividad del gasto público.* Por supuesto, nada de esto dice de la conveniencia o no de

una política de subsidios, de redistribución del ingreso. Lo que se pretende es justamente diferenciar entre redistribución: volver a repartir lo ya distribuido sin variación en el valor involucrado, y una política de recuperación del ingreso, que para ser efectiva debe resultar en bienes públicos genuinos.
Según este argumento, ¿es la guerra un bien público? Dice Paul Samuelson, al que un crítico marxista llama "asesino de cátedra":

> "Al igual que incluimos en el producto social neto el consumo de pan y las inversiones netas, contamos igualmente los gastos del Estado para los bombarderos supersónicos. A ello se añaden los gastos del Estado para los servicios de los pilotos de caza a reacción, de los jueces, policías, bomberos, químicos agrícolas y estadísticos de la renta nacional..."[186]

El hecho es que la contabilidad nacional tal y como se computa hoy en día resulta eminentemente convencional, fundamentada en el principio de la objetividad: las transacciones registradas deben poder documentarse. Así, las transacciones de compra-venta de una entidad se registran al valor intercambiado sin mayor discusión en cuanto al objeto de la venta o la razón para la compra. Aún más, las cifras son estimaciones por cuanto es imposible registrar todas y cada una de las transacciones que tienen lugar en una economía en un año, simplemente no es practicable. Hay, pues, que reducir el levantamiento a lo manejable y sobre esta base inferir el universo.

---

[186] Alvater y Freerkhuisen, citado.

Este procedimiento ha sido criticado desde hace tiempo por no tener en cuenta el trabajo doméstico o el que rinde la familia sin compensación salarial. Las desviaciones de recursos que significa la corrupción administrativa tampoco se reflejan en el monto de las cuentas. Si un bien público costó cien pesos, cien pesos se registran como gasto público sin verificar ni compensar el hecho de que haya o no tenido lugar en la realidad. Las deseconomías externas que causan la producción o el consumo de bienes privados tampoco se consideran. Por ejemplo, los gastos médicos que implica la atención de un paciente enfermo de cáncer causado por el consumo de cigarrillos se suman en el ingreso al valor de las ventas de cigarrillos. ¿No hay aquí un menos y un más sumados como un más y otro más? La pregunta de fondo es, pues, ¿refleja el valor registrado del ingreso nacional el nivel de utilidad de la población? Si éste no es el caso el principal objetivo no se está logrando pues no puede tratarse de hacer cálculos porque sí. Estimar el nivel de utilidad es lo principal, no lo podemos perder de vista.

Los números dan una sensación de concreción, de objetividad, de exactitud, pero no es más que eso, una sensación. Dice Leijonhufvud que fue Hitler -y no Keynes- quien descubrió la fórmula para alcanzar el pleno empleo. Obviamente la guerra. Resultaría paradójico, por decir lo menos, que para conseguir un empleo y qué comer el hombre tenga que hacer la guerra. Pero hay una disyuntiva inevitable, la guerra parece proporcionar la necesidad y el deseo para la producción acelerada y masiva, elementos que no se tienen en la paz. La producción de armas emplea trabajadores en las mismas circunstancias que la industria de alimentos, atrae inversiones y es un foco –

seguramente el principal- de innovaciones e inventos. Con todo, al final, el armamento sólo sirve para matar. Este análisis evoca la hipótesis de la decisión dual, de Robert Clower[187], que plantea que la disyuntiva del consumidor no es la que dice la teoría convencional. Recordaremos que ésta plantea que el consumidor racional, con un presupuesto fijo, maximiza su utilidad comprando más de los bienes para él más apetecidos a costa de los menos apetecidos, sin que nada más de sus circunstancias influya en su decisión. Clower plantea que no es así como el consumidor toma su decisión. Puesto que su decisión de gasto influye sobre el ingreso nacional, y por ésta vía sobre su ingreso personal, deberá tener en cuenta el efecto de su gasto sobre su propio presupuesto. Es decir, su consumo y su presupuesto se mueven juntos. Sobre este movimiento conjunto pero convergente es que maximiza su utilidad.

Con una lógica similar, la guerra aumenta el ingreso y el empleo. Por un lado crea el objeto de consumo y su necesidad. Obliga a la organización productiva y la producción en masa. Indudablemente que aumenta el empleo, y éste a su vez la demanda de alimentos, vestido, vivienda, al punto en que generalmente la producción civil tiene que ser racionada. Por el otro lado causa muerte, sufrimiento y devastación. Fuera el elemento moral, es decir, si un fin económico justifica la pérdida de vidas, habrá que contrastar utilidad con desutilidad y calcular la resultante. En esto no se piense únicamente en bajas en combate sino en todas las heridas físicas y emocionales que sufre toda la población por generaciones debido a las guerras.

---

[187] Montalvo Cossío, citado.

Desde el punto de vista utilitario resultan enormes pérdidas pero en la contabilidad nacional la producción bélica y las exequias a los caídos entran con el mismo signo de más, se suman al ingreso. Así es como la economía "positiva" con su pretendida neutralidad axiológica cae en el disparate.

La guerra es un caso extremo de intervención del Estado para recuperar el ingreso que sólo se justifica si no se tiene en cuenta la ingente pérdida de bienestar de la población enfrascada en el conflicto. A su vez, el sesgo de la contabilidad nacional convencional oculta esta pérdida, sesgo anidado en el principio de que el comercio es por definición provechoso –sin mirar su financiamiento ni su objeto-, por lo que mayor valor de las compras y las ventas siempre es mejor.

La utilidad es solamente una sensación, pero una sensación que gobierna todo lo demás. En lo inmediato, gobierna el consumo mientras el rezago en el consumo es el principal defecto de la sociedad económica en que vivimos. Cuando la utilidad de un bien público no se corresponde con su costo, la propaganda oficial saldrá en defensa de su necesidad y realización. No puede ser de otra manera pues una cosa es la utilidad del bien público y otra la utilidad de los funcionarios. La redistribución del ingreso que pueda provocar el gasto público de seguro va a tener un efecto muy positivo en la utilidad de la burocracia gubernamental. Otra cosa es su impacto en el nivel de utilidad agregado, social. Pero no es mucho lo que se puede hacer para defender lo inútil. Algunos cambiarán su percepción y acaso disminuirá su disgusto pero lo que no sirve, no sirve y ya.

Con estos elementos ahora podemos entender por qué la percepción colectiva de bienestar –es decir, de utilidad- es menor de lo que dicen las cifras del ingreso, cómo puede una sociedad sentir que desciende en términos de satisfacción cuando las estadísticas y los funcionarios se empeñan en convencerla de lo contrario. Desafortunadamente la imprecisión de Keynes en su prisa por sacar la *Teoría General* ha permitido que se pretenda justificar cualquier gasto deficitario apoyándose en su enorme reputación. A esto se añade que el registro del ingreso nacional no guarda paridad con el nivel de utilidad social, y éste es muy difícil de dimensionar por cualquier agente privado.

La pérdida de utilidad pasa desapercibida: la destrucción de las guerras, el sufrimiento humano, el costo utilitario del desempleo, el costo del consumo nocivo. Por otro lado, se sigue insistiendo en que la intervención del Estado y el déficit fiscal en aumento en algún momento y por causas no bien identificadas va a eliminar el desempleo y corregir el problema de la acumulación de desutilidad social. El mito del mercado ha sido sustituido por el mito del Estado que, como es natural, tiene sus sumos sacerdotes. Por este camino, sin embargo, sólo se le echa más leña al fuego.

8.4. La economía centralizada

> "Cuando el Estado se convierta finalmente en representante efectivo de toda la sociedad será

por sí mismo superfluo. Cuando ya no exista ninguna clase social a la que haya que mantener sometida; cuando desaparezcan, junto con la dominación de clase, junto con la lucha por la existencia individual, engendrada por la actual anarquía de la producción, los choques y los excesos resultantes de esto, no habrá ya nada que reprimir ni hará falta, por tanto, esa fuerza especial de represión que es el Estado. El primer acto en que el Estado se manifiesta efectivamente como representante de toda la sociedad: la toma de posesión de los medios de producción en nombre de la sociedad, es a la par su último acto independiente como Estado. La intervención de la autoridad del Estado en las relaciones sociales se hará superflua en un campo tras otro de la vida social y cesará por sí misma. El gobierno sobre las personas es sustituido por la administración de las cosas y por la dirección de los procesos de producción. El Estado no es 'abolido'; se extingue."

Federico Engels[188]

Desde el principio nos planteamos cuáles son las alternativas que tienen el hombre y la sociedad para resolver el problema económico. El problema económico es qué y cuánto producir, cómo. Cómo distribuir el producto, cómo organizar el cambio y realizar el consumo. Es un único problema con varias facetas[189], los cuatro *momentos* de la economía están integrados: un tipo de producción se corresponde con un cierto tipo de distribución y cambio, etc. Marx, en

---

[188] Engels, Federico Del socialismo utópico al socialismo científico
[189] Marx, Carlos Contribución..., citado.

lo particular, plantea que la solución al problema económico sobre determina los demás aspectos de la vida en sociedad.

En general existen dos aproximaciones a la solución: el libre mercado y la planificación central. El libre mercado –el mercado competitivo- es una evolución en la historia económica, el capitalismo como nace de las cenizas del feudalismo. Se desarrolla hacia un capitalismo monopolista de Estado como lo conocemos hoy en día, ahora a una escala mundial efecto de la globalización.

Los precios hacen un enorme trabajo en una economía libre:

> "Los precios... transmiten información, crean un incentivo para que se guíen por ella quienes usan los recursos, y proporcionan un incentivo a los dueños de los recursos para orientarse también por esa información."[190]

En realidad no son los precios quienes transmiten la información, los precios *son* la información. Lo que se destaca en una economía de mercado es la libertad –que no es absoluta- de que disponen los agentes para producir lo que estiman de su gusto o conveniencia y consumir por igual. No todo mundo tiene talento o capacidad para iniciar la producción, como no podemos consumir lo que simplemente venga a nuestra imaginación. Consumimos un artículo de los que existen en el mercado. La libertad para producir y

[190] Friedman, Milton, Teoría de los precios Alianza (1976), p. 25

consumir en el capitalismo no es absoluta aunque sí mucho mayor que en una economía planificada.

De aquí la gran cantidad de bienes producidos y consumidos, y la facilidad y velocidad a que fluye la información sobre sus características y precios. El trabajo de difusión de la información no lo hacen los precios sino los agentes dispersos en función de sus intereses. El que quiere vender desea saber el precio de la competencia y dar a conocer el precio propio, y cada vendedor anda en lo mismo. Igual desde el litoral de la compra. Entonces, de alguna manera cada agente es un transmisor de precios, por eso la información corre veloz.

Los precios son señales o indicadores para la toma de decisiones, decisiones de compra y de venta. Los precios relativos nos permiten escalar en nuestra superficie de utilidad hasta el máximo posible. Nos dirán si conviene esperar o mejor vender con alguna pérdida antes de que ésta se haga mayor. Así suceden las cosas en la economía capitalista.

La libertad formal de que disfrutan los agentes en el modelo competitivo se ve disminuida cuando nos aproximamos a la realidad de la competencia oligopolista. Los monopolios sí pueden influir sobre los precios lo que les permite cierta explotación de los consumidores e inmunizarse a la exacción fiscal por parte del Estado. Aún más, el desarrollo tecnológico –innovaciones, invenciones- supone una concentración industrial más bien grande[191]. Como lo hemos puesto, la tendencia de la actividad es la propiedad, existe una

[191] Galbraith, Capitalismo americano, citado.

tendencia de la actividad productiva hacia la apropiación de la mayor cuota de activos generadores de ingreso.

La teoría convencional se queda en que el monopolio es una circunstancia fortuita, exógena. La experiencia establece que, por el contrario, la concentración es un resultado de la competencia entre habilidades y capacidades distintas. La paradoja de la pobreza en medio de la abundancia se añade a estas fuerzas en dirección a una economía concentrada.

Aquí se pierde la optimalidad neoclásica. En un sistema en desequilibrio subjetivo ya todos no hacen lo que quieren con lo que tienen, están restringidos. Además, el poder se va acumulando en un solo lado, el poder económico y, de aquí, el poder político. Por esto para el liberalismo es tan importante la figura de la competencia, porque supone un poder disperso que no se acumula. Es la racionalización de una sociedad gobernada por individuos equivalentes, de igual tamaño. La misma dispersión geográfica es importante, de donde la transmisión de la información vía precios es clave. Es la concepción de una sociedad de iguales, que decide colectivamente aunque de manera inconciente. No obstante, desde que la fuerza centrípeta de la concentración vence a la fuerza centrífuga de la competencia se pierden estas características deseadas.

> "El reflejo religioso del mundo real sólo podrá desaparecer por siempre cuando las condiciones de la vida diaria, laboriosa y activa, representen

para los hombres relaciones claras y racionales entre sí y respecto a la naturaleza."
Carlos Marx[192]

Para Marx, la caída del capitalismo es una necesidad histórica. Le sucederá el socialismo, modo de producción caracterizado por la propiedad colectiva de los medios de producción y la administración central de la economía, es decir, la planificación. Dos son, pues, los signos en el emblema del socialismo: la propiedad colectiva y la planificación.

Se supone que aquí cesan las contradicciones que animan y harían perecer al capitalismo. No hay propiedad privada de los medios productivos por cuanto no hay trabajo asalariado. Se producen valores de uso, no mercancías. No hay clases sociales, por lo menos definidas en función de la propiedad de los medios productivos. Tampoco, por supuesto, explotación. Se impondría una verdadera democracia, la democracia socialista, el verdadero gobierno del pueblo. Las decisiones serían de la mayoría. Por supuesto, habrá un período de transición -la dictadura del proletariado- hacia la disolución del Estado clasista, pero al final se impondrá el reino de la armonía y la fraternidad.

Marx estudia el capitalismo pero no el socialismo. No lo había en su época por lo que sólo cabía especular, lo que es un problema. ¿Cómo es el socialismo? ¿Cuáles son sus objetivos? Es decir, como planteamos que el propósito del capitalista es maximizar la ganancia y el

---

[192] EC, I, p. 44

de los consumidores la utilidad, ¿cuál es el objetivo de las personas en este modo de producción? Encontramos muchos indicios pero a tal nivel de abstracción y generalidad que es difícil señalarlos en la práctica. Por ejemplo, ¿qué mueve a la gente en el socialismo, la utilidad o la solidaridad?

Para iniciar una acción y abandonar el reposo, el individuo requiere un motivo y una fuerza, como si se tratara de una ley física, necesita un estímulo. En general, partiendo de un centro neutro que justifica la inacción, los estímulos pueden ser positivos o negativos. Un estímulo positivo es el placer, uno negativo el dolor. Encontrar una fuente de placer o evitar una de dolor son estímulos que impulsan a la acción. Así ha sido ahora y siempre, en todas partes[193].

Los filósofos utilitaristas sintetizan en la sensación de utilidad el influjo de todos los estímulos, positivos y negativos, pecuniarios y no. Evitar una muerte inminente debe producir alegría, como encontrar comida luego de muchos días perdidos en el desierto. Más de un bien es mejor que menos, ésta es la función consumo convencional. Es mejor ser rico que pobre, etc. Es decir, no solamente el consumo de bienes materiales o la propiedad de objetos es fuente de placer, hay otros satisfactores que no son económicos. La solidaridad, por ejemplo, el altruismo, hasta la misma frugalidad puede ser para una persona fuente de satisfacción, más que el consumo conspicuo. Por eso decide ser frugal mejor que consumista, porque aporta más a su felicidad.

---

[193] Scitovsky, citado.

Las acciones de distinta naturaleza que aportan a la utilidad no son necesariamente independientes entre sí. La propiedad y la frugalidad, por ejemplo, son de alguna manera antitéticas. El altruismo y el egoísmo, la propiedad y la solidaridad. Todo mundo quiere una sociedad más justa pero ¿al costo de un menor ingreso personal? Al final, parece ser que el hombre económico se decanta por satisfactores más cercanos al consumo material, lo que no descarta su apreciación -menos sensible, más distante- de otros satisfactores no materiales o no dinerarios.

La mayor parte de la gente condena las diferencias excesivamente grandes de ingreso, sólo los radicales de derecha las justifican. No obstante, tampoco están de acuerdo con la homogeneidad absoluta, la total igualdad. Por supuesto, ésta sólo puede ser resultado de la fuerza, de un régimen totalitario.

¿Cómo se han hecho las cosas en el socialismo real? Explica Mikhail Gorbachev en una prosa tupidamente adornada -política- cuáles son las reformas que había que introducir a la economía de la Unión Soviética a finales de la década de los noventa (del siglo XX). Con mucho, el problema principal era de productividad, todas las reformas tenían a ésta como objetivo. Las empresas socialistas no eran autosostenibles por lo que tenían que ser sistemáticamente subsidiadas[194].

Toda *actividad* -usamos este concepto para enfatizar la generalidad del principio- deficitaria tiene que ser subsidiada. En economía no hay gratuidad, todo gasto tiene que ser financiado, todo consumo lo paga alguien,

---

[194] Gorbachev, Mijail Perestroika.

no hay bien sin propietario. Lo que tenemos que identificar quién es ese alguien. Si la actividad es deficitaria, la subsidia la entidad inmediata superior que la engloba. Si esta última es también deficitaria, necesita subsidio de la entidad que le es a ella inmediata superior. Y así sucesivamente, hasta lograr una entidad que cubra sus propios gastos. Llamamos a esta realidad el Principio de Consolidación sobre el Principio de Autonomía. Dicho de otra forma, en el agregado una comunidad sólo puede gastar lo que produce[195]. En el mismo formato pero en un contexto diferente Marx dice que los capitalistas no se pueden engañar unos a otros, en bloque.

Las empresas socialistas tienen un problema congénito de productividad. ¿Por qué? Por las mismas razones que, en el capitalismo, las empresas públicas tienen una tendencia estructural al déficit: la pérdida del objetivo final de obtener ganancias que conduce a la pérdida de autoridad que confiere la propiedad privada y el dinero. La secuencia de acontecimientos es bastante directa: las empresas no pueden producir mercancías, las mercancías son un producto de clase y resultado de la explotación capitalista. Las empresas producen valores de uso en lo que emplean el tiempo de trabajo disponible por la sociedad. Las decisiones se toman de forma colegiada, el control de la empresa lo ejercen los obreros transmitiendo sus resoluciones de abajo hacia arriba en la pirámide organizacional.

En el capitalismo, la organización de la empresa es en sí mismo un gran problema que ha exigido especialización. ¿Qué persigue la empresa? Ganancias.

---

[195] Montalvo Cossío, p. 111 ss.

Muy bien, eso lo sabemos, como que lleva la producción hasta el nivel que se asocia a la máxima ganancia. Otorgará el empleo vinculado con ese nivel de producción de máxima ganancia. Pero, ¿qué producir? No todos los productos se venden igual, hay algunos de muy buenas perspectivas. De otros ya está inundado el mercado. Además, en unas industrias hay mucha competencia, en otras menos. ¿A qué precio? El precio debe ser tal que nos permita la mayor ganancia pero sin disminuir el volumen de ventas. Siempre hay una decisión que hacer de precio y cantidad. ¿Cómo producir, con qué tecnología? El empresario –por concentrar en una sola figura todas las funciones de dirección- es una persona con capacidades naturalmente limitadas, así se apoye en toda una estructura organizacional y recursos informáticos. ¿Qué trae el futuro? ¿Cuáles son los nuevos materiales, hacia dónde se desplaza la demanda? ¿Cuál será el costo del dinero, la forma más económica de financiamiento? El empresario debe estar en todo, debe decidirlo todo. No es fortuito que imperios enteros se vengan abajo. Sucedió con el Imperio Romano, ¿qué no le puede pasar a otros mucho más pequeños?

En la estructura organizacional la comunicación es clave, que la información que fluye hacia arriba, hacia abajo y hacia los lados sea fiable y ágil. Es la ejecución de una orquesta, si los signos y señales no se transmiten o no se reciben fielmente no hay manera de hacer música. Y hay que transmitir cientos de señales, muchas en un sentido más moral que positivo, como cuando se ordena que una determinada orden de producción tenga prioridad sobre otras con mucho más tiempo en espera sin dar mayores explicaciones.

Una orden es una conminación con un sentido y fuerza determinados que puede o no ser respetada. El fundamento de la orden es la autoridad y ésta, a su vez, la determina la propiedad. Es decir, la autoridad del capitalista dentro de la empresa se deriva de su propiedad de los medios productivos. No es cuestión de respeto o reconocimiento, es de propiedad.
En el capítulo sobre el proceso de trabajo[196], Marx destaca que al interior de la empresa los objetos de trabajo cambian de mano sin que intermedie el dinero. Cambian de mano pero no de dueño, el propietario es siempre el capitalista. Al interior de la empresa, los objetos de trabajo todavía no son mercancías. La idea de Marx es que hay formas distintas de organizar el intercambio, el intercambio de bienes, no de mercancías. Pero ¿cómo?

Si no existe propiedad, ¿en qué se fundamenta la autoridad? No nos llamemos a engaño, habrá quien plantee que las decisiones se toman de forma "democrática" y que de forma "democrática" se designa su ejecutor, etc. Aún así, ¿cómo logra éste acometer su encargo aún sobre otros que participan en la decisión? De otra manera es el caos, si no hay autoridad el orden no es posible, de ningún tipo.

A lo que vamos es bastante simple: la organización productiva –la que sea, productora de valores de uso o de mercancías- exige y presupone la autoridad. Esta, a su vez, se origina en la fuerza de la propiedad o en la fuerza del poder político, la coerción. En un estímulo "positivo": la propiedad no deja de ser una fuerza excluyente y represiva, o en un estímulo negativo: la

---

196 EC, I, p. 130 ss.

coacción física. Es decir, las cosas no suceden en abstracto, en función de los buenos deseos y mejores intenciones, la solidaridad, etc. En la empresa socialista la autoridad basada en la propiedad es sustituida por la autoridad basada en la coerción:

> "No hay tal cosa como el socialismo -entendido como una comunidad cooperativa *voluntaria*- en el mundo real del siglo veinte. Sólo hay versiones de un colectivismo más o menos coercitivo, más o menos burocrático. Hay muy poca evidencia de que los ciudadanos de esos países son ahora más prósperos o están mejor como resultado de las "reformas" anticapitalistas. Por el contrario, hay bastante evidencia de lo contrario. De hecho, nadie, aún cándidamente, propone estas políticas como modelos a ser emulados. Los modelos que proponen comparten el rasgo distintivo de nunca haber alcanzado una encarnación terrenal. Obviamente, esos modelos pueden mostrar fácilmente una perfección que no tiene el mundo real."[197]

Sucede que la obediencia en base a la fuerza es siempre la menor posible, indispuesta, malgeniosa, gruñona. Donde mejor se ve es cuando los ejércitos intentan manejar una economía. El ejército es la pirámide organizacional mejor perfilada y definida, más estricta, pero no sirve para producir porque la

---

[197] Kristol, Irving Two cheers for capitalism Basic Books (1978), p. xiii. Traducción nuestra.

producción requiere entendimiento, actitud, colaboración, flexibilidad, no obediencia ciega.

> "Con el paso de los años, la orientación inicial del régimen hacia las clases trabajadoras y campesinas y las masas cedió su lugar a una orientación distinta: hacia la administración del Estado, sus "órganos" y las diferentes categorías de funcionarios. Este proceso global de "estatización", en virtud del cual el Estado central se erige en una entidad absoluta, culminó con el culto al Estado, que representaba la actitud de las capas altas de la burocracia."[198]

La mercancía es un fetiche. Su valor aparece como característica de su materialidad cuando consiste en trabajo cristalizado. De igual manera, parece depender de las condiciones particulares de su productor directo cuando requiere de una sanción social. La cosa, el objeto, cobra vida y se rebela ante su creador. Este se fascina y retrocede atemorizado. Así camina una sociedad productora de mercancías, productores dispersos incomunicados, desarticulados, ignorantes de los demás y del futuro. Dependen uno de los demás, de lo que están conscientes pero parecen no concebir cómo articular la mutua dependencia en una cooperación conciente, cómo erradicar el dominio del valor económico e imponer leyes humanas.

Lo que el liberalismo mira como condición de la libertad y una ventaja[199], Marx lo ve como lo contrario.

---

[198] Lewin, p.434

[199] Hayeck, citado.

Un liberal diría que sólo sobre el mercado competitivo puede existir libertad política, por supuesto en la medida en que esto es posible en un mundo de realidades. Marx visualiza la dispersión y comunicación remota del mercado como fuente de dispendio e ineficiencia: las decisiones sobre lo colectivo se pueden tomar colectivamente, directamente, sin necesidad del mercado. Adicionalmente, crean el espacio para toda suerte de especulaciones banales, un mundo de imágenes y criaturas fantasmagóricas que abundan en la imaginación de los consumidores. La producción social se puede hacer racionalmente, discutir y decidir qué se va a producir, en qué cantidad, cómo, etc. Es decir, resolver directamente, racionalmente el problema económico. "Producir" como lo hacen las hormigas, por ejemplo.

Ya dijimos de las dificultades de toda organización productiva, cualquiera. ¿Con qué sustituir el estímulo del dinero? Y no solamente el estímulo del dinero en cuanto significa mayor ingreso y diversidad en el consumo sino en cuanto implica mayor espacio de libertad personal y realización. Las sociedades animales son extraordinariamente efectivas. Allí cada quien asume su rol y funciones instintivamente con una convicción que no conoce la duda. Nadie se queja. De hecho, hay mil maneras de marginar a los desadaptados. Siempre se podrían hacer así las cosas, pero no es humano.

Para algunos no fue ninguna sorpresa la quiebra económica de la Unión Soviética. En una carrera de distancia, es cuestión de subirle el paso al competidor. Tenía que reventar, una economía burocratizada no puede competir con un capitalismo en auge. Por supuesto, un capitalismo con todos los problemas del mundo pero inmensamente productivo. Paradójicamente, la razón de esto último es que en el capitalismo la "planificación" la hace involuntaria, indirectamente el mercado. Involuntariamente, pero no inconcientemente. Cada productor conoce de sus posibilidades y sus competidores, cada consumidor estima -es decir, calcula- lo incierto, sus ingresos futuros.

En el socialismo se plantea que esto lo haga la sociedad y transmita a la cúspide política por vías burocráticas. Este proceso se supone sin pérdidas y que los propósitos del conjunto se imponen a los de la cúpula, hay una "dictadura de la mayoría". En cualquier caso, ¿cómo eliminar las pérdidas de transmisión, propias de toda organización? ¿Cuáles son los estímulos para ello? ¿No pierde el hombre todo entusiasmo cuando se restringe a un espécimen, una copia de los demás, cuando el resultado de sus acciones no importa, no lo perjudica mucho pero no lo beneficia en nada? En los hechos, lo que quería la sociedad termina en lo que decreta un ministerio, no los objetivos de la sociedad sino los de la cúpula política. No con el estímulo positivo del bienestar personal y la fraternidad sino bajo el estímulo negativo de la persecución y la represión. Decir socialismo no equivale a plantear que el problema económico se ha resuelto, en particular la conversión de los deseos individuales en actuaciones públicas.

> "... el avance hacia el socialismo no es más que la creciente dominación por parte de los

> productores inmediatos sobre sus condiciones de existencia y, por consiguiente y en primer lugar, sobre sus medios de producción y sobre sus productos... La separación entre el aparato del Estado y las masas es el rasgo esencial del Estado burgués."[200]

Desde alguna distancia se puede visualizar que desde ambos lados se persigue, *teóricamente,* lo mismo. Los liberales, utilidad con libertad. Ya en este punto no tenemos que abundar en que el desarrollo del mercado libre y la libertad formal en el capitalismo concluyen en el mercado concentrado y las libertades civiles restringidas. Desde el lado de la planificación se quiere utilidad –menor que en el otro caso- y solidaridad, con una libertad disminuida. Es decir, tratamos de condensar en un par de términos los rasgos principales –positivos y negativos- de cada modo de producción.

Como suele suceder, no se pueden tener ambas cosas a la vez. El capitalismo, inmensamente productivo, seguirá produciendo pobreza, marginalidad y diferencias abismales de ingreso y riqueza mientras vida tenga. El socialismo, por su parte, reducirá las diferencias en los niveles de vida de la población al costo de también disminuir el nivel promedio de bienestar. Un costo importantísimo y consustancial a la administración central de la economía es la pérdida de las libertades civiles. En ningún socialismo genuino

---

[200] Bettelheim, Charles Aspectos adicionales sobre la sociedad de transición. En: Sweezy, Paul y Bettelheim, Charles Algunos problemas actuales del socialismo S. XXI (1973), p. 54

sobrevivirán las libertades democráticas habituales en la sociedad burguesa.

Buscar la “tercera vía”, el punto exacto entre los dos extremos en que los beneficios netos –ventajas deducidos los perjuicios- sean mayores es un requerimiento viejo. Cuánto de mercado, cuánto de planificación, de manera que tengamos lo mejor de ambos mundos. Paradójicamente, cada escuela manda a un extremo opuesto mientras la experiencia dice que la verdad está en algún lugar -no siempre el mismo- en el medio. Toda sociedad tiene que elegir cada vez y de alguna manera la combinación que mejor le conviene.

Un punto metodológico que no podía faltar. La teoría tradicional visualiza la solución de un problema como el valor de la variable dependiente (una o más) máximo en algún sentido, que debe ser además único y estable. En contraste, el valor de un rango no parece una solución sino justo una indeterminación. En el mejor caso, una aproximación. Estas son, sin embargo, las soluciones dables en la realidad práctica. Los problemas son demasiado amplios y complejos como para señalar un punto y llamarlo sin más solución.

De manera que sólo podemos alcanzar aproximaciones, conclusiones a grandes rasgos. El capitalismo de competencia tiene una existencia muy restringida fundamentalmente en los libros de texto. El socialismo ha sido un rotundo fracaso, sobre todo en lo que toca a las libertades civiles y democráticas. El socialismo es un régimen esencialmente restrictivo y coercitivo, represivo. Por último, el capitalismo monopolista de Estado ha desarrollado inmensa riqueza a un lado de la sociedad mientras, al otro, produce pobreza, exclusión y marginalidad. Esta acumulación de males no parece provocar ninguna gran crisis social. En gran medida los *negocios* pueden funcionar por encima de la desutilidad de la gran mayoría. La venganza puede venir del lado de la ecología, la materia imponiendo finalmente su imperio absoluto. Si será o no posible contener y domar las energías rebeldes e incontrolables del capitalismo -salvaje por naturaleza- es toda una gran incógnita.

"El obrero moderno... lejos de elevarse con el progreso de la industria, desciende siempre más y más por debajo de las condiciones de vida de su propia clase. El trabajador cae en la miseria, y el pauperismo crece más rápidamente todavía que la población y la riqueza. Es, pues, evidente que la burguesía ya no es capaz de seguir desempeñando el papel de clase dominante de la sociedad ni de imponer a ésta, como ley reguladora, las condiciones de existencia de su clase. No es capaz de dominar, porque no es capaz de asegurar a su esclavo la existencia ni siquiera dentro del marco de la esclavitud, porque se ve obligada a dejarle decaer hasta el punto de tener que mantenerle, en lugar de ser mantenida por él. La sociedad ya no puede vivir bajo su dominación; lo que equivale a decir que la existencia de la burguesía es, en lo sucesivo, incompatible con la de la sociedad."

Marx y Engels[201]

---

[201] Manifiesto...

CAP. 9. LOS LÍMITES DE LA ECONOMÍA MARXISTA

1

Situémonos en el día de hoy, es decir a mediados de la segunda década del siglo XXI. Estados Unidos sigue siendo la primera potencia mundial, el país capitalista más poderoso. A diferencia de unos pocos años atrás, su poder empieza a ser disputado por China, que ha logrado implementar un capitalismo de Estado sui generis -el mercado como la economía del "socialismo"-, que algunos piensan como la verdadera idea de Marx[202]. A alguna distancia, la Unión Europea y Japón continúan siendo las economías capitalistas más importantes. La antigua Unión de Repúblicas Socialistas Soviéticas renunció al socialismo –quebró- y se dividió en quince repúblicas independientes. Actualmente, en el mundo sólo Cuba es un país declaradamente comunista.

Antes –es decir, desde la revolución bolchevique hasta la caída del socialismo real- se pensaba que la acumulación de males y problemas en el capitalismo conducirían de forma más o menos inevitable a la formación de un gobierno colectivista, al socialismo. A partir de una primera etapa de dictadura del

---

202 Napoleoni, citado.

proletariado sobrevendría un proceso de transición hacia la final sociedad comunista con que, según Marx, comienza la verdadera historia de la humanidad. Se tenía en mente, pues, exactamente la secuencia de acontecimientos que pronosticaba en sus escritos. Siendo así, los países centrales, con Estados Unidos a la cabeza, se ocupaban de que los subdesarrollados y pobres no se desviaran hacia la izquierda hasta un punto irreversible como sucedió con Cuba. Hacían esto mediante ayudas de distinto tipo: donaciones, mercados preferenciales, crédito, inversiones directas, que sirven para anclar estos países al concierno de países "democráticos", es decir capitalistas. También, por supuesto, mediante el uso de la disuasión y la fuerza.

Hoy por hoy nadie piensa seriamente ir al socialismo. Se leen las obras de Marx y demás teóricos del socialismo sin la fe y pasión de antaño. Es interesante conocerlo pero no porque de alguna manera indique hacia donde vamos sino como crítica o protesta ante las injusticias del capitalismo, que no han cesado y se hacen más grandes. Marx ha perdido capacidad de acción práctica.

Desde hace tiempo se discute la tercera vía, la economía mixta o el socialismo "democrático" -socialismo del siglo XXI es una nueva denominación-, nombres diferentes para la misma idea de una combinación de mercado y planificación que permita disfrutar los beneficios de ambos sistemas evitando sus defectos[203]. Se tienen a los países escandinavos como ejemplo de éxito en este propósito.

---

[203] Sik, citado. También: Dieterich Steffan, Heinz El socialismo del siglo XXI (2006)

Todavía la decisión parece ser entre uno u otro: si optamos por más mercado es porque quitamos una parte igual a la planificación, y viceversa. No se pueden tener ambas cosas a la vez, o tenerlas en planos distintos. La educación, la salud socializada, por ejemplo, para algunos no parecen convenientes. Aparentemente si el mercado es bueno para una cosa lo debe ser para lo demás, es cuestión de crearle las condiciones para que opere eficientemente.

Hasta la fecha, con mucho el mercado tiene ganada la pelea. Si bien se denuncian a diario sus defectos y los perjuicios que provoca, nadie habla de disminuirlo, de caminar hacia la planificación, la estatización. De alguna manera se espera que el capitalismo resuelva sus propios males, sus contradicciones o, cuando menos, que no se hagan insufribles.

Dice Churchill con ironía:

> "La democracia es el peor sistema de gobierno diseñado por el hombre... a excepción de todos los demás."

Antes citamos a Keynes diciendo que no sabríamos con qué reemplazar el capitalismo. ¿Qué pasó? Que el socialismo quebró *técnicamente*, es decir, no logró producir riqueza al grado en que la sociedad considerara *subjetivamente* que el esfuerzo vale la pena. No fue resultado de la competencia con el capitalismo aunque esto definitivamente aceleró el proceso. Simplemente la organización colectivista de la producción no funcionó por las mismas dificultades que se han identificado en el estudio del capitalismo, a saber, los incentivos productivos, la generación y transmisión de señales, la eficiencia y productividad, la utilidad, las innovaciones y el desarrollo de productos, etc. Las ventajas netas de la colectivización se quedan por debajo de las del capitalismo, esto explica las migraciones desde el "segundo" al "primer" mundo. Según las etapas que desarrolla Marx de los modos de producción, la historia "ha vuelto atrás", lo que no puede ser fortuito.

2

Vista en perspectiva, la teoría marxista específicamente económica es bastante elemental. Corre desde la teoría del valor trabajo hasta la hipótesis de la tendencia decreciente de la tasa de ganancia. Sus complejidades surgen más bien por el nivel de abstracción en que se mueve, determinaciones múltiples y recíprocas en órdenes distintos. Esto obliga a concluir en solas aproximaciones. No parece haber una forma de confirmarla o rechazarla al contrastarla con la evidencia concreta. Paradójicamente, esto parece otorgar razón a ambos bandos, a los críticos, que piensan que los hechos desmienten a Marx, y a sus seguidores que dicen que los otros no han sabido analizar los hechos.

En cualquier caso, si pensamos que la teoría de Marx no se ha refrendado en la práctica, su defecto debe encontrase en la teoría del valor trabajo, su piedra angular. Igual que acontece con la teoría convencional, la teoría del valor marca sus conclusiones pues establece el qué, de qué hablamos. Es decir, cuando decimos producción, en realidad se trata de producción de valor, cuando hablamos de la distribución, de distribución de valor, etc. Curiosamente, el principal defecto del sistema de Keynes reside justamente en una interpretación incorrecta del valor subjetivo, que resulta en la opinión de que cualquier gasto que haga el Estado, independientemente de su financiamiento o su objeto, es inductivo de valor adicional. Esta pifia aparentemente menor decide qué política pública puede recuperar el ingreso, y por esta vía la ocupación plena, y cual otra sólo redistribuye el ingreso y causa inflación.

Sin embargo sigue siendo cierto que si prescindimos de su aspecto material la mercancía no es más que el receptáculo del trabajo humano. Pero esta afirmación indudablemente cierta lo es de forma axiomática. No es un principio operativo, como la oferta y la demanda: los bienes se compran y se venden, se compran porque existe demanda por ellos: gente que busca saciar necesidades y gustos. Y se venden porque hay gente que quiere hacerse con un ingreso para comprar otras mercancías, o por cualquier otra razón. En cualquier caso, en ningún momento han dejado de ser contenedor de trabajo humano, pero no es ésta la razón por la que la gente compra y vende mercancías. El valor trabajo queda como un fondo inalterable, una verdad evidente que, sin embargo, no explica los movimientos habituales del mercado, los auges y las crisis, la escasez y el desempleo. Aún más, al capitalista, de quien pensábamos el vampiro de sudor obrero, no le interesa para nada el contenido en trabajo de su riqueza, sino exactamente su valor en cambio, en términos convencionales su capacidad de compra. El capitalista, como cualquier otra persona, se considera más rico en la medida en que más cosas sean de su propiedad, independientemente de que hayan costado o no mucho trabajo. Más que ladrón de trabajo ajeno, la acusación que se puede levantar en su contra es de ambición desmedida, avaricia e indiferencia al dolor ajeno. Y esto sigue siendo cierto igual hoy como lo fue antes.

El valor trabajo no puede ser únicamente el del operador directo, el del obrero. Este, si bien es el más importante en el aspecto cuantitativo, no lo es en el cualitativo. La producción implica conocimiento e inteligencia en muchísimas formas, la productividad significa mejores materiales y bienes de capital, por ejemplo, producción aumentada que presupone un mercado que se ha ensanchado. Hay que saber también cómo lograr mayor absorción por parte del mercado. Del valor de ventas, medido incluso en tiempo de trabajo, el valor del trabajo directo es cada vez una proporción menor en comparación al valor del trabajo calificado. Las mercancías se hacen cada vez más "conocimiento", la utilidad se genera con menos materialidad y con más creatividad.

Una síntesis apretada de la teoría económica de Marx puede ser la siguiente:

a. Sólo el trabajo directo -es decir el trabajo del obrero manual- es fuente de valor.
b. El valor de la fuerza de trabajo tiende a reducirse al mínimo de sobrevivencia.
c. La acumulación se concentra en medios productivos, en detrimento del empleo de fuerza de trabajo.

d. La tasa de ganancia tiende a disminuir con el progreso de la acumulación.
e. Las clases tienden a polarizarse entre capitalistas cada vez menos numerosos y más ricos, de un lado, y obreros más numerosos y pobres, del otro.

La perspectiva metodológica es que la dinámica de las esencias nos debe revelar su reflejo en las apariencias, el valor nos debe explicar el precio. Lo que hace sentido en la diferencia entre lo determinado y lo determinante, lo importante y lo superfluo. Si el trabajo directo es justamente la esencia, la razón del valor económico, ¿por qué disminuirlo, rechazarlo, marginarlo? Debía ser lo contrario, que el capitalista pusiese en operación cada vez mayor cantidad de trabajo.

La realidad económica, sin embargo, marcha en dirección opuesta. El principal problema del capitalismo es exactamente el desempleo, su tendencia a disminuir la población ocupada. ¿Que el trabajo además de fuente de valor es también un coste? Esto sitúa el problema a un nivel de coordinación entre agentes distintos en tiempos diferentes, un problema de proporcionalidad si se quiere, pero no es una tendencia “estructural” al colapso.

El valor en cambio, es decir la cantidad de otras mercancías que se puede obtener a cambio de una unidad técnica de una primera, no está gobernado absolutamente por el contenido relativo en trabajo sino por la facilidad relativa de producción combinada con la urgencia relativa de sus respectivos consumidores.

En otras palabras, por la oferta y la demanda en el plazo corriente.

Es importante comprender este último concepto. Ya explicamos la diferencia que la economía convencional establece entre el corto y el largo plazo. Sin embargo, este último es una deducción, una idealización sin existencia real [204]. El plazo no es corto o largo dependiendo de la variabilidad de los insumos sino de la capacidad del agente de corregir sus decisiones pasadas. No tenemos en la práctica un largo plazo en el que podamos ir enmendando errores mientras todo lo demás se mantiene inmóvil. La realidad concreta es la de plazos variables aunque relativamente cortos, de unos días o semanas cuando más, en que tenemos que comprometernos con una decisión costosa, en un tiempo que avanza a un mismo ritmo objetivo –con apreciaciones variables distintas entre personas y situaciones- en la única dirección del futuro.

Suponer alguna forma de largo plazo, o que oferta y demanda son iguales por alguna razón -lo que, en cualquier caso, no tiene importancia- es perder de vista completamente la lógica de funcionamiento del sistema de mercado, a saber, la creación de nuevos productos y, con ellos, de nuevas necesidades. Es justamente esta la principal virtud del capitalismo, su capacidad de crear mercancías nuevas, nuevos productos, más vistosos, portables, accesibles. También más triviales, innecesarios, excéntricos, *inútiles*. En cualquier caso, la gente va tras ellos y trabaja para ellos, la economía se independiza de la voluntad de los sujetos. La gente se esfuerza por estar

---

[204] Montalvo Cossío, p. 172-3

al día en el consumo y nunca lo logra. Aún más, estar al día es tener, ni siquiera propiamente consumir pues el esfuerzo productivo le ocupa la mayor parte del tiempo. Los demás son perdedores o, en último término, marginados.

Si el capitalismo se restringiera a producir mayor cantidad de las mismas mercancías ya se hubiera desplomado desde hace tiempo, no tuviera posibilidad de sobrevivencia. Lo más interesante de todo esto es que la utilidad es una sensación que no se desprende unívocamente, proporcionalmente, de las cualidades intrínsecas de los bienes. Esto lo resume la teoría convencional diciendo que el mismo libro, la misma camisa, generan niveles de utilidad diferentes para individuos distintos. La utilidad puede tener orígenes absurdos, como una falsa sensación de seguridad, por ejemplo.

Por supuesto, los ganadores en el juego del sistema lo saben y no van a perder esta oportunidad de hacer *negocios*. Hasta donde sabemos los fantasmas no existen, pero supongamos que sí, y que están metiendo terror a la gente. En las noches les jalan los dedos de los pies. ¿Qué no daría uno por ahuyentarlos? Entonces un capitalista, viendo la oportunidad de hacer buen dinero justo al frente, se inventa una pistola desintegradora de fantasmas, o bien un repelente. Se le va a vender como pan caliente, se va a hacer inmensamente rico por lo menos mientras hayan fantasmas. Si finalmente desaparecen o se descubre que no existían desde el principio, el poseedor de la patente se encargará de promover la idea de que todavía están ahí esperando el momento de atacar: ¡compre su pistola, no corra riesgos! Y el público está dispuesto a creer en cualquier cosa.

Si la necesidad es producto de la imaginación, como acota Marx, no importa, igualmente debe ser satisfecha. La satisfacción de necesidades imaginarias reporta utilidad al consumidor de idéntica manera que la satisfacción de necesidades "reales" u "objetivas". De hecho, la mayor parte del consumo en el capitalismo desarrollado no es de verdaderas necesidades sino de las que hemos denominado necesidades "del espíritu". Gustos, veleidades, los caprichos más excéntricos. Sin el consumo espurio y superficial, trivializado, normalizado, no podría continuar. Su habilidad y fuerza es justamente esa, la de crear nuevos productos en oleadas, una tras otra.

No es difícil ponerle nombre a los fantasmas que eliminamos con pistolas desintegradoras. La seguridad mediante el armamentismo es uno grande y gordo que reporta inmensas ganancias[205]. La salud mediante el uso de mayor cantidad de medicamentos es otro. La felicidad mediante el consumo material. Los hay de todos los tamaños y formas. Y en cada momento el consumidor realmente siente ser más feliz aunque en algún lugar asome cierta vaciedad, cierta soledad y la felicidad sea tan pasajera. Como saben los alcohólicos, el malestar de la resaca se puede evitar manteniéndose borracho. No es, pues, fortuita la propaganda sobre la felicidad que reporta el consumo que tanto se empeñan en promover los productores. Si es o no verdadera es irrelevante, lo importante es que los consumidores mantengan la fe.

---

[205] Baran, Paul y Sweezy, Paul El capital monopolista S. XXI (1966)

En otro lugar decimos:

> "Todo se plantea y se resuelve en el espacio del valor. Sin embargo, para bien o para mal, el valor es un resultado eminentemente subjetivo y, con ello, variable, movedizo, *veleidoso.*"[206]

Si la utilidad se derivara sólo de bienes específicos obviamente necesarios como el arroz o las camisas, el análisis sería más simple aunque los problemas de la realidad más difíciles de resolver. La utilidad se puede originar en prácticamente cualquier cosa, en cualquier consumo, material o virtual, saludable o nocivo, con efectos externos o no, individual o colectivo. Lo que es más, un consumo "correcto y positivo" como comer un plato de arroz o vestir una camisa, puede estar inseparablemente articulado a un consumo destructivo y mortal como la guerra. Así son las cosas.

Desde el momento en que para Marx el valor trabajo se reduce al desgaste general de energía por parte de los trabajadores directos, estos acontecimientos en el plano del valor de uso son irrelevantes. Lo que sucede a este nivel es consecuencia de la tendencia a caer de la tasa de ganancia, y ésta de la reinversión de la plusvalía preponderantemente en medios productivos. Sin embargo, la guerra como epítome de las actividades utilitarias destructivas es expresión de un capitalismo urgido de expansión en el consumo, esto al nivel de los productos, es decir del valor de uso. La realización antes que la rentabilidad es la verdadera línea crítica en la producción de mercancías. Como se

---

[206] Montalvo Cossío, p. 65

queda al nivel del valor abstracto, al igual que relega el elemento subjetivo a una insignificancia individual concreta, el análisis de Marx no tiene la capacidad para explicar los tropiezos de un capitalismo trastabillante pero que no cae.

En el análisis de Marx, el valor trabajo constituye un espacio homogéneo, exclusivo y suficiente. En el plano del valor de uso sólo requiere el supuesto de la realización –que toda la producción se venda-, que a la vez supone la utilidad de las mercancías. Supuesto esto último –utilidad y realización-, la lógica de la acumulación -que es la lógica de la codicia capitalista- conducirá inevitablemente a la catástrofe. Sin embargo, lo que Marx da por sentado para elaborar su argumento resultan los problemas más agudos del capitalismo desarrollado, a saber, la utilidad y las ventas de la producción a plena capacidad.

Si la demanda es el lado corto, no debe ser ninguna sorpresa que los productores enfaticen el "valor" servido a los consumidores y las políticas de venta. De nueva cuenta, en esto poco parece interesar el contenido en trabajo de las mercancías. El valor trabajo es una abstracción tan elevada que pierde toda realidad, no representa de ninguna forma una sociedad económica concreta. Lo que es más, cuando Marx la aproxima a la práctica habitual del intercambio, tiene que conceder la influencia de la escasez sobre la distribución del valor trabajo.

Desde el principio, la posibilidad de generar un excedente depende de la productividad del trabajo. Una sociedad muy primitiva en que la sola sobrevivencia ocupe la jornada completa de los trabajadores no puede dar lugar a relaciones de apropiación y explotación. Dicho en otros términos, la extracción de plusvalía supone que el valor de uso de la fuerza de trabajo es superior a su valor en virtud del desarrollo de las fuerzas productivas. Esta diferencia no es una cualidad intrínseca de la mano de obra. El obrero puede y vive con menos de lo que produce, pero de lo que produce con los medios de producción propiedad del capitalista.

El valor de uso restringe, acota el valor de diferentes maneras. La primera ya la dijimos: la plusvalía presupone una productividad mínima, aquella que abre una brecha entre el valor de uso y el valor de la fuerza de trabajo. Por otro lado, la perecuación de la tasa de ganancia es también una sanción al nivel del valor de uso. ¿Por qué razón los pequeños capitalistas estarían dispuestos a ceder parte de su plusvalía a los grandes? No es que estén dispuestos, el capital más grande se lo impone al más pequeño al nivel del intercambio concreto, del valor en cambio. Adicionalmente, trabajo no es solamente el del operador directo aún se tenga éste como unidad de referencia. El trabajo complejo es cualitativamente más importante y la distancia entre uno y otro -trabajo simple y trabajo complejo- se tienen que resolver al nivel del valor de uso.

Para Marx el valor de uso no constituye restricción al valor trabajo en lo que toca a la utilidad de las mercancías como en lo concerniente a la propiedad de los activos productivos que no pertenecen al capitalista, la tierra, por ejemplo. Es como si todos los elementos materiales de la producción fluyeran libremente en la medida en que la industria los fuese necesitando. No habrían recursos escasos, perecederos o absolutamente limitados, como el petróleo. Consecuentemente no se generarían rentas a favor de sus propietarios.

La realidad, sin embargo, apunta en otra dirección, justamente a que "la propiedad es la aspiración de la actividad", como lo hemos puesto en otro lugar. Toda propiedad imprescindible a la producción impone una participación en el valor producido de la misma forma como el capitalista impone la extracción de plusvalía. En la medida en que el análisis de Marx se aproxima a la práctica del intercambio capitalista, en esa misma medida pierde capacidad explicativa.

El faro político de la teoría de Marx es que sólo el trabajo directo, manual, crea valor. Todo otro trabajo, aún aquel que facilita el trabajo directo, es improductivo con lo que se sostiene de la plusvalía al igual que los capitalistas. Los obreros industriales son quienes generan toda la riqueza. El resto de la sociedad, capitalistas, pequeño burgueses y trabajadores improductivos, todos viven del trabajo esquilmado a los obreros. Ahora bien, si planteamos que el trabajo técnico, por ejemplo, o el gerencial, administrativo, el trabajo en la esfera de la circulación, es también trabajo productivo, el panorama cambia dramáticamente. El valor trabajo ya no lo puede ser en su concepción estrecha, de trabajo manual. Pero entonces la productividad del trabajo se abre a la generación de utilidad en general, no la utilidad de mercancías como bienes tangibles y homogéneos sino de satisfactores de necesidades y deseos, sean estos los que sean.

En síntesis, la teoría del valor trabajo, y con ella la construcción teórica de Marx, se encuentra a un nivel de abstracción tan arriba que no tiene operatividad. Se le puede aceptar sin disputa -si prescindimos del aspecto material de las mercancías, éstas sólo constituyen trabajo humano cristalizado-, con lo que no se concede nada. La abstracción no resulta así la recuperación de la esencia para dejarla sin accidentes ni escorias sino que pierde lo principal, lo funcional, operativo. Ya lo decíamos antes, es como decir que en ausencia de gravedad flotaríamos en el espacio, como forma de probar la Ley más general de atracción de los cuerpos, olvidando que sin gravedad no hay posibilidad de vida humana tal y como la conocemos. La teoría de Marx toma por accidentes elementos esenciales de la sociedad capitalista.

Pero la cosa no se detiene aquí. Quizás su aspecto más débil es el esbozo que hace de la sociedad futura, del socialismo. El descenso progresivo en la tasa de ganancia eventualmente hará cesar la acumulación. Llegamos a una forma de economía estacionaria, a la Ricardo. Los no propietarios no tolerarán la situación y harán la revolución proletaria. Todo empieza por la estatización de los medios de producción. Por razones no muy bien explicadas, la producción será más elevada que antes y mayor la productividad. La distribución se hará acorde los principios de la justicia socialista. Un mundo justo para un hombre nuevo.

Pero ¿por qué? ¿Por qué, por ejemplo, la productividad será mayor en el socialismo que en el capitalismo anterior? ¿Por un asunto de "conciencia de clase"? ¿Por conciencia de clase el individuo en todos los sentidos se esforzará más que antes y estará dispuesto a socializar los resultados de su talento personal y su trabajo? El intercambio al valor trabajo del que parte Marx en *El Capital* es la aspiración de una sociedad perfecta de hombres desnudos, sin pecado original, hombres sin propiedad ni ambición material, absolutamente altruistas. No es una deducción, el socialismo no se colige de la argumentación de Marx. Resulta un sueño igual que el paraíso por una razón bastante a la vista que no debió pasar por alto: el mundo concreto, además de material, es limitado a efectos de los intereses del hombre. Lo que hace que en la producción además del trabajo directo intervengan cantidad de otros factores productivos específicos y limitados, algunos de los cuales se hallan constituidos en propiedad. Siempre ha sido así y así siempre lo será, es la condición natural de las cosas. En particular, no cambiará con la socialización de los medios de producción. El hombre concreto es un ser inevitablemente, perpetuamente limitado y restringido.

3

La polarización de clases en el capitalismo desarrollado no es exactamente la que predijo Marx. Como dijimos atrás, su idea es que a medida que avanza la acumulación, capitalistas menos numerosos y más ricos se enfrentan a obreros más numerosos y pobres. En el medio no quedaría nada, los capitalistas menos capaces quebrarían e irían a engrosar el ejército de los desposeídos.

La realidad ha sido otra. Ciertamente, en el capitalismo desarrollado subsiste la pobreza, que no llega a la generalidad ni extremos que en el subdesarrollo. La distancia entre ricos y pobres seguramente es más grande que nunca antes. No obstante, la característica social más eminente es el desarrollo de una amplia clase media con un nivel de vida más bien alto. Es lo que se ha dado en llamar "el sueño americano".

Por donde quiera que se vea, la clase media norteamericana contradice el análisis y las proyecciones de Marx. De hecho son un desarrollo contrario a lo que dice. Se fundamentan en dos fenómenos contrarios a su análisis: las empresas pequeñas y medianas, y el desarrollo del sector servicios.

En el análisis de Marx cada industria sería dominada más o menos rápidamente por una o pocas empresas gigantes. La concentración y centralización del capital sería extrema obligando a la proletarización de los pequeños productores. Por otro lado, los servicios, en la medida en que no son generadores de plusvalía, no tendrían interés para los capitalistas. La producción del capitalismo desarrollado serían bienes industriales fabricados por empresas enormes.

Y las razones son bastante evidentes. La producción a menor escala, como la provisión de servicios, es la opción para los emprendedores con capitales pequeños. Aprovechan la necesidad exactamente de diversidad y novedad de un capitalismo con tendencia marcada a la recesión. Una clase media amplia con un nivel de satisfacción elevado y próspera es su principal símbolo de éxito. En la práctica concreta no hay mejor posibilidad de igualación de oportunidades, bienestar y perspectivas. Las demás diferencias están en todas partes y no van a desaparecer.

Por supuesto, el pronóstico más importante y conocido es la caída en la tasa general de ganancia, resorte que provocaría el derrumbe del capitalismo. No ha sucedido y no va a suceder. Las razones teóricas para esto no son difíciles de establecer, iniciando con las calificaciones a la teoría del valor trabajo. La prueba más contundente está a la vista: las inversiones increíblemente voluminosas que se hacen todos los días en el mundo capitalista. El capitalismo no va a caer, por lo menos en razón de la pérdida severa en la rentabilidad. La razón es también bastante evidente: su habilidad de crear satisfactores nuevos para nuevos deseos. Su capacidad de adaptación, mutación, evolución. Su plasticidad. Primero se rebelará el planeta.

Las clases no propietarias tampoco harán la revolución por una razón simple: en la experiencia histórica han estado peor relativamente en el socialismo que en el capitalismo. Es cuestión de escoger entre dos males el mal menor. Y no se trata únicamente de nivel de vida medido éste por el consumo material. En el grado de satisfacción de un individuo interviene un factor subjetivo como la expectativa de ascenso social con un peso equivalente al del consumo corriente. O las libertades civiles y políticas de las que disfruta. Es posible que nunca pase de perico perro, que concluya su vida como peón a destajo, como obrero o como empleado de la peor calificación, pero por lo menos tiene en su mente la esperanza o ilusión de una vida mejor. Es decir, las probabilidades son bajas pero existe la posibilidad. Ha sucedido antes y esto le mantiene el ánimo. Otra cosa es cuando está condenado a lo mismo dentro de lo mismo, a hacer lo mismo en el mismo lugar, comer lo mismo, vivir en el mismo espacio, vestir la misma camisa. A cumplir una función mecánicamente, a la repetición instintiva. El cuerpo se puede conformar pero no es a lo que aspira la mente.

> "La violencia es la comadrona de toda sociedad vieja que lleva en sus entrañas otra nueva. Es, por sí misma, una potencia económica."
>
> Carlos Marx[207]

Por su parte, la libertad no es un bien de consumo más. Es la posibilidad objetiva –con su reflejo correspondiente en el agrado personal- de imaginación y actuación, limitada, como siempre, por las circunstancias políticas en cada momento. En ningún lugar, en ningún momento la libertad ha sido absoluta, ni siquiera para el rey más poderoso. Este todavía tiene que comer y vestir, y muere por encima de todas las circunstancias que quiera oponer a su decadencia. La libertad burguesa, la del *Contrato Social*, es la mayor –y mejor- que se puede lograr. Bajo la consigna de "la libertad es la conciencia de la necesidad" se esconde el derecho del Estado –y de nuevo nos enfrentamos a la tarea de identificar esta entidad- a restringir la libertad individual.

Mientras más se incorpora el individuo al "Estado", más cede de su libertad personal, entendida ésta en

[207] EC, I, p. 639

los términos convencionales. Por supuesto, la libertad "proletaria", como la democracia "proletaria", son denominaciones para ocultar el hecho de que se trata de una libertad y una democracia disminuidas. La razón se puede discutir, si son medios inevitables para lograr -imponer sería mejor designación- la igualdad. Pero el hecho importante es que la libertad "burguesa" es del todo imposible en el socialismo, el individuo está obligado al Estado, y el Estado socialista no es otra cosa que la voluntad de la cúpula gobernante. Esta carencia de libertad le quita el gusto a la vida, aún al consumo material. Si las fieras salvajes se sienten atormentadas cuando se encuentran en reclusión, con mayor razón el ser humano, capaz de pensamiento, de imaginar lo que hay afuera. Y eso es el Estado socialista: una cárcel, una jaula.

Lo que se diga en contra del socialismo no necesariamente va a favor del capitalismo. La propiedad es incuestionablemente un poder que se ejerce contra los desposeídos, muchas veces de forma cruel, inhumana. La propiedad garantiza el dominio, su falta obliga a una vida de carencias y vicisitudes. La única justicia que conoce el capitalismo es la propiedad[208]. Aún así, es el único lugar donde queda una posibilidad, una brecha. En el socialismo no hay ninguna. Aquí se ejerce la fuerza y la violencia en virtud de un mandato histórico. Todavía la democracia burguesa tiene que racionalizar sus crímenes. En esto tienen razón los liberales como los anarquistas: de la concentración del poder, independientemente de la forma que tome, no puede salir la libertad y la

208 Dice Linguet: "El espíritu de las leyes es la propiedad." EC, I, p. 520

democracia. Y el Estado es siempre una concentración de poder.

4

Los defectos del capitalismo no son las virtudes del socialismo, y viceversa. El principal defecto del capitalismo es su tendencia a estabilizarse a un nivel de ingreso menor al ingreso potencial con lo que parte importante de la fuerza laboral queda desocupada. El exceso de oferta de trabajo no genera suficiente fuerza como para que los empresarios empleen a los trabajadores desempleados. Para esto tiene que intervenir el Estado, pero no es el único problema.

Además del subconsumo, la razón del equilibrio de desocupación es que los agentes no transmiten sus señales de consumo futuro, no debido a un problema técnico o político sino a que esas señales no han sido creadas, no existen. La libertad económica consiste en parte en indefinir el vector de consumo futuro que toma la forma del ahorro corriente. Esto provoca que los empresarios tengan que andar a tientas adivinando que querrá consumir la colectividad en los períodos por venir. En la medida en que el ahorro sea más grande en relación al ingreso, mayor la incertidumbre y, consecuentemente, la precaución de los agentes. La incertidumbre disminuye la demanda efectiva y, con ésta, el ingreso.

Todavía más, el capitalismo anda lejos de ser un sistema perfecto de transmisión de señales e impulsos. Tanto la producción como el consumo privados tienen efectos externos que no se incorporan en los precios.

El humo y contaminantes que arroja al ambiente la producción industrial no se llevan a precio de forma que se pueda formar una reserva social para reparar el daño. Igual sucede con los productos de consumo nocivo como el cigarrillo, el alcohol y otras drogas. Los empresarios privados disfrutan de las utilidades a la vez que socializan estos costos externos que eventual pero inexorablemente se pagan con pérdida de utilidad social. Llegados a un punto, la acumulación de estos pasivos puede ser de tal envergadura que ponga en riesgo la continuidad del sistema, hasta de la vida humana en el planeta.

Los estímulos e incentivos en el sistema de mercado, su objeto no es la justicia social. Los clásicos pensaban que la persecución del interés personal eventualmente conduciría a una forma de máxima utilidad social, aunque su teoría es más una idealización e ideologización de este proceso y resultado. En la realidad, al empresario no le importa mucho la situación personal de su empleado, o de los que están desempleados. Pero tampoco a la inversa, el capitalismo es individualista, supone un individuo racional y suficiente, conciente, que sabe sacar provecho de sus talentos naturales y habilidades. Aún más, que la libertad económica significa que ningún agente, individual o colectivo, puede obstruir o impedir la iniciativa de otro. Y esto último simplemente no es cierto.

No todos tienen el talento o la tenacidad para ser autosuficientes, para iniciar una actividad o empresa productiva. De igual manera, la iniciativa de unos encuentra en la voluntad de otros su principal obstáculo. El valor potencial y real del mercado es la ambición de todos, pero no todos tienen igual inteligencia, habilidad o poder. También por esto tiene que intervenir el Estado, de otra forma el conflicto social haría el sistema inviable.

El socialismo parecía responder a los defectos del capitalismo. Habría ocupación completa, de aquí los problemas sociales serían muy manejables. La producción planificada debía traducirse en un nivel de vida satisfactorio para la población. Las diferencias de ingreso y riqueza serían muy pequeñas. En síntesis, una sociedad igual a un nivel de satisfacción aceptable. Sin embargo, la historia tomó otro rumbo.

En principio la planificación elimina el problema de las señales para la producción futura pues en esto mismo consiste la planificación. Sin embargo, lo hace al costo de la libertad económica y la eficiencia. Si estamos obligados a consumir el mes que viene 20 libras de arroz y veinte por ciento de una camisa, aún hayamos tomado de antemano esa decisión de alguna manera, ya no somos libres en los términos convencionales. Libertad significa cambiar de opinión, como significó tomar una decisión en un primer momento. Y la libertad es el marco general de la utilidad.

Por otro lado, en el socialismo se sustituye la autoridad que confiere el dinero y, con él, el interés económico, por la que otorga el compromiso político y la fuerza. Aquella es bien perfilada y efectiva, ésta ambigua, difusa y lenta. El resultado es una organización burocratizada, ineficiente e improductiva. El producto disminuye en cantidad y calidad además de, por supuesto, en diversidad. Adicionalmente no hay espacio para la libertad, económica o política. Un adagio polaco dice: “en el capitalismo, el hombre explota al hombre; en el socialismo es todo lo contrario.” Parafraseando a Churchill podemos decir que el capitalismo es definitivamente malo, pero el socialismo es peor.

5

Las predicciones de Marx no se han cumplido. ¿Hay nuevas predicciones? ¿Será cierto que hemos llegado al “fin de la historia”? Veamos las opciones con que nos vamos quedando. El socialismo no es una, por lo menos el socialismo de las ideas de Marx o el socialismo real. Pero el capitalismo monopolista de Estado tampoco es opción. El capitalismo liberal y desregulado como lo hemos conocido hasta hoy –*salvaje* le llaman algunos- ha demostrado que produce riqueza como ninguno antes que él, por un lado. Esto exactamente porque produce nuevas necesidades y gustos, luego los productos con que satisfacerlos: se retroalimenta en respuesta a su tendencia a la recesión. Por el otro lado ha producido la mayor cantidad de pobres y marginados en la historia, toda una población que apenas sobrevive cada día, incapaces de vincularse a la actividad productiva organizada. De igual manera, extrae los recursos naturales del subsuelo sin ninguna conciencia, y de igual forma vierte al ambiente las excrecencias de la producción y el consumo sin el menor rubor. Como se ha dicho en más de un lugar, para que el mundo hoy subdesarrollado logre el nivel de vida del mundo hoy desarrollado harían falta los recursos de varios planetas tierra. En otras palabras, el desarrollo de los subdesarrollados no tiene posibilidad ecológica. No obstante, China, Rusia y otros países avanzados entre los subdesarrollados no pretenden quedarse atrás de los EUA con lo que la guerra por los recursos naturales ya está aquí.

Los males que acumula se pueden rubricar, entonces, bajo los títulos de la deuda social y la deuda ecológica. La pregunta es: las deseconomías externas –y la desutilidad resultante- ¿se acumularán a un nivel que imposibilite la continuidad y se hagan irreversibles? Estamos ante un dilema. Por donde quiera que se le mire este dilema exige un nuevo Estado. No puede ser el subsidiario de la economía privada en que pensaba Keynes, tampoco el Estado del bienestar de los países desarrollados que se hicieron rentistas. Menos el Estado populista de los subdesarrollados. Tampoco puede ser la *nomenklatura* de los países socialistas. Todo esto sería volver a lo mismo.

De nuestro análisis se coligen los lados en el contorno del nuevo Estado: a) el gasto público -financiado con impuestos o deficitario- debe constituirse en bienes públicos *genuinos*, es decir, elevar directamente la utilidad social o mejorar la capacidad social productiva. Otra cosa implica que no tendrá efecto sobre el nivel de ingreso. b) La concentración industrial se debe llevar a su nivel mínimo verdadero, es decir, a aquel que real y efectivamente exige el tamaño mínimo de planta. De no hacerlo así continuaremos con la práctica de que la sociedad pague una renta monopólica a los captores de la demanda. c) El Estado no está para producir sino para regular y supervisar. Restringir la libertad de empresa es contraproducente, igual que permitir que un solo productor ocupe todo el mercado. Una competencia razonable –no predatoria- y dinámica –entre competidores nuevos y diferentes- siempre es saludable. d) Como no está el Estado para producir, tampoco lo está para emplear personal innecesario y redundante bajo el argumento de reducir el desempleo. Para la sociedad resulta menos oneroso mantener un seguro de desempleo pues se pierde menos en eficiencia. En último grado, no podemos consumir lo que no hemos producido, un axioma que fácilmente se olvida. e) Los objetivos económicos dependen de impulsos que parecen ser no económicos. Para el bienestar, la comodidad y realización del ser humano es imprescindible la libertad, contar con el espacio de actuación y pensamiento que le permita incursionar en el mundo de sus deseos y ambiciones. f) La actividad se debe favorecer respecto de la propiedad sin llegar a penalizar esta última. La propiedad debe recibir su compensación como concreción de la actividad que resulta. g) Finalmente, no hay, no habrá un sistema perfecto y sin defectos. Como en el individuo, la perfección no es posible en la sociedad humana, sólo es característica de algunas ideas.

Parte importante de la sabiduría consiste en saber que no siempre será igual. Coherencia y consistencia no son siempre lo mismo. En su aspecto subjetivo, el Estado será siempre simplemente gente, funcionarios y burócratas. Y haciendo abstracción de su materialidad, la mercancía será siempre simplemente trabajo humano. Dos verdades axiomáticas que serán siempre iguales. Entonces ¿por qué pensar que un nuevo Estado hará el trabajo cuando todavía tenemos a la vista las experiencias decepcionantes del Estado socialista y la acumulación de daños e incomodidad en el capitalismo corporativista? Por una razón elemental: porque no hay alternativa.

BIBLIOGRAFÍA

Aglietta, Michel Regulación y crisis del capitalismo S. XXI (1979)

Albarracín, Jesús La larga noche neoliberal Icaria (1994)

Alvater, E. y Freerkhuisen Sobre el trabajo productivo e improductivo Críticas de la economía política (1978)

Amin, Samir La acumulación a escala mundial S. XXI (1981)

Baran, Paul y Sweezy, Paul El capital monopolista S. XXI (1966)

Bello Redondo, J. El irritante error de Marx: Una breve nota Contribuciones a la Economía (Octubre 2007)

Benetti, Carlo Valor y distribución Saltés (1975)

Bohm-Bawerk, E. V. Karl Marx and the close of his system. New York (1949)

Castañeda, Jorge La utopía desarmada Ariel (1995)

Castells, Manuel La teoría marxista de las crisis económicas y las transformaciones del capitalismo. S. XXI (1978)

Cela, José La otra cara de la pobreza Centro de Estudios Sociales Padre Juan Montalvo S. J. (1998)

Coletti, Lucio El marxismo y el "derrumbre" del capitalismo S. XXI (1978)

Dickinson, H. D. The falling rate of profit on marxian economics The Review of Economic Studies, Vol. 24, No. 2 (Feb., 1957)

Dieterich Steffan, Heinz El socialismo del siglo XXI (2006)

Dostaler, Gilles Valor y Precio Terra Nova (1978)

Drucker, Peter La sociedad post-capitalista Norma (1993)

Durand, Claude El trabajo encadenado Blume (1978)

Emmanuel, Arghiri El intercambio desigual S. XXI (1972)

Engels, Federico Del socialismo utópico al socialismo científico

Engels, Federico Dialéctica de la naturaleza Grijalbo (1983)

Engels, Federico El origen de la familia, la propiedad privada y el Estado Ediciones de Cultura Popular (1979)

Engels, Federico La situación de la clase obrera en Inglaterra (1892)

Engels, Federico Ludwig Feuerbach y el fin de la filosofía clásica alemana Quinto Sol (s/f)

Engels, Friedrich Anti During

Feldstein, Martin, et. al. Is the rate of profit falling? Brooking Papers on Economic Activity, Vol. 1977, No. 1 (1977)

Ferguson, C. E. y Gould, J. P. Teoría microeconómica FCE (1975)

Feyerabend, Paul Adiós a la razón Tecnos (1984)

Forrester, Viviane. El horror económico. FCE (1996)

Friedman, Milton Inflación y desempleo, en Los Premios Nobel De Economía, 1969-1977 FCE (1978)

Friedman, Milton, Teoría de los precios Alianza (1976)

Fromm, Eric Marx y su concepto del hombre FCE (1962)
Fukuyama, Francis El fin de la historia y el último hombre Planeta (1992)
Galbraith, John K. El capitalismo americano Ariel (1972)
Galbraith, John K. La sociedad opulenta Ariel (1960)
Galbraith, John K. Un viaje por la economía de nuestro tiempo Ariel (1994)
Garegnani, Pierangelo, et. al. Debate sobre la teoría marxista del valor Cuadernos de Pasado y Presente No. 85 (1979)
Godelier, Maurice Racionalidad e irracionalidad en economía S. XXI (1979)
Gorbachev, Mijail Perestroika.
Gore, Al An unconvenient truth (2006)
Gorz, Andre Crítica de la división del trabajo Laia (1977)
Goug, Ian La teoría del trabajo productivo e improductivo en Marx Críticas de la economía política (1978)
Gray, John Contra el progreso y otras ilusiones Paidós (2006)
Guerrero, Diego Historia del pensamiento económico heterodoxo Trotta (1997)
Guevara, Ernesto (Che) El socialismo y el hombre nuevo S. XXI (1977)
Guillén, Arturo (ed.) Crítica a la teoría económica burguesa Nuestro Tiempo (1981)
Harris, Seymour The new economics A. Knopf (1947)
Hartcourt, G. C. Teoría del capital Oikus-tau (1975)
Hayek, Friedrich Camino de servidumbre Alianza (1978)
Heilbroner, Robert Naturaleza y lógica del capitalismo S. XXI (1989)

Hilferding, El capital financiero Instituto cubano del libro (1978)
Hutchison, T. W. Conocimiento e Ignorancia en Economía Premiá (1979)
Keynes, John M. Essays in Persuasion Norton (1963)
Keynes, John M. Teoría general de la ocupación, el interés y el dinero FCE (1965)
Kliman, Andrew Reclaiming Marx's Capital: A Refutation of the Myth of Inconsistency Lexington Books
Koutsoyiannis, Anne Modern Microeconomics Macmillan (1979)
Kristol, Irving Two cheers for capitalism Basic Books (1978)
Leckachman, Robert Teoría General de Keynes, Informes de tres Décadas FCE (1974)
Lefebvre, Henri La renta de la tierra Tlaiualli (1983)
Lefevre, Henri Lógica formal, lógica dialéctica S. XXI (1970)
Leijohufvud, Axel On Keynesian Economics and the Economics of Keynes Oxford University Press (1968)
Lenin, Vladimir I. Cuadernos Filosóficos Roca (1974)
Lewin, Moshe El siglo soviético Crítica (2006)
Luxemburgo, Rosa La acumulación de capital Aguilar (1913)
Marx, Carlos Contribución a la crítica de la economía política S. XXI (1980)
Marx, Carlos Crítica de la filosofía del derecho de Hegel (1843)
Marx, Carlos Crítica del programa de Gotha (1875)
Marx, Carlos El 18 Brumario de Luis Bonaparte (1852)
Marx, Carlos El Capital (I: 1867, II: 1885, III: 1894), FCE (1959)

Marx, Carlos Elementos fundamentales para la crítica de la economía política (Grundrisse) (1857), S. XXI (1980),
Marx, Carlos Las luchas de clases en Francia de 1848 a 1850 (1850)
Marx, Carlos Manuscritos económicos y filosóficos (1844)
Marx, Carlos Miseria de la filosofía S. XXI (1987)
Marx, Carlos Notas sobre Wagner (1880)
Marx, Carlos Salario, precio y ganancia (1865)
Marx, Carlos Sobre la cuestión judía (1843)
Marx, Carlos Teorías sobre la plusvalía (1862, tres volúmenes)
Marx, Carlos Tesis sobre Feuerbach (1845)
Marx, Carlos Trabajo asalariado y capital (1847)
Marx, Carlos Trabajo productivo y trabajo improductivo. Roca (1976)
Marx, Carlos y Engels, Federico La guerra civil en Estados Unidos (1861)
Marx, Carlos y Engels, Federico La ideología alemana (1845)
Marx, Carlos y Engels, Federico La sagrada familia Grijalbo (1958)
Marx, Carlos y Engels, Federico Manifiesto del Partido Comunista (1848)
Mattick, Paul Marx y Keynes Era (1969)
Montalvo Cossío, Osvaldo R. Crítica a la economía del *status quo* (2010)
Montalvo, Enrique Valor Edicol, S. A. (1977)
Moseley, Fred Marx's method in Capital: a reexamination Humanities Press (1993)
Moszkowska, Natalie El sistema de Marx Cuadernos de Pasado y Presente No. 77 (1979)
Napoleoni, Loretta Economía canalla Paidós (2008)
Napoleoni, Loretta Maonomics Paidós (2011)

Navarro, Vincent Neoliberalismo y Estado del bienestar Ariel (1997)

Obregón D., Carlos De la filosofía a la economía. Historia de la armonía social Trillas (1984)

Robinson, Joan Introducción a la economía marxista S. XXI (1975)

Salama, Pierre Desarrollo de un tipo de trabajo improductivo y baja tendencial de la tasa de beneficio Críticas de la economía política (1978)

Salama, Pierre Sobre el valor Era (1975)

Samuelson, Paul Curso de economía moderna Aguilar (1950)

Samuelson, Paul Understanding the marxian notion of exploitation Journal of Economic Literature, Vol. 9, No. 2 (Junio, 1971)

Schumpeter, Joseph Capitalismo, socialismo y democracia Harper (1942)

Schumpeter, Joseph Teoría del desenvolvimiento económico FCE (1944)

Scitovsky, Tibor Frustraciones de la riqueza FCE (1986)

Sik, Ota La tercera vía FCE (1972)

Smith, Adam La Riqueza de las Naciones FCE (1958)

Sraffa, Piero Producción de mercancías por medio de mercancías Oikus (1961)

Steedman, Ian Marx, Sraffa y el problema de la transformación FCE (1977)

Strachey, John Naturaleza de las crisis Editorial Ciencias Sociales (1971)

Sunkel, Osvaldo y Paz, Pedro El subdesarrollo latinoamericano y la teoría del desarrollo S. XXI (1970)

Sweezy, Paul M. Some problemas in the theory of capital accumulation Monthly Review, mayo de 1974

Sweezy, Paul Teoría del desarrollo capitalista FCE (1945)
Sweezy, Paul y Bettelheim, Charles Algunos problemas actuales del socialismo S. XXI (1973)
Webber, Max El protestantismo y la ética del capitalismo Premiá (1989)

www.ingramcontent.com/pod-product-compliance
Lightning Source LLC
LaVergne TN
LVHW050608061026
R19695200001B/R196952PG849532LVX00001B/1
9789945092103